蒙元入侵前夜的
中国日常生活

(插图本)

la Vie quotidienne en Chine
à la veille de l'invasion Mongole,
1250—1276

[法] 谢和耐（Jacques Gernet）◎著

刘 东◎译

著作权合同登记号 图字：01-2006-0772
图书在版编目（CIP）数据

蒙元入侵前夜的中国日常生活：插图本 /（法）谢和耐著；刘东译. —2版. —北京：北京大学出版社，2020.8
ISBN 978-7-301-31413-5

Ⅰ.①蒙… Ⅱ.①谢… ②刘… Ⅲ.①社会生活–史料–中国–南宋 Ⅳ.①D691.9

中国版本图书馆 CIP 数据核字（2020）第 113942 号

"LA VIE QUOTIDIENNE EN CHINE" by JACQUES GERNET
© Hachette Littératures, 1990
CURRENT TRANSLATION RIGHTS ARRANGED THROUGH DIVAS INTERNATIONAL, PARIS
巴黎迪法国际版权代理

Simplified Chinese Edition © Peking University Press 2020

书　　　名	蒙元入侵前夜的中国日常生活（插图本） MENGYUAN RUQIN QIANYE DE ZHONGGUO RICHANG SHENGHUO（CHATU BEN）
著作责任者	［法］谢和耐 著　刘　东 译
责任编辑	刘书广
标准书号	ISBN 978-7-301-31413-5
出版发行	北京大学出版社
地　　　址	北京市海淀区成府路 205 号　100871
网　　　址	http://www.pup.cn　新浪微博 @ 北京大学出版社
电子邮箱	编辑部 wsz@pup.cn　总编室 zpup@pup.cn
电　　　话	邮购部 010-62752015　发行部 010-62750672 编辑部 010-62755217
印　刷　者	涿州市星河印刷有限公司
经　销　者	新华书店
	890 毫米 ×1240 毫米　A5　10.75 印张　212 千字 2008 年 12 月第 1 版 2020 年 8 月第 2 版　2023 年 10 月第 4 次印刷
定　　　价	58.00 元

未经许可，不得以任何方式复制或抄袭本书之部分或全部内容。
版权所有，侵权必究
举报电话：010-62752024　电子邮箱：fd@pup.cn
图书如有印装质量问题，请与出版部联系，电话：010-62756370

目录

导　言　　　　　　　　　　1

第一章　城市　　　　　　13
1. 选都杭州　　　　　　　15
2. 人口过剩及房荒　　　　22
3. 火灾及消防　　　　　　30
4. 交通与供应　　　　　　37
5. 城市生活的乐趣　　　　51

第二章　社会　　　　　　61
1. 变迁中的社会　　　　　63
2. 上流社会　　　　　　　66
3. 商人　　　　　　　　　86
4. 城区的普通百姓　　　　105
5. 农民　　　　　　　　　118

第三章　衣·食·住	129
1. 居住	131
2. 个人卫生	146
3. 衣着	152
4. 饮食	162

第四章　生命周期	175
1. 家庭环境	177
2. 出生	182
3. 抚养与教育	188
4. 婚姻及妇女之地位	197
5. 疾病	211
6. 亡故	219

目 录

第五章　四时节令与天地万象　225

1. 节令与历算　227
2. 节庆　234
3. 宗教　253

第六章　消闲时光　279

1. 城市生活的影响　281
2. 娱乐　285
3. 艺术和文学　295

第七章　总结性描绘　317

译后絮语　326

导　言

　　人们惯常妄下结论，以为中华文明是静止不动的，或者至少会强调它一成不变的方面。这实不过是一种错觉而已。任何未被分辨清晰的事物，总是显得缺乏特点。如果我们自家的文明也遭到历史学家们此等程度的忽视，如果人们对它自古代以降的复杂发展也所知甚少，就像他们对中国的那样，那么，它同样也有显出巨大惯性的危险，在其某些传统和精神取向中也同样能找到中国那种恒久不变的特质。不过我想，在这方面的错觉也包含着某种真理的尺度，至少它告诉了我们这样一个事实：我们自家的文明和中华文明一样，在其抉择关口都是奇异的和飘忽不定的。只是由于缺乏适度的比较，才使人们难于领略其妙处所在，尽管这尚未妨碍我们每每进行自我省察。

　　还有一点必须强调：经历过诸阶段之发展的并不只有我们的文明。随着研究的进展，我们曾经建立起来的有关中国的固有形象正在消逝。而一旦笼罩住其轮廓的迷雾散去，我们就将发现，中国的历史并非存在于延续性和不变性之中，而是存在于接踵而至的一连串剧烈震荡、动乱和毁坏之中。公元6—10世纪，中国经历了一个其面目全然无从辨认的时期。当时，草原的游牧民族盘踞了北方各省，而佛教的全面胜利也留下了至深的印迹。事实上，每个时期都自有它独具的风貌，甚至唯独适于它的环境。此外，中国幅员辽阔，也意味着它在气候、风光、生活方式、习俗和方言等方面千差万别。这是一个面积可与整个欧洲相匹、具备近3000年有记载历史的国度，因此，任何对它的有效论述都必须涉及确切的时间与地点。再不许奢谈什么"永恒不变的"中国了。

笔者最初本来想写一本涉猎面更宽的书。但鉴于中国的世界是如此之大，各地区存在差异，历史赓续不绝，我发现有必要对研究领域进行更精确的限定。我所选定来描绘中国生活的特定历史时期，是被称之为南宋（1127—1279）的那个王朝的末年，即其国都从1276年起陷入蒙古人之手以前的数十年。我所选定的区域则为杭州地区，尤以杭州城本身为主，这个大都市当时称作临安，是中国建都之处。如今，此处为一片旅游胜地，因山明水秀而闻名遐迩，它是一座拥有几十万人口的小城市，位于上海西南120英里处的钱塘江口。在1275年前后，它却是世界上规模最大和最为富庶的大都会。

在说明我们做这种选择的理由之前，有必要做一番历史简介。

导　言

在公元 8 世纪的唐朝，中国有过最辉煌的岁月，而到了公元 12—13 世纪，情势就有了令人瞩目的扭转。在这 4 个世纪中，发生过急剧的变化。一个尚武、好战、坚固和组织严明的社会，已经被另一个活泼、重商、享乐和腐化的社会所取代了。

整个这一时期的共通特点在于农民的贫困和不安定的生活，这完全可以一目了然，而且，这种贫困还在与日俱增。中国唐代的粗犷朴素的伟大可以归咎于其气候的特点和人民的性格。它立国的中心位于干燥和充满灰土的黄河河谷平原，该平原展开于河西走廊的末端，而河西走廊则穿过了大片高山峡谷，直抵中亚腹地的军事要塞。在马可·波罗看来，中国 13 世纪的蛮夷之地反而是稻田密布、运河成网的江淮流域和浙江丘陵地带，以及东南沿海省份（现在的江苏、浙江、福建）和长江流域。对于这位威尼斯旅行家来说，这里和中国北部反差很大，简直判若天壤。

公元 8 世纪的中国南方，由于其沉闷和使人丧失活力的气候，只不过是辽阔帝国的一块未开拓的地区罢了。人们的兴趣和感情都另有所系。对于许多人来讲，南方并非祖先的故土，在那里会产生一种流放之感。中国的伟大王朝总是建都于北方，即如今的西安及其以东地区。

不过，数世纪过去之后，人们已经不断地感受到了中国南方的日趋增长的重要性。在南方，人口更加密集，富足程度增加，海上和内河交通发展起来，并且形成了一种几乎不为中国北方所熟悉的特殊的城市生活方式，产生了一些重要的书香世家，这终于使人们意识到它的存在和它的活力。对于这种深远的、几乎难于觉察到的变化过程，我们最先想到的也是最有可能正确的解释是：正是公元10—13世纪的来自中亚和今天蒙古一带的野蛮游牧民族的持续不断的压力，才构成了促进中国长江流域和东南省份经济普遍成长的主要动因。

  游牧民族入侵的第一个阶段是在唐代，当时通往中亚的丝路被切断了。其第二个阶段，是胡人于长城以北建立了强有力的国家（西夏、辽和金），并从10世纪末至12世纪初对中国的北部省份构成了持久的威胁。在最后一个阶段，则带来了种种悲剧性的事件，而发生这些事件的历史岁月又构成了我们对中国日常生活进行描写的背景。这段历史时期包括两个重要的年份：首先是1126年，北宋（960—1126）的京城（今河南开封）于当年失陷，紧接着长江以北的整个中国北方均被侵占，此后，中国皇帝和他的朝廷最终在杭州定居下来，而与此同时汉人与胡人的交锋前线也沿着江淮流域确定下来；其次是1276年，杭州遭蒙古人侵占，而整个中国也在其历史中首次全境失陷。对于中国人来说，看到中国完全屈从于反抗一切文化、坚执其好战的部落传统的蛮夷民族，乃是一番五内俱焚的经历。而对于西方人来说，这些游牧民族之令人惊讶的征服也使得大家瞠目结舌。蒙古人的入侵形成了对于伟大的中华帝国的沉重打击，这个帝国在当时是全世界最富有和最先进的国家。在蒙古人入侵的前夜，中华文明在许多方面都处于它的辉煌顶峰，而由于此次入侵，它却在其历史中经

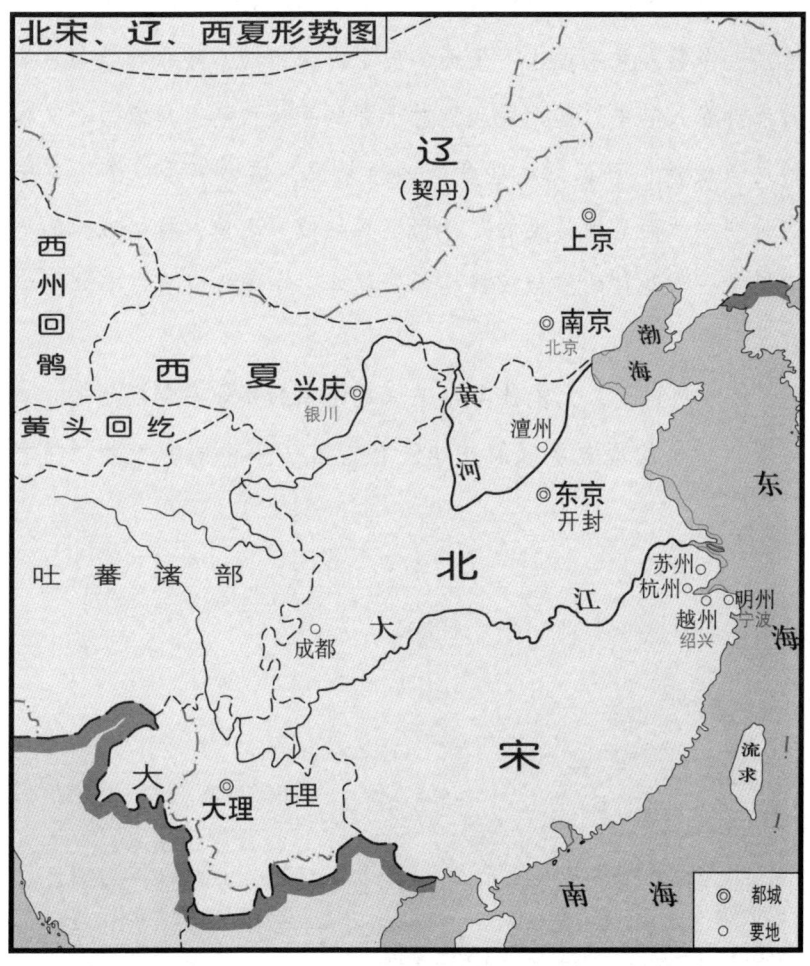

北宋、辽、西夏形势图

受着彻底的毁坏。

　　有没有理由说此一时期乃是纷扰的时期？如果有，那不啻在说：这个重大的历史事件对于日常生活亦有着直接的影响。只不过，大多数人并未被这一重大的历史灾变所动，除非有朝一日他们亲身卷入其中。毫无疑问，对于那些手执权柄、其爱国心又强到足以使他们意识到这些危险的人来说，这确实是一个不安宁的时期。然而显而易见的是，直至兵临城下之前，杭州城内的生活仍是一如既往的悠哉闲哉。如所周知，中国人很有一套处世的哲学。

　　必须认识到，上流社会几乎总是无一例外地不负责任和一晌贪欢。后来的历史学家们并非没有指出——中国的失败和屈服

番骑猎归图（南宋·赵伯骕）

纸本设色 北京故宫博物院藏 一番人狩猎归来，正在整理箭羽，神情愉悦轻松，身后驮着一只野羊的马匹却已尽显疲态，鬃尾下垂，低首张口，可以想象它刚经历了一场激烈的追逐。

要归罪于其统治者的道德沦丧。这再次提醒了一个旧有的经典主题：当皇帝和朝廷沉湎于享乐而不理朝政的时候，就会自寻死路。北宋的末代皇帝就是一位审美家，热衷于绘画和艺术品的收藏。而南宋的最后几位君主，则既缺乏"德行"，又缺乏现实感。但话说回来，国防尚能牢固地组织起来，而且国家亦将其岁入的大部分用来维持一支百余万的大军。所以毫无疑问，总有一天进一步的研究将会表明：中国崩溃的真正原因其实与道德松弛无关，而似乎更像是在其经济学和社会学的本质之中。有关13世纪中国南方之安定繁荣的印象只不过是幻象。在此幻象背后的，却是国库之连年悲剧性的空虚、农村之贫困和不满，以及统治阶层内部的党争。这座大厦已是十分脆弱，只要蛮族用力地推它一把，就会倒塌下来。

不过，尽管帝国已经相当虚弱，却仍十分可观。13世纪的中国，即使北方省份已被胡人占据，也仍是一个伟大的帝国。它的幅员，从四川省到长江下游平原，东西一线逾1200英里，而从南部海岸到北方前线，南北一线亦逾600英里。故其总面积达到了70万平方英里以上，也就是说，足有当今的4个法国那么大。它的人口总数达到了6000万以上。[1]这在当时是一个庞大的数目，特别是当我们考虑了下述事实——有四分之三的地方乃是几乎杳无人迹的山区，而人们只是高密度地聚集在川西的成都盆地

---

[1] 根据官方的人口调查，中国的人口总数在1060—1110年间似乎翻了一番，而到了蛮族入侵的前夜——1126年，则达到了1亿。

宋钦宗（北京故宫南薰殿藏历代帝后像）

北宋末代皇帝宋钦宗（1100—1156），名赵桓。宣和七年（1125）金兵南下时受父徽宗之禅即位。汴京城破后，降金。靖康二年（1127）与徽宗为金兵俘虏北去，囚于五国城（今黑龙江依兰），1156年，在金国被马踩死，终年五十七岁，葬处不明。

和长江下游平原（今江、浙两省）之后，就更会为之惊叹不已。长江的航运经由其支流，可以远抵成都周围的富饶平原地区，从而构成了中国南方的主要商业通道。帝国东部地区的运河网络连接着大城镇，河面上的船队昼夜不停地航行。一支庞大的沿海船队维持着东南沿海贸易中心与南部沿海贸易中心（远达广州）的联系。而大型的海船则每年都在季风时节往来于中国与南洋群岛、印度、非洲东岸以及中东之间。在内陆，永久性的集市于南北陆路和长江的交汇点上发展起来了，其贸易的规模远远超过了

导 言

同时代的欧洲商业中心。

13世纪的中国在近代化方面进展显著，比如独特的货币经济、纸币、流通证券，高度发达的茶叶和盐业企业，对于外贸（丝制品和瓷器）的倚重，以及各地区产品的专门化等等。无所不在的国家掌握了许多商业部类，并通过一种国家专卖权体制和间接税收而获得其主要岁入。在社会生活、艺术、娱乐、制度和技术诸领域，中国无疑是当时最先进的国家。它具有一切理由把世界上的其他地方仅仅看作蛮夷之邦。

接下来，再让我们谈谈为什么要选择此时此地来加以描述。

在中国早已开始了近代化时期，是蒙古人的入侵阻断了此一迅速进步的过程。此一时期的显著标志是城市中心和商业活动的突出发展。在不到百年的时间内，杭州居民的人口就翻了一番，迄1275年已逾百万。这种增长还并非京城特有的现象。由于直接关注城市生活，我们仅限于着重指出在那个时代最具典型性的特征。

选择本书确定的时间与地点，还出于其他的一些考虑。不可否认，有关宋代的考古学上的材料既稀少又无特殊的揭示。12—13世纪生产的陶器相当重要，并且留下了数不清的标本，但除此之外，就只剩下很少一点东西了，比如妇女的饰物、玻璃杯、漆瓶漆盒、彩绘枕头以及铜币等等。由于中国建筑所用材料的轻脆，竟连一件建筑上的碑铭也没有留传下来。能够向我们提供日常生活细节的，主要来自绘画作品。宋代的画家们的确喜爱描绘富家生活的细致场景或街景。在其他的这类文物当中,我们可以参考一幅表现12世纪初叶之开封城的长轴,此幅长轴出自一位特别擅长描画城墙和车马的画家。[1]然而,很不幸的是,由于明代的画家特别偏爱收藏有关花卉、竹子和山水的画作,像这样具有生动写实风格的绘画作品留存有限,只剩下寥寥几幅原作(或更确切地说,是摹本)。

不过,考古材料的欠缺,却在很大程度上被几乎可以说是丰富已极的文字材料所弥补了。正是在宋代,可以从中抽取有关日常生活的文本开始增多了,如生活琐记、轶事汇编、笔记小说、地方志等,都向我们提供了大量翔实准确和栩栩如生的细节。这类信息资源的骤然增多,其原因不外乎:从10世纪初叶以来印刷术的发明及其推广使用、教育的进展,以及与之相应的商人阶级的兴起,商人中间并不存在对于描绘琐碎细节的藐视,这一点与文吏大相径庭。至关重要的是,当时的史料在有关1275年前后的杭州城方面给我们提供了多得惊人的信息。这个城市的居民把涉及它的一切都记下来留给了我们:它的街衢、运河、建筑、官衙,它的市场及商业交易,它的节庆和娱乐……简直到了这样的程度——如今竟可以事无巨细地将这座京城重现出来,找到人们做每一类买卖的精确地点,以及每一座寺庙的准确位置。我们甚至获知了当时最红歌妓的姓名、主要街道上铺路石板的块数,以

---

[1] 此处当指张择端的名作《清明上河图》。——译者注

导 言

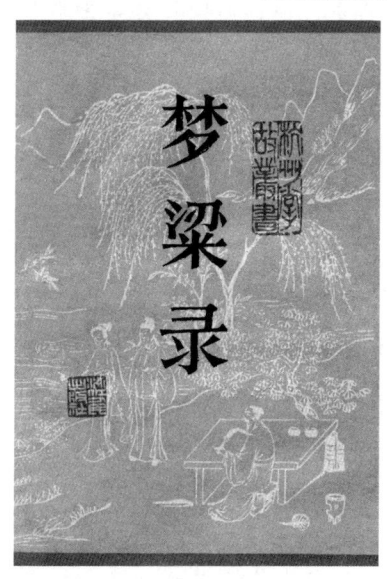

《梦粱录》书影

《梦粱录》二十卷,作者是宋代钱塘(即今杭州市)人吴自牧,生平无从查考。书名取自唐人小说中的寓言"黄粱梦"。此书叙述整个南宋时代都城临安的情况,举凡山川景物、节序风俗、公廨物产、市肆乐部,无不详载,取材于嘉祐、咸淳《临安志》以及作者的耳闻目睹。

及各个最佳的去处:诸如在哪一座桥边,哪一家店铺,可以寻觅到最好的蜜饼;又在哪一条街巷有最好的房子待售等等。

选择这个城市来描绘还有另一个有利之处:马可·波罗曾在那里逗留了相当长的时间,时值1276—1292年间,也就是从杭州落入蒙古人之手起,直至他启程返欧止。在这段时间内,杭州城并没有太大的变化。在马可·波罗的回忆录中,其最长和最详尽的部分之一便是他对于自己离别的中国京城的回忆。那也是其最生动的部分。如果从某种角度来衡量他这本书,它确实是基于一位蒙古将领的官方记载而写成的,后者自1276年年初起对杭州进行围攻。但即便如此，显而易见的是，他仍然同样经常地利用了他个人的亲身感受。他的描述既有趣又朴实，其功绩不在中文文本所提供的记载之下。在他的描述中，也经常可以看到一些在准确细节方面与杭州居民的刻画不尽相符之处。长期以来，此书的所谓拉姆索（Ramusio）版本遭到了怀疑，可是它在描述杭州城的细节方面却比更常见的版本《马可·波罗游记》（*The Book of Marco Polo*）丰富得多，而且，在将其与中文资料相印证以后，我们也发现它的细节在大多数场合也与后者贴合得多。我们最经常援引的正是这个版本。

附带补充一点：本书几乎全部是基于原始中文材料写就，而在许多方面又补充了完全崭新的信息。可供征引的二手材料极其匮乏，这是因为除了极少数研究者之外，日常生活的方方面面迄今未吸引更多的作者。更何况，中文确乎是一种难以掌握的语言。也许，上述原因倒可以成为一个原谅本书种种阙失的理由哩！

第一章 · 城市

第一章 城　市

1．选都杭州

　　时机常会把事情安排妥帖。公元1126年，当马背上的蛮族女真人以雷霆之势攻占宋王朝的国都（即今日的开封，位于黄河流域）时，南迁便开始了。不过，当时并无任何迹象显示出杭州注定会成为新王朝的行在。它当时只不过是一个边远省份的省会，坐落于浙江口，距离主要的商道相当遥远。二帝及其廷臣，一行3000余人，被蛮族押送到沈阳以远的地方。一个逃脱的皇子于公元1127年在南京称帝，尔后便在游牧民族侵袭之前望风而逃：有时候逃到长江中游的城镇；有时候再向东逃到扬州，大运河在那里与淮河相接；或是逃到长江右岸的镇江，江水经南京流到这里；又再向南逃到苏州，接着是杭州。这些地方的城墙均不足以抵御侵略。但相比起来，高宗多次停留过的杭州，却比长江流域的城池更易于防卫。若要抵达那里，须先经过一片布满无数湖泊和泥泞稻田的地区，这使得骑兵难于展开。在开封失陷10年后，局势恢复平静，中国划淮河而分为两半，淮河以北为蛮族所据，以南则属于汉人，而皇帝终于选杭州作为都城。

　　宋高宗之所以作此决定，既不是出于杭州城的重要性，亦非鉴于它过往的历史。只有南京才一度当过南方小朝廷的京城

（317—590），那里似乎更值得考虑被当作天子的居所。除了与受入侵威胁的地区有适当的距离间隔之外，杭州只有一个好处：它那令人流连的风光。城西的湖泊以及环湖的优美山势，使得它至今仍是中国最有魅力的胜景之一。人们在13世纪对它的描绘，虽然与某位学者的下述铺陈比起来尚不免相形见绌，却兴许足以引我辈入胜了："青山四围，中涵绿水，金碧楼台相间，全似著色山水。独东偏无山，乃有鳞鳞万瓦，屋宇充满，此天生地设好处也。"[1]

杭州的秀丽当然会在选都时成为一个考虑的因素，而此事一旦定夺，它在地理形势上的诸般好处亦开始显露出来。在长江和东南沿海之间当时正有若干大商埠崛起（其中首要的当推福州与泉州），而就在杭州成为京都的同时，它也注定要成为蓬勃兴起的新的南部中国的大商业中心。考虑到当时的实情，杭州作为一个扩展中的城市，还是比古旧的南京更适于作为首都，后者正处于衰退之中。

事实上，人们并无热情去把杭州当成中央政府的所在地。直至12世纪中叶，皇帝及其廷臣仍然对是否要永久安身于杭州犹犹豫豫。他们不舍得花钱去改善居所，说只要能遮风挡雨便足矣。而只有较北边县中的官邸，才是皇帝以及主要行政机构惯常居住的地方。临时宫殿的主要门柱之间距，其宽度不超过一二百拃。[2]

---

[1] 周密：《癸辛杂识·续集下·西湖好处》。
[2] 参见本书第132页。

第一章 城 市

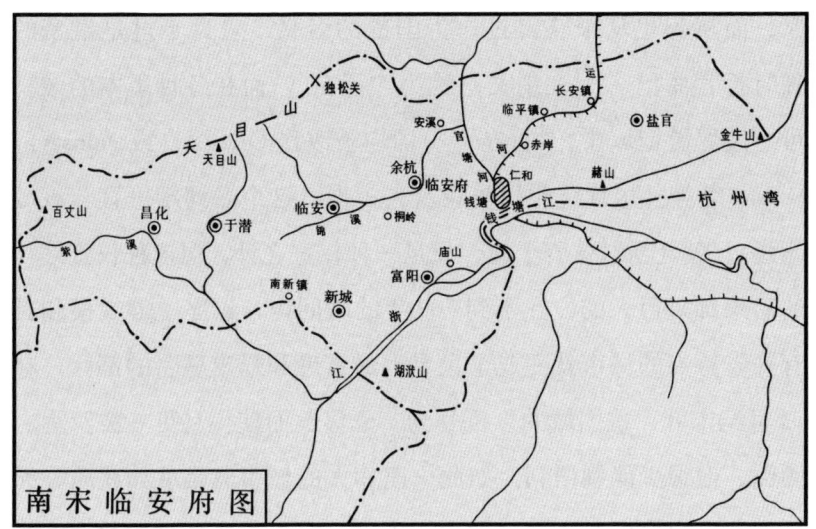

南宋临安府图 （据谭其骧《中国历史地图集》，见周峰主编《南宋京城杭州》附录）

到 1133 年，才勉强决定在皇宫（以前的县衙）南门修造一条遮蔽路，以便百官在雨天中能不再在泥泞中穿行。而直到 1148 年，才又决定把宫墙扩建至东南方，但其中的建筑物仍然稀稀落落，且装修不足。两座主要的建筑物，高只有 60 英尺，宽则不超过 80 英尺。总体来说，它们并不比一所大的县衙富丽和奢侈多少。[1]

所有的证据都显示出，朝廷并未习惯于外省的生活，而长期对此持保留态度。这并不是说他们对杭州城本身有任何抵触，而是由于 100 多年以来皇帝及其朝臣均始终怀有收复北方各省的夙

---

[1] 参阅徐益棠：《南宋杭州之都市的发展》，载《中国文化研究汇刊》第 4 卷第 1 期，成都，1944 年 9 月。

愿。而杭州也从未获得过作为国都的名义。它只不过是皇帝的临时行宫而已——在中文中称为"行在"，而在各种版本的《马可·波罗游记》中，"行在"一词均被改作 Quinsai，或 Quinsay、Kinsay 等等（尽管杭州已被蒙古人占据，这个名词却一直与该城相连）。朝廷当时落脚于此，只是一种权宜之计，但这种权宜之计的后果却是巨大的：在不到 200 年的时间内，这座中等规模和具有外省特点的城市就变成了世界上最富庶和最享盛名的都会。在 13 世纪末叶，杭州城的生机勃勃、豪侈美丽使得马可·波罗为之倾倒。他很少能领悟到，如此一座伟大的城市竟是从如此质朴无华的起点上发展出来的，他也想不到，宋代皇帝竟是如此半心半意地把它当成都城。

杭州城的城址在宋代以前有过变动。在早些时候，由于考虑到缺乏足够的灌溉用水及饮水，曾有人想到过开挖一个人工湖泊，该湖将因修造一条堤坝截留住周围群山的水源而形成。到了公元 7 世纪，杭州城才最终坐落在现在的地方，位于一块 1—2 英里宽的狭窄冲击沃土之上，这块土地又夹在浙江左岸和那个湖泊之间，浙江由此通向入海口，而那个湖泊又在杭州城以西近 2 英里处。7 世纪初修筑的城垣就是根据这里的地形而建的，它长 11 英里，从南到北大致构成了一个长方形。这些城墙到宋时又向西南扩展，遂形成了 13 世纪的城垣。它开了 5 座大城门，运河即经此城门流过；又开了 13 座门楼，城市的大街直通这里。它们把这座城市定了型，以至于直到 13 世纪居民们仍然常常根据这些

第一章 城 市

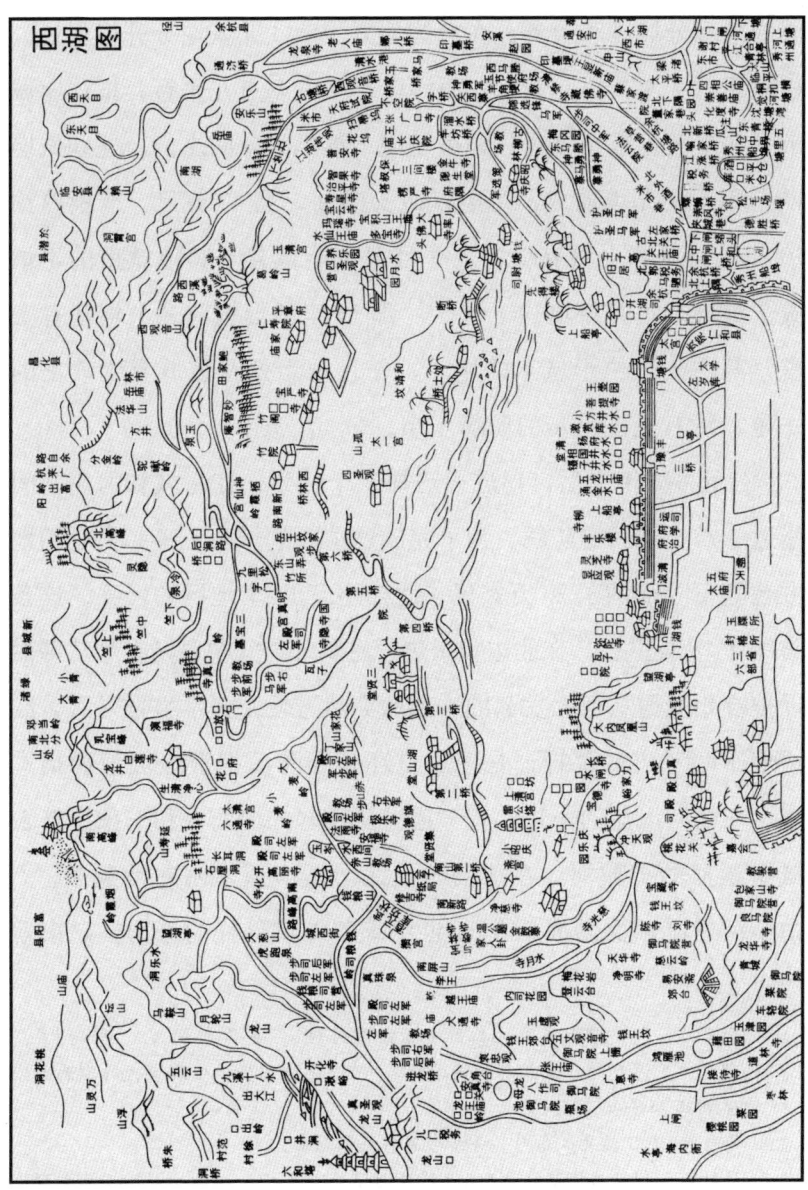

西湖图 (据《咸淳临安志》,见周峰主编《南宋京城杭州》附录)

城墙来区分城区和市郊。在有些地方，南、北城墙分开得很远，相隔超过了 4 英里，而东、西城墙却多少有点儿平行，把这座城市围在半英里或至多也只稍微超过 1 英里的空间之内。这些城墙以土和石块充填而成，可能以砖头铺面，高 30 英尺，墙根厚约 10 英尺。城墙上缀有堞口，并且很可能像若干其他城市的习惯做法那样，每月都刷白一次。[1] 那 13 座圆形拱门之上均建有尖塔，其中 3 座位于城东的城门，并且由于处在该城易受攻击的一边，筑有更进一步的防御工事。[2]

公元 893 年之后，形成了这样一个计划：在东城和河流之间修造一条更坚固的防线。为了完成这项新的城防工事，当时的地方首脑下令征调了 20 万农民，此外还有 13 个地区的民兵。这条防线计 18 英里长，在北边和南边远逾城外，其初衷乃在于从侧面保护杭州免遭从河上发起的水师的突然进攻，而不太像马可·波罗似乎暗示过的那样，是想通过环湖设防而把整座城池囊括进来。在朝向河流的一边，有一道沿河筑起的堤防，和一条连接着城中运河的护城河，在涨潮时分此河由一道水闸封闭起来。[3] 由于河岸陡峭而易溃，在 11 世纪末曾做过这样的努力：以束薪

---

[1] 孟元老：《东京梦华录》卷第一《东都外城》。并请参阅 A. C. 穆勒：《马可·波罗述及的行在及其他》，剑桥，1957 年，它提示中国宋代时期的城墙通常有 24—30 英尺高。
[2] 吴自牧：《梦粱录》卷七。并请参阅前引穆勒书。
[3] 参见前引穆勒书提及公元 910 年修筑河堤处，第 17—18 页。另请参见袁褧：《枫窗小牍》。

和树干来重新筑起堤岸,故每位居民都有义务提供一定数量的束薪。但到了后来,由于江流与潮汐纷至沓来,使这样的堤防十分脆弱,遂改用大石板铺筑之。[1]

我们尚可见到公元1274年杭州城的详细蓝图。[2] 每个街坊、每座桥梁、公共建筑、军队营房以及庙宇的名称都被极度精确地标志出来。该城完全遵循传统的风格,在蓝图上是长方型,而其四边一一对应着正东、正西、正南、正北。尽管这种习惯做法把杭州的实际地形扭曲了,不过,由于这张蓝图在细部上极其详尽,再基于我们已知晓的该地形的实际轮廓,也根据到12世纪初叶仍然幸存下来的宋代遗址,确有可能重建1274年的该城。

这张蓝图很简单:有一条大街,它在朝廷以此为行在后变成了御街,从北至南穿过城市,直抵皇宫的北门,然后再越过皇宫继续南伸,来到祭祀天地的祭坛。这条大街与其他东西走向的大街呈直角交叉。此外,还有几条运河与这条御街平行。位于城垣和11世纪末叶修建的城墙之间的市郊,亦伸延至城北、城东和城南,许多条运河和城墙内伸展过来的街道横穿其上。但是,我们尚不清楚市郊在南北两个方向上究竟伸出了多远,唯一可以断言的只是——到1274年,整个建筑区域看上去无疑覆盖了7—8平方英里的面积。

---

〔1〕 陈师道:《后山谈丛》。
〔2〕 参见前引穆勒书有关1274年重建规划的部分,刻板。

2. 人口过剩及房荒

大自然所赋的空间既如此逼仄，杭州在13世纪遂成为居住人口最密集的城市。一些最大的欧洲城市当时只有数万居民，若和中国的"陪都"相比，不过是些小集镇罢了。杭州的居住人口到1275年已逾百万之数。但容或有人会疑虑：这样的一个数字是如何推算出来的？对此的回答是：尽管统计学在欧洲是一件新鲜事，但在中国却是古已有之。有关这个国度的最新历史的图景是如此杂乱无章，故而真是难以想象这件工作在过去是何等困难。但无论如何，在语词和年代方面的精确性恰是中华文明最早的成就之一，况且早在公元前3世纪，从帝国开始建立的时间起，行政的需要也迫切要求在计数上具有此类精确性。

在唐代和宋代，政府每过三年（理论上是每逢闰年）便进行一次分区、县、州、道的人口数字普查。如果我们得以掌握自公元开始的全部户籍普查的登记数字，我们便足以毫厘不爽地按世纪追踪到中国人口的演进历程。在甘肃省敦煌附近所发现的户口调查记录，足可以证明这类文件确曾被极其仔细地记录下来。除了向我们提供每一户农家之成员的姓名、年龄之外，它们还载有可耕地的面积及其确切位置。公元1276年以后，自蒙古人侵占杭州城始，每家每户就都有义务在门口贴上一张户口清单。这种法律正像在杭州城强行的宵禁一样，乃是典型的占领者的敌对行动，故听起来肯定像一种低劣的玩笑。不过，中国人长期以来早已习惯于高压的统治。

马可·波罗在其游记中写道:"此处我还有件事告诉诸位:该城的每一位市民——其实是城中的每一类人——都有习惯在他的门上写上他、他的妻子、他的佣人以及所有和他同住一处的人的姓名,同时还要写上他所饲养的牲畜的头数。设若家中有人亡故,就须将其名抹去;而若有孩子降生,亦须再添加上去。这样,统治者就能够确切地掌握城中的居民人口。这也是遍及中国南北的通常做法。"

为了行政目的而设立的区域划分体系与杭州城的实际地理毫不相干。唯有城墙才是识别城市的标志,它把行政组织圈在其中,以防范叛乱事件。而一有战事,它也为周围乡村的农民提供保护。在那时,城市人口大幅度地增长。但商业活动却已开展到城墙以外,而城市则主要是行政和军事机构的所在地。

在13世纪的杭州,有相当数量的过剩人口居住在城外。而且,由于在长江中部流域有若干永久性的大型集市,所以商业中心就脱离开城墙圈,在距城有一段距离的河岸建立起来。杭州本身则是一个具有多种功能的城市。它一度曾由于容纳了皇宫和中央政府的官衙而成为首都,它也是大型官邸的所在地,同时,在它的城墙之内又设立了两座较低级别的地方官署。此外,杭州城也是一个重要的商贸中心。两个当地的较低级别的行政官署统辖着城区、郊区和周围农村。不过,在其辖区内的农村地区的人口数量,要远低于城市地区的人口数量。

蒙元入侵前夜的中国日常生活（插图本）

南宋临安坊巷图厢坊名称

左　南厢	1. 大隐坊　2. 安荣坊 3. 怀庆坊　4. 和丰坊
左　北厢	5. 吴山坊　6. 清河坊 7. 融和坊　8. 新街 9. 太平坊　10. 市南坊 11. 市西坊　12. 南新街 13. 康裕坊　14. 后市街 15. 吴山北坊　16. 泰和坊 17. 天井坊　18. 中和坊 19. 仁美坊　20. 近民坊 21. 流福坊　22. 丰豫坊 23. 美化坊
左　二厢	24. 修义坊　25. 宫乐坊 26. 众乐坊　27. 教睦坊 28. 积善坊　29. 秀义坊 30. 寿安坊　31. 修文坊 32. 里仁坊　33. 保信坊 34. 定民坊　35. 睦亲坊 36. 纯礼坊　37. 保和坊 38. 报恩坊　39. 福德坊 40. 招贤坊　41. 登省坊
左　三厢	42. 钦善坊　43. 甘泉坊 44. 清风坊　45. 清和坊 46. 兴庆坊　47. 德化坊 48. 字民坊　49. 平易坊
右　一厢	50. 孝仁坊　51. 登平坊 52. 寿域坊　53. 天庆坊 54. 保民坊　55. 怀信坊 56. 长庆坊　57. 新开坊 58. 常庆坊　59. 宫乐坊
右　二厢	60. 清平坊　61. 通和坊 62. 贤福坊　63. 兰陵坊 64. 襄和坊　65. 武志坊 66. 戒民坊　67. 新安坊 68. 延定坊　69. 安国坊 70. 怀远坊　71. 普宁坊 72. 同德坊　73. 嘉新坊 74. 教钦坊　75. 新开南巷 76. 新开北巷
右　三厢	77. 东巷坊　78. 西巷坊 79. 丰禾坊　80. 善履坊 81. 兴德坊　82. 昌乐坊
右　西厢	83. 兴礼坊　84. 宁海坊
城南左厢	85. 状元坊　86. 美政坊
城西厢	87. 状元坊
城东厢	88. 宫安坊

南宋临安坊巷图（阎维民绘，见周峰主编《南宋京城杭州》附录）

24

第一章 城　市

　　凑巧的是，借助于 12—13 世纪间三个不同时期的户籍调查，我们知道了上述两个低级官署所统辖的人口数目。在 1165—1173 年间，户籍数为 104699，这也就是说，如果每户 4—5 人的平均数字是可以接受的，则人口总数当为不足 50 万。在 1241—1252 年间，户籍数达 111336，人口总数则相应地应在 50 万以上。最后，到 1270 年，户籍数为 186330，也就是说，人口总数是在 90 万左右。[1] 这些数字证明：在 1270 年前的二三十年间，人口总数在急剧膨胀。某位杭州居民曾这么说："而今城中人口持续增长，月复一月，年复一年。"事实上，从户籍调查获知的数字必须被看作最低限度的，因为其中既未包括来访旅客，或许也未包括杭州的驻军人数。因而，在 1275 年前后，可以有把握地说，整个杭州地区的人口总数已逾百万。这个估计与当时作者们的说法完全吻合，他们中的一位说过："杭州人烟稠密，城内外不下数十万户，百十万口。"[2]

　　然而，在 12 世纪的前半叶，当朝廷刚迁都杭州的时候，该城的规模很可能与中国的其他省城相去无几。当时，城内的人口肯定不足 20 万。1126—1138 年间，北方诸省的移民潮流使得居民人数陡然猛涨。由于这些新来者中的大部分均为逃自开封及北方诸省的高官显贵，故只得在当时的环境下尽可能地安置其住宿。他们在临时寄居之处忍受着不适。有些人则携其家眷住到了军营

〔1〕《梦梁录》卷十八《户口》。
〔2〕《梦梁录》卷十六《米铺》。

之中。但是，由于那附近卖淫业猖獗，对于上流社会的妇女们甚不适宜，故其丈夫们便被打发到城中去寻觅住处。[1]至于其他的难民，则被安置在杭州的佛寺及其周围，一道特别的敕令准许将此地区辟为临时的栖身之所。[2]此后，尽管兴建了大量新屋，但由于人口在持续和极其迅速地增长，加之城市及郊区火灾频仍，住房问题还是未能消除。

从13世纪中叶起，城区已布满建筑物，街面和巷道相互接通，似乎对中国人本身也属罕见。因为在大多数中国城市里，城内的建筑物一般总是相当稀落，城墙所圈起的往往是许多荒地、果园、花园甚至耕地。在7—10世纪成为唐朝国都的长安就是这样的一个例子，该城所占的地面并不比今天的巴黎小多少。因此，杭州城内鳞次栉比的建筑，便显得气象非凡。该城的一位居民写道："临安城郭广阔，户口繁夥，民居屋宇高森，接栋连檐，寸尺无空。"在马可·波罗之后若干年描写杭州的鲍丁南（Oderic de Pordenone），则如此表达他对这座城市的赞叹：

> 世界上再没有比这座城市更宏大的了，它方圆达100英里，到处见缝插针地住满了人，一所宅院往往住着10或12家。市郊的人口比市内还要多。该城共有12座主要的城门；而在距每座城门8英里之外的地方，还各有

---

[1] 参见徐益棠：《南宋杭州之都市的发展》，以及《夷坚志》。
[2] 《癸辛杂识·后集·许占寺院》。

一座比威尼斯或帕度亚更大的城镇,故一个人若在任何一处郊区走上6或8天,仍会觉得自己仿佛只走过了一小段路。

建筑用地极端缺乏,而人口又在增加,势必要求建造多层的楼宇。这在当时还是件新鲜事。鲍丁南提及了8—10层的高楼,而各位阿拉伯的旅行家却较为谨慎。毫无疑问,说这些楼房为3—5层是更可信的。

《马可·波罗游记》中有一段文字似乎指出了,朝廷确实受杭州住房问题的困扰,故提出各种措施来鼓励房主将其房屋加高或建设多层楼舍。

> 这位国王还做过另外一件事。当他驱车遍游该城的大街小巷时……他突然发现两座堂皇宅院的中间有一座小屋……于是国王便问这所房子何以如此窄小……一个人禀告说,那所小房子的主人太穷,无力修造像别家那样大的宅院。国王随即下令由他自己出资把那所小房子修建得同样富丽高大。而设若那所小房子为某位富人所有,则他就要马上命令他将其拆掉。由于有了这道命令,在其王国的首都杭州,没有任何一所房子不是富丽高大,除此之外就是随处可见的大量巨型官殿和府第。

西方旅行家们如此屡次三番地提到杭州城的多层建筑，使得我们对它的存在无从质疑，尽管我们从中文材料中找不到这类信息，而只能找到一些朦胧不清的参证。还有，如果杭州的建筑和当时其他城市一样尽是些平房，那么令人困惑的是，如此划定的一个区域何以能够住下100余万的人口？多层建筑既使得杭州具有一种典型的城市风貌，亦极大地增加了其人口密度。从后一种因素来看，这种建筑模式对于一般生活方式和密切社会关系也有重大的影响。

我们已经看到，城墙外的城郊并未向外伸展太远：湖泊、河流和山岭阻挡了杭州的扩大。1270年左右，其人口密度大概是每英亩200人。南边的小山是富人的居住区，皇宫也坐落在那里。达官显贵们居住在面积为一万坪的小山顶上。[1]而那些在对外贸易中牟得暴利的商贾们则卜居于更南边的凤凰山。[2]那里的避暑山庄星星点点地掩映于花木丛中。

在另一方面，城墙内的低地位于宫城以北，而御街以外的贫民区的人口密度则达每英亩324人之多。多层楼房便建于此处，使得街面狭窄而拥挤。那些经过精心规划而横穿城市的大街、具有纪念碑风格的城墙与门楼、金碧辉煌的府第和寺庙，与狭窄的巷陌和嘈杂拥塞的贫民区构成了巨大的反差。当然，这种反

---

[1] 参见徐益棠：《南宋杭州之都市的发展》，并参见《夷坚志》卷十六。
[2] 《梦粱录》卷十八。

差并非仅见于杭州。这在该帝国的所有城市都是司空见惯的；而且，它似乎反映了诸种事务的政治现状，作为一种象征，它透露出——政府具有至上威权，众多百姓则在其阴影中过活，此外还有一些手执权柄却又无所事事之辈。

贫民区的房子，正立面均极窄小，而进深却很大。底层通常都开设店铺或手工艺作坊。鲍丁南的笔录有时说到 10 层的房子，有时每座房子居住 10 户人家，这似乎指明，此种建筑无论有多少层，但总之是一家住一层。不管房屋是公产还是私产，租金都是按月交付。那些属于国家的房子由一个特设的机构——楼店务管理。有一段文字这样说："楼店务在流福桥北，有官设吏令宅务合于人员，收检民户年纳白地赁钱。"[1]

我们不了解房租的数额，但既然房屋缺乏，而朝廷又屡屡颁令宽限交租的日期，就有理由假定房租对于城内居民来说乃是一种沉重的负担。其中的一位市民曾述及，租金分为大、中、小三等。如遇因雪寒、淫雨、火灾等而祈祷恩典，"官司出榜除放房地钱，大者三日至七日，中者五日至十日，小者七日至半月，如房舍未经减者，遇大礼明堂赦文条划，谓一贯为减除三百，止令公私收七百"。[2]

---

[1]《梦粱录》卷十《本州仓场库务》。
[2]《梦粱录》卷十八《恩需军民》。

3. 火灾及消防

上述多层楼房，既位于仅有小巷交通网的人口稠密区，又是竹、木结构。显而易见，这就使得火灾频繁，必须采取消防措施。在中国的所有其他城市，发生火灾的危险都未尝如此巨大。确实，北方平原的古都中有宽阔的大街穿过，这些大街呈直角交叉，把城市划分成各个不同的街区。主干道的宽度超过300英尺，小街的宽度也在120英尺以上。这样，火灾便一般可以限止在特定的街区。不过，在北宋的国都开封，火灾也已经构成了一种威胁。由于人口密集，故除了从皇宫南门直通一座城门的宽大御街之外，其余街道均比唐代首都长安的街道要窄。因而，毫不奇怪的是，正是在开封人们首次发现了一件很要紧的事——成立专门对付消防问题的组织机构。这种消防组织的构成是：每隔1500英尺设立一所警卫站，城中还设有若干水塔，常年由100名军士掌管，他们装备了一切必备的消防器材（刀斧、水桶等等）。[1]

这种消防组织的形式后来亦逐渐地被杭州城沿用。王朝的最初几年乃是一段改进时期，一位自开封南渡而来的市民尖刻地抱怨说，他看不到有远见的举措。在1132年夏历五月（即公历6月），他只能携其母亲和妻子及时脱险，来到了湖岸边。13000间房屋被尽付一炬，而他能够寻觅到的唯一容身之地便是周围的小

---

[1] 孟元老：《东京梦华录》卷三《防火》。

山。他们在那里一直住到了1137年年初,其时他又亲眼目睹了差不多同样惨烈的火灾,又有1万间房屋在烈焰中化为灰烬。[1]

几乎没有哪一年不闹火灾,有时竟在一年内连出几起。这样,在1132年夏历5月、8月、10月和12月,火灾烧毁了几处城区;而到了第二年,我们又注意到,在夏历1月、9月和11月,火灾仍频频发生,而在10月竟惹出了两起。从开封来的难民提及,在1132年6月的一场大火中,火势在一个小时内便蔓延近2英里。同年8月,当局准许火灾中的受害者去城边小山的佛寺安身。政府告示还规定,凡贩卖竹子、防雨草席和木板者均可免于征税,另外房租亦暂停交纳。朝廷拨出120吨大米赈济穷人。类似的措施在每次火灾过后都要采取,而对于竹子和木材的征税亦会解除,其期限或为一年,或为数月。[2]

而在1137年的大火过去之后,短短几年便采取了更为得力的措施,已经仿效以前在开封存在过的消防系统了。有一份写于1275年前后的关于该城的描绘报告说,在人口稠密的街区已随处可见到望火楼。据推算,在城墙之内的人丁密集处有8座这样的望火楼,而在城外的地区则不超过2座。如果看到哪里有烟火升腾,楼上的哨兵便会发出警报,白昼以举旗为号,夜晚则悬灯为号,而旗帜或灯笼的数目则标志着发生火灾的相应位置。设若火起处在朝天门(这是一座业已废置的旧城门,御街即经此穿过)

---

〔1〕 袁褧:《枫窗小牍》卷下《余始寓京邸》。
〔2〕 参阅徐益棠:《南宋杭州之都市的发展》。

以南，哨兵便会举三面旗；如果此门以北起火，则举旗两面；而若是城墙以外有火险，只打一面即可。

为了防火，杭州城被划分为若干区域。城内被分成14个区，城外则分为8个区。城内的消防军卒为数2000，而城外则有1200人。就像在开封府一样，他们装备有水桶、绳索、旗号、斧头、锯子、灯笼和防火衣。但是这些消防军卒并不是唯一被调用防集的力量；一旦发现火灾，杭州城的所有驻军均会被迅速动员起来。此外，负责街头治安的士兵亦须警惕火事。他们以4—5人为一单位（一铺），每隔二百余步则设有一铺，其主要职责便是"遇夜巡警地方盗贼烟火"[1]。

关于杭州城的消防措施，我们从马可·波罗那里看到的资料和宋代的中文记载并不完全吻合。我们不得不推测，这种消防组织在杭州被蒙古人占领后有所变化。对此的限制更加严厉了，而灯火管制亦必须更加严格地遵守。马可·波罗写道："守望者们的职责是，在法定禁火的时刻到来之后，看看还有谁家露出任何火烛之光。如果他们发现到了，就会在其门上标上记号，而一大早房主便会被传唤到官吏面前，如举不出正当理由，便会受到惩处。同样，在法令禁止的时间内如果他们发现有任何人在街头乱走，亦会将其拘捕，并于次日清晨将其押送给官吏。"

对于杭州城的居民们来说，如此严厉的措施肯定会使他们感

---

[1] 事见《梦粱录》卷十。

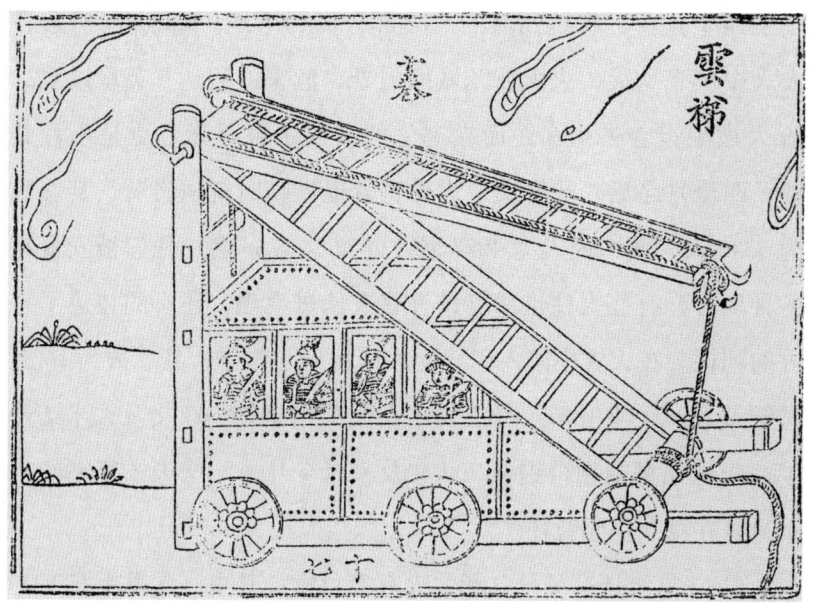

云梯 攻城用具,亦可用于高层建筑灭火。

到极端冷酷,因为这里的夜生活曾是非常活跃的。在蒙古人侵占之前,城中的许多街区,尤其是邻近御街的街区,总是夜深而人不静。餐馆、酒肆与茶楼的前门后院都张灯结彩,商铺的陈设亦灯火通明。不过,也许还未出现任何公共照明系统,故此在那些未被夜市的灯火所照亮的街道上,无疑就必须打着自家的灯笼照路了。

如此地缺乏组织系统,当可部分地解释,在13世纪的杭州仍然有严峻的火灾问题,尽管在瞬间即可组织起来的消防力量已有所助益。1208年4月15日(即夏历三月二十八日),一场大火摧毁了皇宫以北的街区,而那里正是政府机构的所在地区,火势持续了四个昼夜，将杭州城的一大部分夷为平地。58097间房舍在大火中灰飞烟灭，火灾波及城墙内外，危害面积达3英里以上。59人被烈火夺去生命，而在逃生的人流中被踩死者更是不计其数。四个月之后，政府决定为受害者提供临时寄宿之所，其总数为5345人，此中成人为4077名，儿童为1268名。他们被安置在各种地方，有些人住进佛寺，有些人住进道观，还有的住进了官方的朝祠。在火灾中陷入困境的家庭得到了赈济，其总数为16万吊铜钱和400吨稻米。每位成年灾民配给铜钱500文及大米2升半，每位儿童则领得铜钱200文及大米1升。一些失去家宅的官员只好在湖上租船暂住。[1]

在13世纪还有另外3场大火有案可稽。其中一次发生在1229年，其严重程度并不比1208年的火灾小多少。另一次发生在1237年，此番有3万所房舍被火舌吞灭。最后一次发生在1275年，此时正值蒙古人行将攻占该城之前。

由于火灾频仍，杭州城内的巨商大贾们遂发现：为谨慎起见，有必要将其货物贮藏在特别筑起的房屋中，以彻底杜绝火灾。据一位当时的人称，这使得杭州出现了一种特别的机构："城郭内北关水门里，有水路周回数里，自梅家桥至白洋湖、方家桥直到法物库市舶前，有慈元殿及富豪内侍诸司等人家于水次起造塌房数十所，为屋数千间，专以假赁与市郭间铺席宅舍及客旅寄

---

[1] 参见徐益棠：《南宋杭州之都市的发展》。

藏物货，并动具等物，四面皆水，不惟可避风烛，亦可免偷盗，极为利便。盖置塌房家，月月取索假赁者管巡廊钱会，顾养人力，遇夜巡警，不致疏虞。"[1]

城中居民长期为火灾担惊受怕。有鉴于此，皇帝不得不下令，严禁传播发生火灾的警报。政府也不得不采取措施防范盗贼，因为居民中的败类总要乘火灾爆发、人心惶惶之机动手行窃。这些"趁火打窃者"，是要被军法从事的。

由于人们谈火色变，许多迷信活动遂大行其道。例如，人们把 1132—1133 年间的火灾频仍归咎于受到了南宋第一个年号的影响：它被称之为"建炎"。"壬午岁（1282 年），忽有海鳅长十余丈，阁于浙江潮沙之上。恶少年皆以梯升其背，脔割而食之，未几大火，人以为此鳅之示妖。其说无根。辛卯岁（1291 年），十二月二十二、三间，又有海鳅复大于前者，死于浙江亭之沙上，于是哄传将有火灾。然越二日于二十四日之夜火作于天井巷回回大师家，行省开元宫尽在煨烬中，凡毁数千家，然则滥传有时可信也。"这是一位记述此项逸闻的作者的说法。[2]

有些庙宇将河神供奉为龙王。城中居民们希望，这些神明在享用祭献给它们的牺牲之后，将会护佐该城免遭火灾。此后，还有材料提到，在城北的水池中央建有一座献给水星的亭阁。该建筑呈六角形，高 70 英尺，始造于 13 世纪末叶。

---

[1]《梦粱录》卷十九《塌房》。
[2]《癸辛杂识·续集上·海鳅兆火》。

猴侍水星神图（南宋·张思恭）

立轴绢本设色
121.4cm×55.9cm
美国波士顿艺术博物馆藏

张思恭是南宋宁波地方的职业画家，多画罗汉佛尊等内容。图中妇人即中国五星神像之一的水星神。相传南朝梁代的张僧繇和唐代中期的何长寿都画过水星神，此图是南宋仅存的一幅水星神图。

4. 交通与供应

在不到两个世纪的时间内,杭州的人口显著增加了。我们已经提到过,12世纪初只有至多20万人,到1270年,便增至近50万人,而到了一个世纪之后,则达到百万有余。然而,城市却并未向城墙外扩展多少。由于有了多层的楼房,而且利用了每一寸土地,在1270年前后,三分之二以上的居民得以居住在城垣之内,而该城垣却是在7世纪初修造的,其目的只在于保卫一座小城市的居民。于是,问题便产生了:到13世纪杭州该怎么办?因供应如此庞大的人口所产生的运输问题将怎样解决?但实际上,由于有了与御街相仿的大街横贯东西,特别是由于有了流经杭州的许多条运河,还是足以应付这种需求的。

马可·波罗写道:"这座城市的地势是:其一端是一个清澈新鲜的湖泊,另一端则是一条大河。湖水输入若干条大小不等的运河,而这些运河则分别流经该城的不同街区,把所有的秽物运走……然后,河水再流出城市,淌进大海,使城内的空气清新宜人。人们可以取道于这些运河,乘舟遍游城市,正如在街道上行走一样。运河与街道均甚为宽敞开阔,故这边可以行车,那边可以载舟,十分便捷,运来居民所需之物品。"

在11世纪,杭州城内的运河不时地要被强大潮汐卷来的泥沙淤积,故每隔三至五年其河床就必须予以疏浚。此项工程有碍于商业活动,给全城居民带来不便。任何一位与此项工程有关的胥

清明上河图（局部）

吏或兵卒，都可有恃无恐地抓住一切机会向城市居民施压，以便敲诈勒索。他们会放风："我们将不得不开挖这块地方，运河非沿这个方向开通不可。"这话是他们故意讲给周围邻居听的。这时，由于房主害怕将来要在自己门前破土挖河，便要向监工们重重地行贿。接着，这些监工们又会转而向下一家勒索。最后，于1086—1093年间，官府进行了更为有效的兴修水利工程，建造了一个大水闸，每遇涨潮时分便将闸门关闭，遂一劳永逸地解决了此类问题。[1]

　　流经城内的运河，与那些源自城垣流向邻近县区的运河，具有不同的规模。最大的河道宽约18—30英尺，足容得下载重六吨多的最大货船在其上交错行驶。我们都知道，隋炀帝（605—

---

[1] 事见《宋史·河渠志》。

617）开凿了大运河，它连接起淮河盆地与长江，成为中国最主要的商业通道之一。但是，根据曾于1072年沿大运河旅行过的日本僧人上顺（Jojun）的记述，即使是这条大运河，其宽度还要比18英尺略小。至于8世纪的流经唐代国都（今西安）的运河，则要更窄一些。据记载，其中的一条漕渠仅宽8英尺深10英尺；可以推知，当舟船拥挤时，大货船只能轮流通过，先放行这边的船，再放行相反方向的。[1]

舟船大大小小参差不等，皆由竹篙或固定于船尾的船橹推进，在杭州城内的运河中行驶。城外南北两边的码头边满是停泊的船只，大船载着从无锡运来的稻米，小船装着木头、柴炭、砖瓦、盐袋等物。船民们一家老幼皆生活于舱内。大多数船只均备

---

[1] 参见徐松：《唐两京城坊考·漕渠》。

有风帆,一驶进开阔水域即扬起它。《清明上河图》表现了北宋首都开封府的街道、运河与桥梁,我们可以从中看到,有些船只装备有用褶席制成的风帆,它们就像六角形手风琴那样被叠起来,卷作一种狭长板凳的形状。毫无疑问,这类风帆也会被在杭州找到。有些船只是专门为旅客所造的;在杭州城内,要从一处到另一处去,假舟楫而行是一条简便之路,而且,雇一条船到邻近的城镇去,也要比走旱路更轻便经济。缘此,有些富户甚至拥有私船,既可供出行观光,又可载运货物;而佛教寺庙也自备船只,以搬送菜蔬柴薪。[1]

只要有可能,杭州城的居民都会选择水路交通。该城周围并无适于旱路交通的任何条件。湖泊、沼泽随处可见,而以夯土建成的道路又不能承重。一位杭州居民写道:"向者汴京用车乘驾运物。盖杭城皆石板街道,非泥沙比,车轮难行,所以用舟只及人力耳。"[2] 事实上,唯有在御街上方可见到车舆,而且它们还都是专门用来载客的轻型车辆。

马可·波罗写道:"在该城的主要干道上,你可以遇见或长或短的此类车队往返穿行。车子都是长长的篷车,装有车帘和坐垫,以及6个座位;这都是应男男女女的需求而备,他们时常要兴会取乐。他们驱车至某一花园,而主人则在专门建造的亭阁中

---

[1] 参阅《梦粱录·河舟》。
[2] 同上。

招待来宾。在那里,他们和其夫人终日欢娱,然后于晚间再乘同样的车子回家。"

阔佬们也时常骑马出行,而贵妇们则常常乘滑竿。这种滑竿装有顶盖以及小小的帘门。和轿子相仿,它们都由脚夫用肩挑着前行。

在街巷上,搬送货物的唯一方法就是由挑夫去担,或者如果太重了的话,则改由驴子或骡子来驮。曾于1072年游历过杭州的日本僧人上顺声称,他见过一些个头很小的马匹,专供作驮货之用;他给出了这些小马的准确尺寸:35英寸高,47英寸长,而其双耳竟近10英寸长,并因而得名"兔马"。[1] 由于人力充足,人工运货既普遍又便宜。挑夫们使用竹制扁担,扁担上系着布卷、柳条筐、大陶罐或方木桶。

御街是城中首屈一指的大街,其长度超过3英里,从皇宫北门直抵西北城门。它有60码宽,马可·波罗对之形容道:

> ……我们上面讲到过的这条主要街道从城市的一端直通另一端,它是铺成这样的,两边各有十步宽的石路和砖路,而中间却填上了碎石子,圆形的水管将雨水疏导进附近的运河,故路面便能常保干燥。

---

〔1〕 见《三天台五台山记》卷一。

要是和西方中世纪城市的街道相比较，这无疑已是一条辉煌的大道了。不过，杭州仍远未能达到开封的华丽程度，而那座以前的京城已经陷入胡人之手了。在开封，御街竟宽达300码！御街之"两边乃御廊，旧许市人买卖于其间，自政和间（1111—1117）官司禁止，各安立黑漆杈子，路心又安朱漆杈子两行，中心御道，不得人马行往，行人皆在廊下朱杈子之外。杈子里有砖石瓮砌御沟水两道，宣和间（1119—1125）尽植莲荷，近岸植桃李梨杏，杂花相间，春夏之间，望之如绣"。[1]

杭州城里，看来几乎所有的街道均由大石铺面筑成，至今仍可在环湖和城边的路上看到这种情况。地面的潮湿无疑要求人们铺设石头路面，而且，无巧不巧，那地方也并不缺乏很好的采石场。在13世纪，杭州城内有一条路名叫土街，这似乎说明那是唯一未铺石面的路。马可·波罗本人看来曾为该城的石头街道而惊讶，这尤其是因为他在中国北方停留了那么久，而那里的路皆由夯土筑成。他写道：

> 首先你必得清楚地知道，在这座行在（Quinsai）里，所有的道路皆由石头或砖块铺成；而且在所有蛮子的省份里，无论大街小巷皆是如此，因此，人们无论是骑马还是步行，哪怕到处都走遍了，也不会弄得一脚泥。

---

[1] 孟元老：《东京梦华录》卷二《御街》。

第一章 城 市

不过，为了保养御街，却要大量耗资。1271年，当地政府奉旨维修御街自朝天门以南的路段，而另一个官员则负责翻修该门以北的整个路段。据称，当初在整个路面上共用去35300块石板，而在维修过程中，也曾调换了2万块被偷走或损坏的石板。

还有进一步的证据证明：为了维护道路而花费了很大心血。在1268年，亦即在修复御街路面的前三年，当地政府奉命修造杭州的桥梁。1170年时，城中共有这类桥梁71座；到1250年，增至100座；而到1271年，则多达117座，另外当时在市郊还有230座。这些桥梁中的一半以上被推倒重造，其余的也大多被修缮一新。妨碍运河交通的低桥均被加高；窄桥也被加宽，俾使舟船、行人和车辆可以畅行无阻，亦令交通拥塞处有所改善。从1268年10月直到1269年11月，该项工程始告竣工，耗钱总数达4.66亿之多。

或许自从朝廷定都杭州起，即开始关注着人行道的安全。据一位作家云，"城中旧无阑干，沿河惟居民首各为阑障不相联属。河之转曲，两岸灯火相直，醉者夜行经过如履平地，往往多溺死，岁以数十百计。自王宣子尹京，始于抽解场出林，置大木阑。城内沿河皆周匝地。每船步留一门，民始便之"。[1]

最后，在杭州城进行了一次高标准的大清扫。这次清扫无论如何都势在必行，特别是在每年最热的7月和8月，否则的话，瘟疫将会迅速蔓延，并在人口如此过剩的城市中大肆戕害生灵。

---

[1]《说郛》卷二十《行都纪事》。

蒙元入侵前夜的中国日常生活(插图本)

第一章 城 市

当局把街道打扫干净,并将垃圾用船运走。这些船只先来到城北新桥附近的运河上的汇合地点,然后结成船队前往农村,在那里垃圾被置于荒地上进行处理。每年逢新春之际,地方官署便会对街道进行一次彻底的大扫除,并对运河进行一次普遍的清理。

富家宅院均有厕坑。但是居住在贫困区多层楼房中的穷人,却不得不使用"马桶"。清洁工每天会来把马桶中的粪便取走。这些粪便无疑是被用来当作周围花园和东郊菜地的肥料。而清洁工们,俗称"倾脚头",也结成了一种合作关系。他们"各有主顾,不敢侵夺;或有侵夺,粪主必与之争,甚者经府大讼,胜而后已"[1]。

朝廷选杭州为都,看来给该城带来了极大的好处;人们做了一切努力,去改善该城的外观,并便利其交通以减少危险。由于有了运河和街道这样的双重交通网,在主要干道上并无交通拥塞的现象。然而,这种现象却主要发生于城门处,相对于车辆、牲口和挑夫拥作一团的状况而言,那里的道路太狭窄了。另外,这种现象也发生在桥头边,杭州的桥梁不仅总是狭小,而且通常呈拱形,或者用更富诗意的中文称之,是所谓"虹桥"。在车水马龙的开封府,习惯上总是在最重的车辆后面拴上两头驴或骡子,"遇下峻险桥路,以鞭唬之,使倒坐缍车,令缓行也"[2]。甚至,在杭州的大多数街区竟看不到车辆,这也许是因为此类的拱桥构

---

[1] 《梦粱录》卷十三《诸色杂货》。
[2] 《东京梦华录》卷三《船载杂卖》。

成了交通上的障碍。某些桥梁造有低平的台阶，驴和骡子被训练得可循此上坡下坡。最后，在从主要的大街拐进贫困区之后，则"巷陌壅塞，街道狭小，不堪其行"[1]。挑担的脚夫、驮包的牲口和过路的行人互相拥挤碰撞，乃是一种常见的混乱场面。

由于有了河流、湖泊、通往城里的石路，以及穿城而过并与邻近大城镇相通的运河，杭州的各色日用品是容易供应的。一句当地的俗话列举出了种种日用品，把它们与四个方位联系起来了："东菜、西水、南柴、北米。"确乎如此：柴薪和木材是用船只从浙江上游载来；在东郊有许多菜园，也有菜蔬市场；稻米是从杭州以北长江以南的平原地区沿运河送来；最后，城内居民的唯一饮水来源便是西湖。[2]

在城市西北角的城墙内有一些贮水池，称为"六井"，其井水注入西湖。经过公元8世纪杭州地方官的关注和公元11世纪地方官的维修，湖水遂适于饮用了。当时，铺设了一些陶瓷管道，把水流接引进西湖，这些管道便是周围唯一的新鲜水来源。由于海潮的作用，河水变咸了，杭州周围所有的掘井均遭污染。因此，亟待采取一切手段来保持湖水的纯净。1265—1274年，"有御史鲍度劾奏内臣陈敏贤、刘公正包占水池，盖造屋宇，濯秽洗马，无所不施，灌注湖水，一以酝酒，以祀天地、飨祖宗，不得蠲洁而亏歆受之福，次以一城黎元之生，俱饮污腻浊水而起疾疫之

---

[1] 《梦粱录》卷十《防隅巡警》。
[2] 参见《梦粱录》卷十八《物产》。

灾"〔1〕。究竟那六眼井的井水是如何在城中分配的,我们尚不得而知;很可能是由挑夫们以水桶装来,送到杭州的大街小巷。

城中居民需求量最大的两项消费品,乃是他们的基本食物:大米和猪肉。当时的一位作者记述道:"每日街市食米,除府第、官舍、宅舍、富室、及诸司有该俸人外,细民所食,每日城内外不下一二千余石,皆需之铺家。"〔2〕另一则记述给出了不同的但更精确的数字,这些数字援自看起来可以信赖的资料:"余向在京幕,闻吏魁云:'杭城除有米之家,仰籴而食凡十六七万人,人以二升计之,非三四千石不可以支一日之用,而南北外二厢不与焉,客旅之往来又不与焉。'"〔3〕或许,上层人士虽可直接获得大米供应,但在消费这类物品时反较下层人民为少,因为他们的食物是多样化的。但是,由于毕竟每日要有数千吨的这种稻谷被运抵杭州,从江浙一带大米主产区开来的米船,遂源源不断昼夜兼程地沿运河到达这里,除此之外,杭州甚至还需要从淮河流域输入稻米,再经由海路把广东地区的稻米不远千里地运来。粮船在北郊的米市桥和黑桥卸下大米,然后大米再从这里被分售给城中数不清的米铺和饭铺。

主要的猪肉市场位于城市中心的御街边上。在两条巷子里,每日有数百口猪被宰杀。屠户自三更开行上市,至晓方罢市。被分割

〔1〕《梦粱录》卷十二《西湖》。
〔2〕《梦粱录》卷十六《米铺》。
〔3〕《癸辛杂识·续集上·杭城食米》。

第一章 城 市

成扇及头蹄等等的猪肉,在这里被售给城内外诸面店、分茶店、酒店、犯鲊店及盘街卖熬肉的人们。不过,城中除此之外还到处都有自行屠宰的猪肉店铺,"皆装饰肉案,动器新丽。每日各铺悬挂成边猪,不下十余边。如冬年两节,各铺日卖数十边。案前操刀者五七人,主顾从便索唤刲宰切。……或遇婚姻日,及府第富家大席,华筵数十处,欲收市腰肚,顷刻并皆办集,从不劳力"。[1]

除掉大米和猪肉,在杭州居民的食物中就要数咸鱼重要了。因而,在杭州城内外便有近 200 家专卖这种咸鱼的店铺。此外,还有 15 个以上的大市场,分别专营特定的货物。菜市位于东郊的新门外;鲜鱼市位于城东南角的候潮门;蟹市位于河岸;布市位于南城墙之外。应该提到的还有:花市、橄榄市、橘子市、梨子市、珠石市、药市和书市。最后,无论在城区还是郊区,随处可见到出售面条、水果、线、香烛、油、酱油、鲜鱼、咸鱼、猪肉和大米的店铺。一位居民说:"所有这些都是每人日常生活中不可或缺的必需品。"

不过,杭州城内买卖最兴隆的地区还要算邻近御街的街区。在那些地方,可以找到奢侈的精品、上等的店铺、最大的酒店和时髦的茶肆等等。

我们要再一次征引马可·波罗的游记。尽管他所述及的城内市场的位置与人们在 1275 年前后宋末时期给出的中文资料有些出

---

[1] 《梦粱录》卷十六《肉铺》。

入,但他其余的记述还是确切的:

(城内)有10个主要的市场,除此之外还有大量别的市场遍及城市的各个角落。前者均占地半英里见方,在其前面有宽达40步的大街穿过,从城这头直通城那头,并越过许多宽舒的桥梁。每隔4英里便会来到一个这样的地方,它2英里见方,围有围墙。在这些方形街区的后面,流淌着一条与这条大街平行的巨大运河,人们在靠近街区一侧的河岸边筑起了一些巨大的石屋,从印度和其他国家来的客商就在这些石屋里贮存货物,以待持往市场。在每一个这样的街区中,一周均要开市三天,常来赶集者有四五万人之多,他们把日常生活的每一种必需品都带到那里销售,故而那里应有尽有地充足供应着各种肉类和猎物,如牡鹿、赤鹿、小鹿、野兔、家兔、鹧鸪、雉、鹌鹑、家禽、阉鸡,以及数不清的鸭鹅;由于在湖中饲养了那么多,所以你只要花上一块威尼斯银币,便可购得一对鹅或两对鸭子。此外,那里还有些屠宰场,专门宰杀较大的动物,如牛、小牛、小山羊和小羊等等,以供富户和豪门食用。

这些市场每日都供应各种蔬菜和水果;水果中有一种特别大的梨子,每个重达10磅,梨肉为白色,甜如蜜饯;此外,还有桃子应时上市,呈黄白色,个个美味无比。

……从大海洋上每日亦有大量的鱼类供应，它们是从下游25英里处走河路送来的，同时又有一个巨大的湖上养鱼场，这里是渔民们常去的地方，他们只以此为生。他们供应的鱼种类繁多，因时而异……

这10个市场区均由高大的楼房所包围，这些楼房的下层是一些店铺，那里有各种各样的手工艺品和器皿待售。其中的一些店铺为酒肆，专营由大米和香料酿成的米酒，总是现做现卖，价格十分便宜。

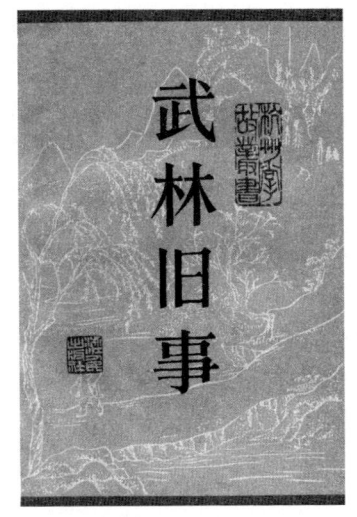

《武林旧事》书影

《武林旧事》十卷，南宋四水潜夫辑。作者周密，别号"四水潜夫"，于宋亡后回忆南宋旧事而写作此书，"凡朝廷典礼、山川风俗，与夫市肆节物、鼓坊乐部，无不备载"。

5. 城市生活的乐趣

马可·波罗写道："行在之大，举世无匹。一个人可以在那里寻到这么多的乐子，简直恍若步入天堂。"杭州人只要有钱，便可在家具、穿着、美食和娱乐诸方面满足其高雅精致的趣味。在城的中心有一些专门经销高档产品的店家，其间琳琅满目地陈列着各种货物，有产自中国各地的，也有产自南海、印度和中东的。

在杭州可以发现中国其他城市中根本找不到的东西。根据一段当时的记述，在这些商品中有化妆品（油膏、香水、睫毛膏和假发），有小猫和用作猫食的鱼以及猫窝，有蟋蟀笼子及其饲料，还有金鱼、浴巾、钓具、游戏用的飞镖、棋类、糊窗户的油纸、蚊香等等。

另外，在该城中还有一些不为别处所知的行业，如鼓炉钉铰、补锅子、修竹作、磨刀、淘井、淘河等等。[1] 被称作"茶酒厨子"的店家，则满足着顾客们各种各样的需求，如专为欢庆"好运"（结婚、上任、升官）举行的酒宴，或专为丧举办的酒席。这些店家负责关照宴席所需的全部细节。举凡"花檐、酒檐、首饰、衣服、被卧、轿子、布囊、酒器、帏设、动用、盘合、丧具，凡吉凶之事，自有所谓'茶酒厨子'专任饮食请客宴席之事。凡合用之物，一切赁至，不劳余力。虽广席盛设，亦可咄嗟办也"[2]。马可·波罗也谈及了类似的机构，但它似乎循着另一种规则行事："在湖心有两个岛屿，每个岛上都矗立着富丽堂皇的大厦，其间有多得令人难以置信的房间和相互隔离的包厢。任何人若想要举行婚宴，或者大宴宾客，总是要么在这座殿堂里操办，要么在另一座里操办。而所有物件都已准备停当，诸如碗碟、餐巾、桌布，以及任何用得着的东西。室内的装修摆设

---

〔1〕 参阅《武林旧事》卷六《小经纪》。
〔2〕 《武林旧事》卷六《赁物》。

是由这两座殿堂中的公民们共同出资兴建和维修的,他们正是为了此种用途而造此殿堂。有的时候,在这些殿堂中会同时举行上百个不同的招待会,有的举行宴会,有的庆祝结亲;但所有的人都会在不同的套房和包厢里找到适宜的所在,这里是如此秩序井然,以至于一种招待会的行为方式决不会跟另一种雷同。"

频繁的经商活动、极度密集的人口,以及接踵不断的观光者,都使得杭州城有了那么多好去处,以供本市居民和外地游客进餐、会面和自娱。这座城市在饭铺、客栈、酒店、茶肆、歌馆方面应有尽有,足可自豪。阔佬们在茶肆会聚。富商和官吏们亦来此学习乐器。那里装饰得十分豪侈:列花架,安顿奇松异桧等物于其上,又挂名人画,所以勾引观者,留连食客。四时卖奇茶异汤,暑天添卖雪泡梅花酒,或缩脾饮暑药之属,用瓷盏漆托供卖。"大街有三五家开茶肆,楼上专安着妓女,名曰'花茶坊',如市西坊南潘节干、俞七郎茶坊,保佑坊北朱骷髅茶坊,太平坊郭四郎茶坊,太平坊北首张七相干茶坊,盖此五处多有吵闹,非君子驻足之地也。"[1]

在那里也能找到时尚的酒家。这些酒家并不当街售卖,大茶坊无疑也会如此。"店门首彩画欢门,设红绿杈子,绯绿帘幕,贴金红纱栀子灯,装饰厅院廊庑;花木森茂,酒座潇洒。但此店入其门,一直主廊,约一二十步,分南北两廊,皆济楚阁儿,稳便

---

[1] 《梦粱录》卷十六《茶肆》。

坐席，向晚灯烛荧煌，上下相照，浓妆妓女数十，聚于主廊檐面上，以待酒客呼唤，望之宛如神仙。"[1]

在这些酒家，要用小银角来装盛各种米酒——仅此一个细节，便足可管窥店主之富。在那里，"兼卖诸般下酒，食次随意索唤。酒家亦自有食牌，从便点供……大凡入店不可轻易登楼，恐饮宴短浅。如买酒不多，只坐楼下散坐，谓之'门床马道'。初坐定，酒家人先下看菜，问酒多寡，然后别换好菜蔬。有一等外郡士夫，未曾谙识者，便下箸吃，被酒家人哂笑"。倘遇此等不知门道者，店主和歌妓就有可能"被此辈索唤珍品、下细食次，使其高抬价数，惟经惯者不堕其计"。有些店家名曰"包子酒店，专卖灌浆馒头，薄皮春茧包子、虾肉包子、鱼兜杂合粉、灌熬大骨之类"。"又有挂草葫芦、银马杓、银大碗，亦有挂银裹直卖牌，多是竹栅布幕，谓之'打碗头'，只三二碗便行。更有酒店兼卖血脏、豆腐羹、熬螺蛳、煎豆腐、蛤蜊肉之类，乃小辈去处。"[2]

"且言食店门首及其仪式：其门首，以枋木及花样沓结缚如山棚，上挂半边猪羊，一带近里门面窗牖，皆朱绿五彩装饰，谓之'欢门'。每店各有厅院，东西廊庑，称呼坐次。客至坐定，则一过卖执箸遍问坐客。杭人侈甚，百端呼索取复，或热，或冷，或温，或绝冷，精浇熬烧，呼客随意索唤。各桌或三样皆不同名，行菜得之。走迎厨局前，从头唱念，报与当局者，谓之'铛头'，

---

[1] 《梦粱录》卷十六《酒肆》。
[2] 本段引号内文字皆引自《梦粱录》卷十六《酒肆》。

又曰'着案'。讫行菜,行菜诣灶头托盘前去,从头散下,尽合诸客呼索指挥,不致错误。或有差错,坐客白之店主,必致叱骂罚工,甚至逐之。"[1] 有些饭铺,卖任何菜肴都是冰冻的,包括鱼和汤在内。又有些饭铺,则专卖某一类食品或某一种地方风味的食品。"亦有专卖菜面、熟齑笋肉淘面,此不堪尊重,非君子待客之处也。"杭州人经常被判定为饕餮之徒,那是不足为怪的。马可·波罗写道:"任何人若看到市场上的鱼类供应,他准会推想:鱼这么多根本不可能卖完。可是,几小时之内,那些鱼就告售罄。杭州居民中有为数众多的人已过惯了养尊处优的生活。他们在一餐饭中确实是鱼、肉并进。"

刘松年《茗园赌市图》中卖饮料的妇人。

杭州最引人入胜的方面之一,在于其商业活动的纷繁多样。不过,这却并非唯一的方面。在城外,主要是在湖畔和南郊,有不少可供人们自由出入的公园和花圃。每逢节庆,度假的人群就会向这

---

[1]《梦粱录》卷十六《面食店》。

些地方涌来，以欣赏奇花异树。其中有些人带着吃食，携着乐器，在湖边和环绕的小山间作尽日的远足。另一些人，则会花上不多的几文钱，雇一叶扁舟，把中国最美丽的湖光山色尽收眼底。

西湖会使人记起唐代和宋代的两位伟大诗人——白居易和苏东坡。他们两人都做过杭州的地方官，前者是在9世纪初，后者则是在11世纪末。几个世纪期间，西湖业已经人工开掘而有所扩大，但它仍然经常受到淤泥和水草壅塞的威胁。在1041—1048年间，经由对富家大室和佛教寺院的地产进行征用，西湖被扩大了。而在1086—1093年间，苏东坡上疏皇帝请求拨款，以便把西湖重建成唐代时的老样子，其奏陈云："西湖如人之眉目，岂宜废之？"由是，"遂拨赐度牒，易钱米，募民开湖"[1]。

到了1275年，西湖的湖岸线已长达9英里多，湖水已深达9英尺。在特别任命的官员指挥下，军兵们负责西湖的治安和保养；往湖中倾倒垃圾或在湖内种植荷花或菱角均在禁止之列。如此对西湖进行长达数世纪的精心维护，足以证明唐宋时代的中国人对于旖旎风光显露了特殊的感情和兴致。每一处胜景都被小心翼翼地保护起来，每一座新的建筑都必须和周围环境相协调。环湖小山上的佛寺和佛塔，亦与西湖景致交相辉映融为一体。在林林总总的这类建筑中，我们单提一下雷峰塔，它重建于13世纪，位于西湖南端一块小山坡上的遭雷击处。该塔呈八角形，高约

---

[1]《梦梁录》卷十二《西湖》。

第一章 城市

顾绣西湖图册 24.1cm×26.3cm 台北故宫博物院藏
画面表现的是杭州西湖十景之一——"柳浪闻莺"。

170英尺,以蓝砖砌成,原建于975年。

　　根据对1275年之杭州的描绘,西湖水面上的船只总是成百上千、形形色色。小船与人们在城内运河中看到的船只相似,其船尾固定着一支大橹,由船夫用脚来摇;快船则由车轮或踏板推进;大型方底船的长度在90—180英尺之间,其载客数可达30、50甚至上百;18—27英尺长的船只,可承载20位乘客。这些船只均出自最优秀的工匠之手,其上部饰以精美的雕刻和绚烂的彩绘。船行之平稳,直使"人们如行平地"。每条船都自有名号:"百花""七宝""金狮""黄船"等等。在小湖园(西湖之一部分,被一条小堤隔开)的水面上,停泊着皇帝的龙舟,它通体上下均选用香楠木,雕工极尽富丽堂皇之能事。"灵芝寺前水次,有赵节斋所造湖舫,名曰乌龙,凡遇撑驾,即风波大作,坐者不安,多不敢撑出,以为弃物。"[1]

"又有小脚船,专载贾客妓女、荒鼓板、烧香婆嫂、扑青器、唱耍令缠曲,及投壶打弹百艺等船,多不呼而自来……若四时游玩,大小船只,雇价无虚日……如二月八及寒食清明,须先指挥船户,雇定船只。若此日分舫船,非二三百券不可雇赁……船中动用器具,不必带往,但指挥船主一一周备……更有豪家富宅,自造船只游嬉,及贵宫内侍,多造采莲船,用青布幕撑起,容一二客坐,装饰尤其精致。"[2] 除此之外,又有成群结队的小船,装载着各种货物往来于南北湖面。菜蔬、水果、鸡儿、螺头、时花、美酒、羹汤、茶果……无所不包,应有尽有。再者,在离湖岸不远的水面上,小钓鱼船正在垂钓,而湖中又有撒网鸣榔打鱼船,湖中有放生龟鳖螺蚌船。

在马可·波罗有关杭州的记载中,提供了与宋代中文材料相当贴近的信息:

> 在我们提到过的湖中,有许多大小不一的船只,供人宴饮取乐。这些船只可容载10人、15人、20人或更

---

[1]《梦粱录》卷十二《湖船》。
[2] 同上。

多，船身长度在 15—20 步之间，船底平而船体宽，故总是可以保持平稳。任何人若想拥妓或携友游湖取乐，便可租赁一条这类的游船，船上总是预备好了桌椅和一应供饮宴之物。船舱构成了很平的甲板，船夫们站立其上，撑着船儿任意泛舟，这很令人羡慕，因为湖水的深度不超过两步。船舱内全部为装饰性绘画所覆盖，其色彩令人赏心悦目，四周皆是可以开启或关闭的窗户，故人们可以一边坐在桌边饮酒，一边欣赏船两边不断转换的美丽景色。的确，在船上游览要比在陆地上令人惬意得多。在湖的一侧，整个的杭州城尽收眼底，故船上的观光者远远望去，便可饱览它的全部秀美辉煌，它那无数的宫殿、庙宇、佛寺、花圃，掩映于垂依于岸边的林荫之中。西湖水面上每时每刻都有许多这类游船，载来一片片的欢声笑语；因为在操劳了一天以后，携带眷属到这里打发傍晚的时光，乃是此处居民的一大快事。当然，也有些人不是跟夫人而是跟妓女在一起的，他们要么荡桨于湖面，要么驱车于城里。

在城东门外，景色就较为素朴了：海船扬起由草席或深色帆布制成的风帆，渔舟和运输船有的停泊岸边，有的驶入内河，此处的河宽在 1—2 英里之间。可是远洋的大船不大到杭州来，因为浙江河口被一些沙洲阻塞了。一般常见的都是些较小的船只，装有 6 支或 8 支桨，称作"钻风"；而去浙江河口乃至温州一带张网捕鱼的渔船被称作"三板船"，正是它们供应给杭州海鱼和螃蟹。另一些船只则逆水而上到达内河 100 英里以上的地方，给杭州带回来柴炭、木植、柑橘、干湿果子等物。不过城中居民则难得来到城的这一侧远足，除非恰值大潮涌来之时。一到那些天，洪波涌起，白浪滔天，引来了成千上万的观光者。

如果我们不提一下另外一件事，那么我们对于杭州城的简短描述就缺乏完整性了。这件事便是：或在街上，或在游乐区，城中居民可以享受大量的娱乐（变戏法、傀儡戏、皮影戏、说书、踏索……）；游乐区里建有大型的剧院，三教九流的人都在这里会聚。那里每天都有各种表演，以及歌舞音乐。杭州似乎处于一种持续不断的节日气氛中。街面上和市场中的终日活动，城市中的奢华与欢乐，所有这一切都与乡间的贫困和农民的艰辛、俭朴、单调的生活形成了强烈的反差。

不容置疑，让我们再引一次马可·波罗的话——13 世纪的杭州乃是"世界上最辉煌最优秀的城市"。但我们也应记住：只有常年的惨淡经营才形成了这里的秩序井然和美仑美奂。杭州及西湖是自公元 1 世纪以来人类征服自然的成就。同时，这个城市也证明了人类的天资以及他们统辖其所居世界的能力。它是人类智慧和毅力的具体例证。不过，那中间也有一些东西是中国人固有的和特有的。上述的描绘有可能提供了有关中国的一个闪光点；那一切背后还有一个非凡的行政组织。

第二章·社会

第二章 社 会

1. 变迁中的社会

我们已经看到，杭州城在从 12 世纪初至 13 世纪末这段时间的迅速发展，并非仅仅因 12 世纪上半叶北方难民涌入和朝廷定都于此所致。事实上，在 12 世纪期间，并非只在杭州才出现了居住人口的急剧增长；在宋代末年（1250—1276），情况刚好相反，几乎可以肯定，人口的持续膨胀并非人们于杭州所仅见，在东南诸省的大城市中已成通例。此种城市扩大的现象极有可能反映出城市与乡村的不平衡正日愈演愈烈，以及经济领域内正发生深刻变化，同时，此种现象亦无疑与当时整个中国社会结构的演变密切相关。

11 世纪以前的中国，其政治状况可以简述如下：统治阶层形成了一个为数很少的精英集团，具有相近的生活方式、思想观念甚至语言文字。他们均沉浸于共同的文化氛围。但是，在这个极小的统治阶层之下，却是一个巨大的、尚未成形的民众团体，具有迥然不同的习俗风尚、千差万别的口音以及特定的技艺。当然，他们全都属于同一个中华文明，然而，尽管统治阶层不断努力去使各地风俗习惯整齐划一，中国民众——特别是乡村大众——却仍然保持着他们差别明显的地区特点。不同地区和省份的这种差异性，又由于在一些边远省份存在着少数民族而进一步拉大了；不过，由于有了令人羡慕的农村政治机构和中央集权政府，这种差异性却很少显露出来。由于所有这一切，便有了诸历史事实中最重要的事实之一。经过必要的修改之后，直至宋代甚至推而广之直至13世纪，中华世界均与中世纪的欧洲类似。按照毛斯（M. Mauss）的说法，在当时的欧洲，"唯有教会保有着艺术、科学和拉丁文，并传达着思想；而一般大众却显然并未开化，仍保留着他们的民间习俗与民间信仰"[1]。

不过，从11—13世纪，由于新的势力在起作用，中国社会的总体结构遂渐发生变化。在上层精英和民众集团之间，一个极不相同又极其活跃的阶层出现了，并开始占据愈益重要的地位。这个阶层就是商人。与此同时，在一个货币经济日益推广的社会中，贫富之间的悬殊对立变得空前尖锐，而在当时的社会结构中，又只有两类制度性因子：城市中的精英集团和乡村中的一般大众。因此，13世纪的中国比以前要复杂得多。"治人"和"治于人"的传统概念像从前一样倾向于将商人贬低为一般大众等级；不过与此同时，雇主和无特权阶层之间的劳资对立尖锐起来，又迫使商人去和精英分子结盟。的确，表面现象是有某种欺骗性的。在宋代时期，从11—13世纪，新兴的势力慢慢地削弱了中国社会的基础，却又未能把它引向新的形态。到了最后，这些

---

[1] M. 毛斯：《民族》，载《社会学年鉴》，1953—1954年，第28页。

势力实际上在统治精英和财主们之间造成了一种利益上的勾结,从而大大改变了士大夫的本性。从这个意义上讲,在宋代时期尤其是在13世纪,透出了中国的近代曙光。

中国在11—13世纪的商业发展,可比拟于欧洲的类似发展。不过,中国当时的旺盛经济扩展势头,在规模上却与其西方对手迥然不同。中国的商业成长总量,跟其人口的多寡、财富的数量以及幅员的辽阔成正比关系。马可·波罗在13世纪末的过甚其辞,只不过反映出了一位西方旅行家的惊愕,他发现了一种远比同时代的热那亚和威尼斯要繁荣得多的商业活动。但这种在欧洲与远东同时表现出来的突如其来的经济活力的增大,却导致了不同的结果。在欧洲,由于划分成了众多的辖区和政权,商人阶级便足可自我维护,使自身的权益受到承认,并形成了自己的实体。城市获得了自主权,市民机构开始出现,城乡对峙变成永久性的现象,再加上资产阶级的兴起——这是构成第三等级的第一步——凡此种种都对西方世界的未来命运产生了重大影响。而在中国,尽管有了如此规模巨大的发展,但除去商人赚足了钱以外,却什么都没有产生。世界的这两个部分有如此不同的演进过程,这该如何解释呢?在中国,从一开始就有一个中央集权政府,任何看上去会威胁到国家之至上权威的变化,都是不可想象的。尤有甚者,国家本身还会利用此一时期的活跃经济增长来为自己谋取利益;同时,它还会摇身变成商人,通过专卖制度和对私人交易课税,来获得其大部分岁收。这样,一种中国社会生活的传统形式，同时也是后来使其变得落后的主要原因，便得以永远固定下来了。那些使整个中华世界成为一张巨大的亲缘宗法网络的家族和准家族关系，使得个人和社会集团根本不可能获得任何解放。在这张宗法血亲的网络中，人们只知道被习俗、道德和法律强加的一种社会关系，即施主与受惠者的关系、保护者与被保护者的关系，以及主仆关系。

2. 上流社会

（1）政府官吏

从公元前3世纪直到现代，中国的行政体系皆由这样一群官吏组成：他们中间的绝大多数要么是根据其功绩、要么是根据其考试成绩被选拔上来。这是中国最早的特点之一。不过，尽管当18世纪的欧洲人头一回听说这种制度时是如此地羡慕不已，但该制度本身在中国历史上却并非一成不变的：选举的方法、人数、省籍以及社会地位总是随着时代的发展而变化；而且，在上述种种不同的方面，宋代（960—1279）正是一个转折点。进一步说，启蒙思想家所构筑的有关中国政治结构的理想图画也与实际情况相距遥远：政府官吏全部来自极少数的书香世家，这些家族惯于向国家输送它们的行政代理人。而且，即使这些官吏经常显示出对于皇权利益的热心捍卫，那也是因为这种行为几乎总是暗合着

宋代文官

对自己切身利益的保护。

在另一方面,皇帝所行使的至上权力的专制特性,也导致了不稳定和道德沦丧:在行政组织的最高阶层,那些最受宠的大臣有可能突然和出乎意料地遭到最可怕的侮辱。宰相或者高官一旦失宠,就会牵连所有受其保护者一起倒台,无论官阶是低级还是中等。宫廷乃是接连不断的阴谋诡计的中心,而经常卷入其中的,则有皇族成员、皇后和后宫的宦官。此外,其他的一些不同因素,诸如个人气度、家族传统、不同的癖好和不同的结交等等,均掺入了官吏阶层,使之在整体上与起初的面貌大相径庭。

朋党一个个地结成了，其政见有时会相互牴牾。有宋一代，在主张以武力抵御胡人的主战派和主张以纳贡来息事宁人的主和派之间，或者在新党和旧党之间，爆发了激烈的冲突；而在政府范围内部的暴力冲突，则更是该时期的奇闻之一。

然而，纵然有其不足，中华帝国的行政组织仍然令人赞叹。它的基本概貌是这样的：最高权力由皇帝执掌，并由最多3—5个重臣组成的御前会议辅弼之。该御前会议于黎明时分会面，与大规模的朝觐有所不同，前者是秘密的和不拘礼仪的，后者则有文武百官参加。仅次于御前会议的较接近皇帝的官员是御史大夫、六部尚书以及大学士等，他们分别司掌下述职能：掌管重大的行政事务、执行皇帝的决定、发布布告等等。在他们之下，则是御史台、翰林院和由于所雇人员较多而显得重要的政府机构——吏部、户部、礼部、兵部、刑部和工部；再往下，则是一整套的办公部门（九寺五监——译者注），既处理直接与皇帝和皇室有关的事务（祭祀、宴会、徽标、马房、皇帝的私人财宝），又处理一些技术性问题和一般性命令，其范围涉及农业、教育、运河、兵备、外交或特殊法令等等。

为了把上述轮廓勾勒完整，还要提到两个办公机构，其一负责转交地方官员上呈给皇帝的奏折和请愿书，其二负责传递中央政府对地方政府的指令。以上便是以粗笔勾画的中央行政机构的大致框架了。人们若考虑到欧洲国家同期之行政机构的幼稚形态，便会对中国行政机构的现代程度和复杂性惊叹不已。而这还

第二章 社会

并非什么新鲜事物,人们在公元 7 世纪甚至更早的年代便发现了作为其模型的类似形态。[1] 还有一点并非那么一目了然,但却值得重视,那便是中央政府各主要行政部分之间的相互制衡。此外,御史台亦对整个行政机构——无论是京师的还是地方的——起着一种永久性的督察作用。在各个行省,均设有巡按等官职,隶属于御史台,其职责在于对当地行政首脑施行监察。

南宋帝国(1127—1279)划分为大小不等的 16 路,一路的平均面积约等于法国的 1/4 或 1/5。每一路由大约 10 个府或州组成,1 个府或州的平均面积相当于法国的 2 个省。每一州或府又接着划分为 3—5 个县,县是最小的行政单位。在人口稀少的乡村地区,一个县管理着数万居民;而若一个县部分地或整个地处在像杭州这样的城市中心地区,其人口数量则可达几十万之多。如遇后边这种情况,县官手下便有几名助手,他们通常是初入宦途者;同时,此种县的职员数量也比边远乡村地区的县要多。不过,无论大县还是小县,衙门的雇员(师爷、捕快、法医、守库人等)均是就地招募,区长或村长也是由当地人推选,以协调他们与公共当局的关系,而不是为了参与执行正式的公务。因此,鉴于其统辖之人口的数量(6000 万人以上),可知官吏的数量是很少的。在 8 世纪,他们统共也不超过几千名。在 1046 年,一

---

[1] 关于中国行政系统的一般组织,可参看 R. des Rotours 的《考试论·序言》,巴黎,1932 年;另请参看 E. A. Kracke 的《早期宋代的文官(960—1067)》,剑桥,1953 年。

蒙元入侵前夜的中国日常生活（插图本）

宋代殿试图

第二章 社 会

定是由于政府机构的增多和专卖制度的扩大,官吏的数目达到了 18700 名;不过即便如此,其中尚有 6000 名为军官,另外又有 1000 余名为京官。对于 13 世纪的官吏总数也应作如是估算,当时的中国北方诸省已被分割了出去。令人惊奇的是,在一个如此幅员辽阔的帝国中,只花费这么少的费用便能维持住秩序,——不过何以如此我们以后再谈。[1]

大多数官吏是借助于考试制度选举上来的。然而,科场上的成功者并非总是或者立刻受到任命。这只不过是赋予候选人申请在政府内任职的资格罢了。科举是一种真正的考验,令人想起下面那句话的全部而强烈的含义——"神佑和启示是必不可少的"。科举由三个阶段组成:在州县举行的童试、在省会举行的乡试以及在京城举行的会试与殿试。每三年开科取士一次,只有极少数人能够参加会试。在殿试中高中状元,乃是莫大的荣耀,获此殊荣者可以飞黄腾达。在各种考试(文学、律学、历史、礼仪、经学)中,又尤以专尚文辞的进士科及第为重。由于不知答卷者姓名以及三阅其卷的制度,任何形式的舞弊偏袒均属不可能。一个专事誊抄的机构把考生的答卷重写出来,由两位主考官各自独立判分,然后第三位主考官再最终定夺。

仕宦生涯一般相当安定。派系倾轧和千般诋毁主要发生在行政系统的上层,在那里人们会担忧厄运降临。但是,那些中级官

---

[1] 参阅以下"农民"一节。

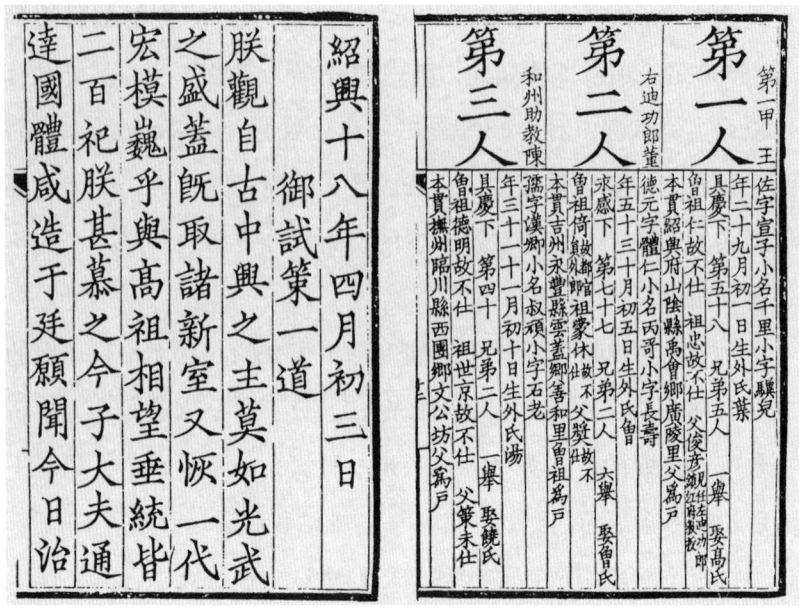

绍兴十八年殿试策题　　　　　　绍兴十八年同年小录

员——至少是那些并非因朝中有人才做官的人——被降级或无端罢免的危险性就很小。只有中央政府才有权对一位官员进行任命、调动或晋升，而在这样做的时候必须慎之又慎。在京城为每一位官员都备有一份档案，记下其任职经历、上司对其性格及人品的汇报，特别是其功过是非。在晋升的问题上，对于官员个人特点的强调超逾一切，这些特点包括他的能力、刻苦精神、健康状况、勇气和组织纪律性。他有无滥用权力的倾向？他是否曾铸成大错或鲁莽行事？他能否证明自己孝敬父母忠于朋友？他的行为是出于基本的正直感还是受个人野心所驱使？他是否关切辖区人民的福祉？他有没有因为在其辖区内施行严苛刑法和征敛过高税收而引起不满？他是心怀坦荡的清官还是收受贿赂的赃官（在理论上，腐败行为一经被发现，便会导致赃官失宠）？被甄选者的阅历也要被考虑在内：他在作为行政人员时有效率吗？他具备所需的各种能力吗？成为一名优秀的学者会具备确定的优势，因为文学能力乃是良好教育的明证，而且，对于人文学问的研究较之于对于技术知识的掌握更受重视。这正是造成下述现象的原因：一个通过了文学考试而进士及第的考生，总是最快地得到擢用，而且有时在刚入仕途便已身居显位。不过，一般说来，每位官员在其仕宦生涯之初总是担任府、州行政机构中的不那么重要的职位，或者被委派到边远省份去做县官或县官的助手。在这方面并无一定之规，大多数职位都可由任何一名偶然被委派的官员担当。因此，做官做到后来，大多数官员就都对地方和中央行政机构的一般功能有了实际认识。每一个职位都有一个至少的任期，比如一位县官通常要在某镇或某一城区待上两到三年。但是，一位优秀的行政长官会比平庸之辈得到更快的升迁。

退休年龄为68岁左右，有时会比这略小。退休时，皇帝会赐予布匹或金钱作为退休金。有的时候，退休官员的儿孙会得到一项任命以示恩宠，抑或退休的官员本人会获得一种名誉性的职衔，并因而得到相当于该职务半数俸禄的年金。在任何情况下，退休时均无例常的年金，因为根据传统的规矩，子女必须供养年迈的双亲。

在有宋一代（960—1279），科举制度已臻于完善，除此之外，官员的晋升亦遵循着一整套复杂的客观标准，此种标准可保障他们免遭不公正的待遇，并对他们中间的最优秀者给予奖掖。应试的考生为数众多，每路有数千人，这清楚地证明了该时期的教育十分普及，这中间又尤以东南诸路（今浙江、江苏、福建）为最，那里来的考生人数既多，成绩又好。尽管半数得中的考生均出身官宦世家，但选才范围却远较以前为广，而且新兴的社会阶层显然已获得了一条通路，以步入梦境中的士大夫生涯。

不过，这幅图画也有其另一面。科举考试并不是唯一登上宦途的通道，而且晋职也并不总是有常例可循。事实上，大量达官显贵的子弟、亲戚和好友经由荐举而获得了官职，而且他们的平步青云官运亨通亦并非与其政绩相称。从理论上讲，察举制度的设立本是为了通过确保对未曾闻达者的迅速擢拔来发现遗贤，然而，高官们却把它的初衷扭曲了。在考虑了各种利害关系之后，它主要被用来保障被大家族荫护者的利益，成了一种任人唯亲的手段。

再有，卖官鬻爵也成了一项权宜之计，中央政权屡次三番地利用它来弥补财政上的持续困难。富甲天下的商人阶层的崛起给了高官显贵们沉重的一击。确实，传统的整套法律规定了官员生活中的全部细节——正确的服饰、府第、徽标等等。[1] 可是，

---

[1] 这些法则和规范，同时具有经济、社会和心理功能，官方的正史对此有长篇大论。凡触犯者将被依法惩处。参阅《唐律疏议》第二十六卷第十五条："诸营造舍宅、车服、器物及坟茔、石兽之属，于令有违者，杖一百。"比如，三品以下的官员，便不得在其坟茔边安放石兽。

第二章 社会

暴发商人的力量却一点儿一点儿地打破了等级的界限,这种界限曾壁垒分明地存在于手执权柄者、建功封侯者、皇亲国戚(总而言之是上流社会)和那些借助于蝇营狗苟的钻营而发家致富的商人们之间。某些富商巨贾的生活方式比起达官贵人来毫不逊色,甚至更上一层。不过,对于国家来说重要的是,它要能确保其官员享有至尊的和显赫的特权。

还有,在南宋王朝步向末年时,蒙古人对北方诸省的威胁和入侵,迫使朝廷不得不维持一支庞大的处于战备状态的军队。朝廷的节省开支、中国的普遍赤贫、贸易上的赤字,凡此种种均带来了愈益严重的通货膨胀,并导致了巨大的财政危机。官吏太多,官俸却太少,故而腐败现象日益严重,这不仅发生在从地方招募的下层小吏那里——对他们来说此乃家常便饭——甚至也发生在最高行政阶层之中。

举一个例子就够了。在杭州有一家药房,专门向一般大众供应药材。这种发轫于12世纪初叶的机构,每年均要接受缗钱数十万的补助,此笔款项先由户部垫支,然后再由皇帝的私人财库如数拨还给户部。办事人员和药剂师都是国家官吏和雇员。在这种慈善机构中产生了最无廉耻的流弊。"往往为诸吏药生盗窃,至以樟脑易片脑,台附易川附,囊橐为奸,朝廷莫之知,亦不能革也。凡一剂成,则又皆为朝士及有力者所得,所谓惠民者,元未尝分毫及民也。"[1]

---

[1] 周密:《癸辛杂识·别集》卷上《和剂药局》。

中国东南诸城市特别是杭州城的奢靡生活，导致了新的需求。上流社会的大多数成员均渴望增加收入。各级官员、皇亲国戚和后宫宦官，多将其资产投入经商性的事业中。不过从理论上讲，是严禁官员们进行任何此类活动的。然而，人们总是有可能借其他人的名义做生意，以免危及其官位。因此，我们从公元955年的一桩判例中得知，有些官员利用中间人进行代理，从事外贸活动。[1]

当铺是最赚钱的行业，在1275年的杭州城区和郊区有好几十家。这种机构起源于印度，并由佛教僧侣引进中国，通常是为了巩固其寺院的经济实力，有时也为了个人财产的增值。不过，当铺为佛教徒所掌握的证据，在杭州不如在邻近的福建多。比如，在福建，教育、公益事业甚至地方财政都由佛寺资助。所以，杭州的当铺不是属于出家人的——借用一位当时人的说法，它们是属于"豪门富户"的——而且肯定与身居社会高位的人士（皇亲国戚、后宫宦官、达官廷臣）和富商巨贾有关。[2]

在城北建造的防火并防盗的仓库，是另一项获利很大的收入来源。其高昂的租金备受批评，因为防止火灾和偷盗的费用恰和这两种灾祸造成的损失相等。这些仓库属于皇帝"及富豪内侍诸司等人家"[3]。同样地，许多住房被按月出租给穷人，许多店铺

---

[1] L. C. Goodrich 的《中国人简史》中曾提到过此一判例，伦敦，1958年。
[2] 参阅《梦粱录》卷十三《团行》。
[3] 《梦粱录》卷十九《塌房》。

也是按月出租，这些肯定都是上流社会成员（其中无疑也包括官吏们）的财产。最后，少数位极人臣者在城北的长江与浙江入海口之间拥有大量田产。他们在朝中对于南宋帝国的政策有很大的影响力，所有涉及土地改革的企图都会遭到他们顽固的反对。一些官员拥有足以使其过上豪华生活的私产，尽管他们的薪水并不丰厚，这就使之采取了更对国家保持独立的姿态。另外，他们的私人利益也可能与帝国的总体利益相冲突。

因此，在有宋一代，特别是在13世纪，在官僚阶层中有明显的堕落迹象。任人唯亲与官官相护，朝臣中的党争，对财富的聚敛，腐败现象的增加，所有这些都使得道德水准每况愈下。然而，科场却吸引来了越来越多的考生。宦途便是光宗耀祖之门径，没有任何别的人生道路能提供如此出人头地和如此令人艳羡的职位。一位功臣有机会在其身后得到谥封，甚至名垂青史。最起码，他的墓志铭也会使其名声传及后世。

士大夫集团中尽管时有冲突发生，但他们仍然因共同的利益而结成一个小圈子。而且，他们的文学素养和艺术趣味，他们行为举止的高雅礼节，以及他们享有的特权，也都使之与一般百姓泾渭分明。对于后者，他们持一种严峻的家长态度。他们之间大多都或亲或疏地相互结识，要么是通过以前的上、下级关系，要么是通过以前的同窗关系。那些一起通过最终科举考试的同年们，彼此的关系尤为密切。在金榜题名者和他们的主考官之间，也会发展出一种类似师生或父子的关系。一位官员一旦出行，其同僚们在沿途便会向他表示温暖的友情并给予盛情款待。他的到达、探访及别离,都提供了设宴畅饮的时机,每个人也都会在席间大逞文才。

(2)军官

军官的声望几乎全部被文职官员所遮掩。军队在中国社会中的低下地位,无疑可从两方面进行解释。其一是可推溯到很古的舆论环境,其二是在宋代被突出出来的历史环境:中国文人反对穷兵黩武的传统。显而易见,从一开始就把战争艺术当作谎言的藐视和怀疑态度,乃是每一种文明借此而获得其特性的多种选择中的一种,这种态度赞同的人类行为概念是:把重心放在礼仪和道德规范上,而不是放在任何形式的直接行动上。至于历史环境,这对宋代来说还是比较晚近的事:从公元8世纪中叶起,政治上的急需和中央集权的式微迫使唐王朝坐视了地方藩镇首领的势力扩张。

上述文职官员丧失权力的现象,导致了一系列的变局和战乱,直至10世纪后期宋王朝建立始告终结。鉴于这些不幸的史实,宋代皇帝和士大夫阶层的头面人物均敌视任何有可能鼓励军事权力的政策。哪怕是在被围困的城中,军事将领仍隶属于地方行政长官,或听命于朝廷特派的钦差大臣。相对于文官们而言,武将们大多出身寒微,有些人甚至来自百姓或农民阶层,他们因为四肢发达而付出了缺乏文学修养的代价,这也是致使文职行政人员对之抱有轻蔑感的缘故之一。文官武将之间很少有共通之处。最后,即使是在一般百姓中间,尽管正是他们最经常地提供兵源,也仍然瞧不起行伍之辈。有句俗话说,"好男不当兵,好铁不打钉。"事实也确乎如此,从8世纪末开始,军队便主要从社会渣滓中招募人员,部队不再由义务兵组成,而是由雇佣兵组成。而士卒们既已知道周围都是轻蔑和敌视的目光,也索性全然不守军纪,滥用其膂力及权力。(在和平时期,军饷极低的士卒们便经营生意,此乃一种传统。参阅徐松《唐两京城坊考》中有关长安"西市"的一段文字:御林军的士兵因卖丝绸而养尊处优。其中最强健者则成为卖艺者,表演角抵、拔河或举重。[1] 而在13世纪的杭州,士兵们则营销米酒。)一当周围发生战事而供养不足,乡村便会遭士兵抢掠。因此之故,人们对本国军队的惧怕并不下于敌兵。在村民们看来,兵匪本是一家。正像马可·波罗说的:"他们对于官兵的厌恨,毫不逊于对大汗军旅的仇视,并认为正是官兵们才使得他们失去了当地的国王和主人。"

然而,尽管对穷兵黩武的反对已十分普及,但在有宋一代,军队对于中国的重要性却与日俱增,而其装备也在持续改进。公元960年,军队总人数为37.8万人;到了接近公元1000年的时候,便增至90万人;而在1041年以后,竟达125.9万人。除了陆

---

[1] 原文如此,但译者查原书"西市"一条却未见。姑直译于此,留待方家教正。——译者注

军之外，南宋王朝（1127—1279）又建立了水师，以防卫海岸线与长江沿岸诸城市。1130年，水师的总编制为11支舰队，3000名水兵；1174年，增至15支舰队，21000名水兵；而到了1237年，更达22支舰队，52000名水兵。[1] 陆军则由步兵和骑兵两部分组成，身着皮制或金属制的铠甲，习练弓箭、强弩、击剑、摔跤与拳术等等。各种型号的弩炮有16种之多，由数十或数百人操纵，藉以抛掷石块、金属块、毒弹和炸弹。尽管当时尚未出现大炮，但火炮却于此期间越来越多地得到应用。因而，从1130年起，战舰上即开始装备可以发射爆炸物的火炮。中国的军事史至今尚未被探讨清楚，其原因在于：一方面，有关此类问题的文本在本应很有内容的地方反而太过简略；另一方面，我们掌握的所有这方面的信息均出自文官笔下。

文人型历史学家们对于军事事务的这种掉以轻心，会把人引向歧途。与普遍持有的看法相反，在人类历史中，中国的军事史乃是最惊心动魄和血雨腥风的篇章之一。然而，历史学家们却往往倾向于将这一系列骇人听闻的事件一言以蔽之，比如用一个简单的评语——"洪祸"，这个词可能意味着一场重大的变乱，成千上万的生灵可能因此横遭涂炭，而且可怕的饥荒亦可能接踵而至。要不然，历史学家们就会使用某类轻描淡写的惯用笔法，比如"某城失陷"，这几个字可能意味着难以名状的恐怖现象和不可

---

[1] L. C. Goodrich：《中国人简史》，第205页。

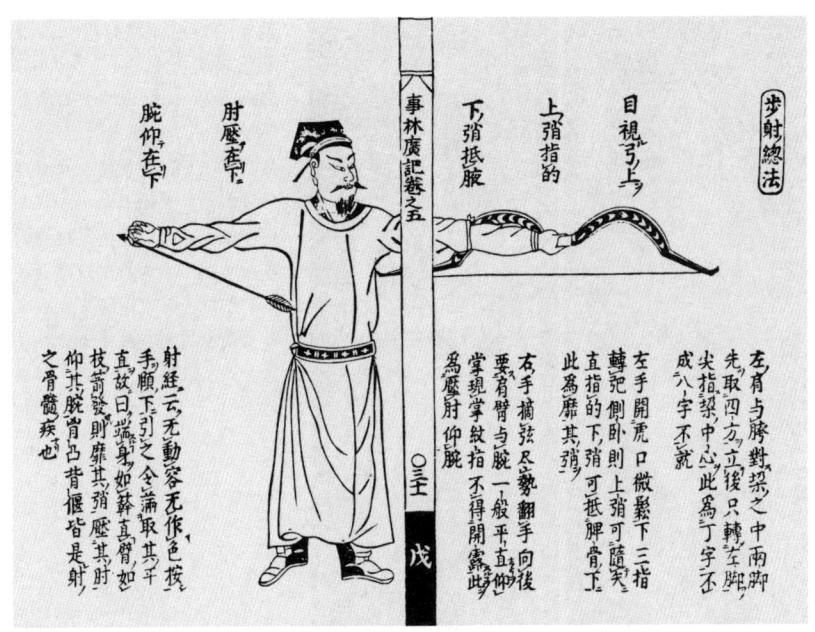

《事林广记》载"步射总法"

胜计的英勇行为。一切的战争——无论对内还是对外——均伴之以大屠杀和残忍的可怖行径。而这些行径也总是万变不离其宗：在乡村大肆杀人放火并对城池进行长期围困。攻城者口中含枚以保持安静，并利用云梯、轮机和堆高的通道来使自己登到城墙的高度。不过，一般来说对一座城池的围攻是不可能奏效的，除非旷日持久地进行攻打，或者施行某类诡计，如允诺宽赦、威胁将使全城鸡犬不留、在城墙脚下张贴告示并用弓箭发射传单以使被困者士气低落、向敌人发伪誓以使之相信其诈降术、派遣间谍去努力分化瓦解敌方之阵营等等。

武士 南宋浮雕彩绘，四川泸县宋墓出土
这两尊镇墓武士，左边人像连座通高186厘米，头戴兜鍪，穿铠甲，着披膊，护腰以革带扎紧，足蹬长靴，手握利剑，威风凛凛立于狮子造型的基座之上；右边人像连座通高162厘米，戴交脚幞头，甲裳外着圆领战袍，披帛着靴，手持骨朵，敦实浑厚，立于祥云之上。

尽管宋代时期烽火不断，尽管蒙古人于13世纪中叶已占领了四川，而且这些蛮族的入侵已波及长江中游的诸城镇，但军事事务仍然并非士大夫们的主要焦点问题。在一个版图如此广阔的帝国中，入侵的势力只能造成有限的毁坏，而且像仅仅波及城乡老百姓的战争那样并不经常带来恐怖。直到1275—1279年间的最后崩溃期，那些一贯被认为是地位低下的军官们，仍然被文职权臣严格地统辖着。就算这些军官也构成了该帝国行政体系的一部分，但他们作为一个群体却仍然只处在上流社会的边缘。

（3）贵族与皇帝

上流社会主要是由那些向国家输送文职公务员的书香世家组成。这类家族在宋代要比在前朝多得多，而到了 13 世纪，其数目已达数万家。它们中的大多数是在东南诸路；有许多家族是富家大室，拥有大量田产。它们在地方上很有影响力；而且，通过其在政府任职的家庭成员，它们也在帮着制定帝国政府的政策。这样的一批人构成了一个贵族阶层，手中握有皇帝赋予的大权，不过也免不了宦海沉浮。

此外，还有一些文臣武将，他们或因功勋卓著而加官晋爵，或者干脆就只是因为取悦于龙颜而官运亨通；另有一些人，他们本人并无官衔，却能身蒙浩荡皇恩；又有一些人，乃是高官权贵们的姻亲，——所有这些人都合并进了那些生而为贵族的人中间，并构成了贵族阶层的外围延伸。那些皇帝国戚们，以及那些备受恩宠者们，通常都享有相当高的俸禄，要么由朝廷直接拨发，要么通过其田产上的岁入得到，而这些田产都是和官衔一起被赐予的。这些人和高官显宦们一起，享有法律上的特权，从而超然于一般法律程序之外，并免受普通刑罚之制裁。一件 11 世纪的轶事可以说明这种法律上的特权会使人获益到何种程度。事件的主角名叫范温，是个冒险分子。他因自己有一个已亡故的近亲而感到自豪；而且，为了加重自己的名分，他又将自己的祖母安葬在那位著名死者的坟中。数十年间，他设法躲避了普通百姓应服的一切劳役，而且总是大罪不犯小罪不断。他曾被判流刑，

却又因行贿而获免。京城里的人为之义愤填膺，却又无人自找麻烦。一位高等司法机构的官员审查了他的案卷，但却在正要完成其报告时奉命调离，足见范温的活动能量之大。最后，只有御史台——它无疑更具有对抗暗中压力和反对腐败的能力——才得以把这个罪犯绳之以法。[1]

高层贵族到底能在多大程度上影响朝政呢？皇后、宠妃、公主、王子、幸臣等等，即使他们不直接介入公共事务，也仍然处于可以影响皇上决断的位置。他们是在暗中施加影响，但这并不妨碍其影响的效果。宫闱的氛围是出名的适于施行阴谋诡计。皇室成员和皇帝之旁系亲属的野心和私利有时恰和中央王权的利益相冲突，在其他时候又和这个或那个官员集团的政策相符合。除了某种根据行为的礼法和根据一群体现了帝国之广泛利益的官员的举止所进行的纠正之外，这就是在杭州皇宫中占压倒地位的东方宫廷氛围。

他们除了具有政治上的影响力之外，还具有因财大气粗而获得的势力。皇帝的近亲们收入颇丰。因此，王子们——他们在13世纪大多居于杭州城北——过着穷奢极欲的生活。此外，这些贵族圈中的人们，特别是宫中的妇人和太监，都表现出了对于金钱的狂热追求。正像由历史过程中的许多事例所证明的那样，这在传统中是千真万确的。我们观察到，皇帝的后妃和富有的太监在

---

[1] 事见桂万荣：《棠阴比事·刑法志》。

第二章 社 会

杭州东北处拥有一些仓库，并将其租赁给过往的客商和城内的店主。毫无疑问，这些显赫的人物在杭州城内外也拥有许多其他种类的财源。由于他们拥有的财富之多，也由于他们生活风习的奢华，帝国的贵族们在中国经济中——特别是在杭州城内——有着毋庸置疑的影响。

该帝国还有一位至高无上的人物。他的角色具有双重性质：既是头号贵族，同时又是高层行政组织的首脑。他兼容了一对矛盾：一方是作为其近亲的贵族，另一方是身为士大夫的上层人物。上述两种因素构成了社会的高层，而皇帝则在它们中间受到折磨，有时候居间调停，但更多的时候则是在最核心的高层中成为冲突和敌对的玩偶。等到所有这一切都说完做尽的时候，到头来正是敌对集团的争斗决定了这位具有至上威权者的政策和决断。

皇帝的双重性质体现在其职权的分化上。作为贵族集团的头领，正是他决定其近亲及其所封人物的等级、职衔和薪俸。但另一方面，作为国家的首脑，他又对官员进行任免，并且发布体现了帝国之一般政策的命令。一方面，他的礼仪行为牵涉到他的家族、他的祖先、他的王朝。但另一方面，这些行为又和作为一个整体的帝国有关。所有这一切，都显示出同一种最基本的模棱两可：往往很难说清——他从自己的地位所发出的行动究竟是出于私人考虑还是出于公众考虑。仍然残留在一切帝国仪典中的有关君主之宗教责任的古老观念，也蕴涵着同样的含混不清。因此，每逢巨大的灾异降临，习惯上就要由皇帝举行一次忏悔。比如，在 1201 年，"临安大火，四日乃灭"，烧毁房舍 5 万余栋，宁宗皇帝便忠实于最古老的礼仪，"下诏自责……避正殿，减膳"[1]。

事实上，任何由君主做出的行为，都或多或少地带有一种神圣的性质。实践的层面和宗教的层面从来都不是那么泾渭分明的。在其初始的本质上，皇帝的职责是去划定和调整等级与官衔、时间与空间。在这个意义上，颁发一份确证某位官员之调动或任命的委任状，其"政治上的"含义并不比加封一位已被神化的先贤或一座圣山以官衔来得更大。同样，一些初看起来充满宗教色彩的行为，也未始没有重大的政治含义，比如颁布一项大赦令，更换年号，每逢换季的礼仪、历法之修定，君王所进行的各种祭祀等等，均可同样作为政府的举措，来表明帝国的统治权。总而言之，皇帝既是士大夫的保护人又是其王朝的首脑，他的统治要归功于礼仪的力量和书面文字的力量，并具有加盖御玺使之合法化的效能。

3. 商人

直至 11 世纪和 12 世纪以前，中国人并未显示出商业上的才

---

[1] 事见《宋史》卷三十八《宁宗本纪》。

干；但打那以后，经商的能力便成为中国人最卓越的品质之一。非常奇妙的是，正是一系列多少有点儿偶然的环境因素，才容许了这种与中国传统伦理很少合拍的商业才干脱颖而出。这些环境因素中最为重要的，便是中国南方的经济发展，此种发展是紧随着北方蛮族的压力和北方诸路的被侵而兴起的。南方较之北方在经商活动方面有好得多的天然便利条件。它拥有广阔的长江流域（我们必须记住黄河因水流太急而不易航船），拥有运河网（这些运河网以前在长江下游平原被建立起来是为了向北方的京城和诸路输送漕粮的），又拥有南方和东南的海岸线（它们长近 2000 英里，对于沿海交通和大规模的海上贸易十分便利）。另外，在中国南方还早已有了被阿拉伯和波斯客商刺激起来的兴盛贸易，这种贸易最初开展于广东，尔后发展到泉州，并沿着长江水路及旱路扩展到内地。

不过，这种环境因素又不只是局限于地理上的或历史上的。在将近 11 世纪中叶时——至少也是从 11 世纪末叶起——就被用于寻找风水的罗盘，已经被用于天阴时的海上航行。人们印刷了星象图和航海图，并且发展了建造远洋船只的技术。最后，在社会制度领域，可转移证券的应用和纸币的推广无疑也对中国在 11—13 世纪所经历的商业的蓬勃扩展起了巨大的推动作用。有谁能够知道：远东经济的这种突然兴盛在同时代欧洲的遥远回声，会否在那里产生十分警觉的经济苏醒呢？

但我们应当首先指出当时中国经济的最重要特点之一：主要

宋代制钱

的消费产品几乎全部被置于国家的直接控制之下。因此，由于这些消费品的价格影响到了所有其他的商业活动，所以事实上中国经济的总体发展便受到了国家的调控。这种情势无疑对私营经济有所妨碍，不过它也有对之有利的一面。某些商人之所以能够大发横财，还要感谢他们所领受的政府当局的诸项命令（政府专卖品和军需品）；除此之外，由于国家对物价和货币总量施行总体控制，也自然保障了中国经济处于健康的稳定状态。

其实，尽管有国家的竞争，中国的经济在12—13世纪还是得到了长足的发展。就杭州城本身而言，存在着大量的贸易通道，它们引发了该城的繁忙经济活动。这种通道分为四种：国家控制的贸易、大规模的内河和海上贸易、奢侈品贸易以及供应城市主要消费品的贸易。杭州城之商业活动的这种分化是由下述原因造成的：它是国都之所在、它便利的地理形势、它的居民中有一部分人是阔佬，再加上它的人口众多。"商人"这个词是有用的，不过它也可能引起误会，因为我们并不能说在杭州城内存在着作为一个阶级的商人集团。在经营大买卖的富商们和贫穷区的小店主们之间，说有多少等级就有多少等级。商人们中间有许多不同的类型和不同的部门。毫无疑问，如果一位富有的造船商发现自己被与郊区的小杂货商归为一类，他会大吃一惊。

不过，在我们分析商人的各种行业和贸易的各种通道之前，有必要先谈一谈当时的货币。在唐王朝时期（618—907），朝廷、行政机构和军队是由加诸农民的实物税来维持的，可是到了宋代（960—1279），国家就开始征收以货币交纳的间接税了（包括商业税、运输捐和国家专卖税）。不仅交税要使用货币，而且私人间的交换也几乎全部以钱币支付。考虑到官方造币厂所铸的铜钱之多，以及先由富家后由政府发行的各种类型的纸币，我们可以说，货币的总体增加乃是此一时期经济史中最惹人注目的特点之一。

在杭州市场和店铺中最普遍应用的货币是制钱。这是指中间有一方孔的圆形铜钱。铜钱的上、下、左、右刻有四个字。铸于10世纪末和11世纪的铜钱上刻的字是"宋通元宝"。而到13世纪时，所发行的铜钱上便铸有年号了；故而在景定年间（1260—1264）铸造的铜钱便刻有"景定元宝"的字样。唯一被国家承认的货币单位是一贯钱，它是用一根缗通过方孔穿起的一千文钱。但另一方面，在市面上通用的货币单位却是"陌"即"一百文"；而实际上所谓的"陌"通常都不足此数。早在北宋的京城开封，一"陌"在官方交换价格中便已经只值七十七文了，而它在实际交易中更只值七十五文。更有甚者，兑换率会因交易种类的变化而异，而每个行业都会有各自的汇率。因之，对于鱼、肉和蔬菜行业来讲，"一陌"值七十二文；对于金银行业来讲，一"陌"可换七十四文；对于"珠珍、雇婢妮、买虫蚁"的行业来讲，一"陌"等于六十八文，而对于誊抄文字的行业来讲，一"陌"便只值五十六文。就杭州的情况而言，一"陌"在南宋初年价值七十七文，这和开封市场上的官定比率一样；或是到了南宋末年，一"陌"便只能换到五十文了。[1]

铜钱是一种价值很低的通货，恰与普通百姓低标准的生活相应。在北宋时期，一文钱等于 37.301 克白银的千分之一。此外，它十分不便于携带，一贯铜钱的重量超过 1.5 磅。除了不方便之外，一个更大的困难在于铜的严重短缺；在整个宋代时期，这种短缺还由于铜钱流往国外而更趋严重。缘此，国家被迫求助于其他种类的通货。到了 13 世纪末，户部发行的夹锡钱开始在杭州投入使用。不过，国家主要还是通过应用纸币来解决它所面对的通货问题。

---

[1] 有关 12 世纪初在开封通用的钱币单位，参见《东京梦华录》卷三《都市钱陌》；杭州这方面的情况参见《梦粱录》卷十三《都市钱会》。

从公元 9 世纪末叶起,在中国开始出现了使用钞票的情况,它最初流通于富商之间。商人把他们的铜钱存放在巨家富室中,换得可以在其他城市再向某位可信赖的人物兑成现金的收条。这被称为"飞钱"。这种情况在 10 世纪末又被国家扩展到它所掌握的食盐贸易中:政府发行票据,而商人们在购得这种票据后便获准到产地或官营商行去兑换盐或茶叶。这种程序也可以反转过来:商人们把军需品输送到边境地区之后,就会被支付以票据,然后再到京城凭票换成货物。这样,在整个宋代时期就发行了大量票据,以支付绝大部分食盐的所需款项。在 12 世纪初叶,这类票据在一年间的发行总量就达两千六百万贯之多。不过,这类票据一旦超过了规定年限即告作废,不再有兑换成现金的效用。此外,它们也只在发行它们的特定区域生效——不过说实在的,这些地区也足够大了。[1] 最迟在 1265—1274 年间,政府以金、银为本位发行了纸币(金银关子),它们在全国通行。据一位杭州居民讲,"自因颁行之后,诸行百市,物货涌贵,钱陌消折矣"[2]。

13 世纪通行于杭州的纸币面额不尽相同,大约从一贯至一百贯不等。它们的外观一定和蒙元时期的钞票相似,也一定和蛮邦金国发行的票据相仿,后者在 13 世纪初仍然占据着中国北方。在热河省的一处考古遗址,人们发现了一块用来印制金国钞票的刻板,其年代断为 1214 年以后。它所能印刷的钞票长 19 厘米宽

---

[1] 参阅杨联陞:《中国的货币与信用》,哈佛大学出版社,1952 年。
[2] 《梦粱录》卷十三《都市钱会》。

宋代交子　　　　　　　　　南宋会子铜版　行在会子库印行会子

10厘米，其面额为一百贯，并标明每贯实值足八十文。另外，这种钞票上还有连续编号；而在那上面印着的其他字样中间，有两句话足使人回想起中国的第一张纸币，因为那上面也同样印着它们——"伪造者处斩"和"检举者奖三百贯"。

发行纸钞的权力为国家所垄断。有了此种特权以及对某些重要消费品的专卖权，遂使国家能够推动一切经济活动。这些政府专卖品包括食盐、烧酒、茶叶、香料等等。除了一些国家无力严加督察的地区之外，任何个人均不得经营此类货品。杭州的驻军拥有13个大酒库、6个小酒库，而一些官妓正是赖此为生。杭州城内有不少大型的官仓，储存着政府买来或征收来的谷米，其中有的"仓廒一百眼,岁贮公田米六百余万石"[1]。此外,杭城内还有许多公房,由政府出租给老百姓。

以上事实足以说明政府是如何与民争利的。另外,运贩国家专卖品和向边地供应军需品的商贾,也借机大赢其利;他们均很有权势。有些暴发户还向政府或农民发放高利贷。

毫无疑问,还有一些暴富者是依靠长江及其沿岸的贸易和海外贸易大发横财的。这些大船商中大多数均非杭州本地人,但他们寄寓于此,肯定是既受到了当地奢侈生活的吸引,又受到了该城之地利——位于长江和福建码头之间——的吸引,也受到了它是中央政府所在地的吸引。他们几乎全都住在位于皇宫以西的凤凰山,故而该城居民习惯上称该山为"客山"[2]。从杭州很容易取道终止于镇江(位于南京下游)的大运河而到达长江,而长江的航道几近2000英里,远达四川南部。沿江两岸兴起了一些大集市,南北走向的道路在那里与长江交叉。其中的一个大集市位于洞庭湖北边,另一个位于今日武汉附近,再一个位于南京以南。整个帝国的物产,不管是来自广东的还是来自汉水流域的,也无论是来自四川还是来自长江下游地区的,均被运抵此处销售。[3]

因此,在这一时期中国已经出现了一种萌芽阶段的"国家市场",而且,由于水路运输的轻便,专事生产某类特定产品的固定

---

[1] 《梦粱录》卷九《诸仓》。
[2] 见《梦粱录》卷十八《恤贫济老》。
[3] 参见《吴船录》卷上及《梦粱录》卷十九《塌房》。

地区也发展起来了。

与此同时,自从阿拉伯和波斯货船开始往来于波斯湾与广州之间以来,对外贸易现在也已变得空前重要了。9世纪的广州是一个大港,其半数居民均为穆斯林;不过,到了南宋,它已不是最重要的外贸口岸了,其地位已被福建沿海的泉州和福州所取代。当时,中国的船主取代了中东的客商,但在杭州也仍有少量外商在从事海上贸易和陆上贸易,这中间有于1126年随着朝廷南渡的犹太人,有从中亚和印度来的穆斯林,也有叙利亚人、波斯人和阿拉伯人等等。他们的人数要比几十年后的蒙元统治时期少得多。这个入侵中土的蛮族,对于汉民族充满不信任,却又无力治理像中国这样一个人口密集并高度开化的国家,于是只好聘请来自所有西方国家的外国人来充任行政官员——马可·波罗本人就是一个例子,蒙古人向这位西方商人委以行政高位——而这样一来,遂使中国商人失去了大量做生意的机会。不过,尽管中国宋代的史籍对之绝口不谈,我们却不应忘记——在蒙古人征服前夜的杭州城内,一定存在着少量外来的商人。

中国的帆船驶往日本,驶往安南海岸的占巴(champa)之印度人的王国,驶往马来亚,驶往南印度沿海和孟加拉沿海,也驶往非洲沿海。这些大帆船大致呈正方形,船首高高耸起,船尾为正方形,有8—10对船桨(在风平浪静时每只桨由四人合划),有两只石锚,以及用草席或帆布制成的船帆。若干隔水的船舱使得船只在破损时更加安全。在船的前部有几十个相互隔离开的小舱。大船之后拖曳着一只小船，小船上载有柴薪和淡水，它们是从旅经的港口补充上来的。

当天气晴好时，航行靠星辰和太阳来定位，再辅以星象图和航海图。而当天气阴晦时，则应用中国罗盘，这种仪器早在11世纪末叶甚至很可能是11世纪中叶便已被用于航海[1]，它标示出南方，以使船只可以继续其航程。

最大的帆船可以装载六七百人和数十吨货物。由于受到浙江浅滩的阻碍，它们很难驶达杭州，而只能在较东的地方抛锚。然后借小舟顺河而上将货物运输到绍兴及杭州东南。[2] 要不，这些帆船就利用澉浦作为其停泊的港口，这是一个河口北岸的小港。船员们都由官员统辖，他们中间不只有水手，还有弓箭手，后者将其武器存放于他们造访的每一个中国港口。船上的黑人很可能来自马来亚，专在甲板上干力气活儿。每一条船都必须具备由市舶司发放的证书，该机构在公元1000年前后已经迁至杭州。这类证书盖着红色的印记，并记有船员们的姓名、船只的大小以及所载货物的情况。[3]

舶至中国港口的货物由极其珍贵之物组成：孟加拉的犀角、印度和非洲的象牙、珊瑚、玛瑙、珍珠、水晶、珍稀木料（主要

---

［1］ 提到把罗盘用之于航海的最早文献之一是《萍洲可谈》。
［2］ 参阅藤田丰八：《宋元时代作为海港的杭州》，日文《史学杂志》第27编，1916年9月。
［3］ 关于宋时商船的制造、水手及武备等问题，可参见桑原隲藏：《论蒲寿庚》，载《东洋文库研究部报告》第2编，1928年，第66—72页。

海船
山西繁峙岩上寺金代壁画

是檀香木和沉香木)、香料、樟脑、丁香、豆蔻等等。输出的货物则有丝和织锦、陶器和瓷器。另外也经常出口原材料，如金、银、铅、锡，还有——尽管政府再三禁止——铜钱。考古学家们曾在远东发现过自宋以来几个世纪间所铸的中国钱币。[1]考古学家们还在下述地区发现了中国的陶器：菲律宾、中南半岛、马来亚、印度海岸，甚至远在埃及的开罗附近。

陶瓷场分布于东南诸路（江西、浙江、福建），每一家皆有其

---

[1] 发现过自宋代以来的中国钱币的地方有：日本、爪哇、新加坡、印度南部、尚西巴岛和索马利兰海岸。参见桑原隲藏：《论蒲寿庚》，第25—27页。

独到的风格和工艺流程。杭州本地便有两家大陶瓷场。一家位于凤凰山脚下的皇城区内,专向宫廷供应有史以来的最上等青瓷,也拿出一部分来供出口。另一家位于天坛附近,大约在南城墙外1英里处。在福建沿海的最大港口城市福州也有一些陶瓷场,那地方虽然不如杭州富庶,但其地理位置却更宜于海上贸易。

然而,尽管丝与瓷的出口贸易有所增长,中国却从12世纪初就开始日趋贫困。贵重金属和铜钱流向国外,正证明了贸易上的逆差。中国人正在寅吃卯粮地过活,而且中国社会中一小部分人穷奢极欲的生活方式,正是这种财政亏空的主要原因之一。

这种对于奢华排场和寻欢作乐的狂热,在杭州城尤为强烈。那里正是宫廷皇室、达官显贵和富商巨贾居住的地方。上流社会和暴发商人的富有和雅致,使得奢侈品的贸易至关重要。各个不同城市的著名特产均在杭城中心有售,要么在御街上,要么在御街边上。在那里可以发现苏州的丝绸,以及浙江南部海岸城市温州的漆器、经由海路远来的福建和广东的罐装茉莉花、产自位于鄱阳湖西南的城市南昌的扇子、产自江浙一带的著名米酒。

杭州本身则以加工珠宝著称,其中有金银头饰、人造绢花、梳子、珍珠项链及耳环等。此外,杭州还擅长制造儿童玩具、金丝织锦以及印刷书籍。有位当地居民热心地为我们描述了每一样可以在杭州城内得到的名产,只是我们不可能跟着他去追记所有的细节。我们只要知道以下情形便足矣:我们可以在"清湖河下戚家犀皮铺"买到最好的犀皮;在"沙皮巷孔八郎头巾铺"或

"三桥河下杨三郎头巾铺"买到最好的头巾；而买文学作品的最佳去处是"往大树下桔园亭文籍书房"；最后，人们可以在"铁丝巷笼子铺"买到用柳条编扎的笼子，在"官巷内飞家牙梳铺"买到象牙梳子，在"炭桥河下青篦扇子铺"买到折扇和绘有图画的扇子。[1]

以出售特产或生产某一类名产著称的店铺和作坊，均竭尽全力地保持自己的声誉。其中有些家为百年以上的老字号。

我们还须记住，此外尚有大量小店铺，它们销售普通百姓的日用物件，比如布匹、干鱼、面条、蜡烛、酱油等等。和那些有名的专门店铺与作坊不同，这些小杂货铺通常并不雇外人，只由店主一家负责照看。

显然，杭州城内的商业活动是人为地使之过于发达了。就我们所知，在京城内出售一家店铺的索价极其低廉。在12世纪，只需25贯钱便可盘下一间小杂货店。人们只要想到铜钱乃是街市上通用的最小货币单位，便会明白此价很平。在另一方面，商业的利润却相当高，在京城每天赢利达百分之一是常见的事。这种经济格局是：普通百姓的生计显然十分艰辛，结果致使店铺增多得过分，对此情况无论是政府还是行会均制止不了。上流社会的富家子弟一旦科场失意，而如果其家庭的势力又不足以为他谋求一个小小的政府职位，那么就会毫不犹豫地为他盘一份生意来做。

---

[1] 参阅《梦粱录》卷十三《铺席》。

第二章 社 会

这种偶然成为店主的人在城里被称为"官人",他们显然盘踞了更具独占性的贸易领域。人们决不会让一个良家子弟终老于屠夫或面贩的行当,而会让他去经营干熟药铺、文籍书房、刷牙铺(大致相当于牙医),或者去卖士子们所戴的特殊帽子。[1]

不过,不管这类小规模的贸易为数多大,杭州城内最主要的商业活动还要数对当时已如此众多的居民进行供应。我们看到,在城墙外有大约15个主要日常消费品的供应市场。仅稻米交易一项,每日即要成交数百吨,经营此业者有大商人、中间商、店主、脚夫等。该行业是一个极其复杂的组织,而且根据当地一位居民的记载,"叉袋自有赁户,肩驼脚夫亦有甲头管领,船只各有受载舟户,虽米市搬运混杂,皆无争差"[2]。米的种类不计其数,要遍知此中的事宜可真是一门艺术。让我们来列举一下,除了其他的种类之外,尚有"早米、晚米、新破砻、冬春、上色白米、中色白米、红莲子、黄芒、上秆、粳米、糯米、箭子米、黄籼米、蒸米、红米、黄米、陈米"[3]。批发和零售是分开进行的,不单米业是这样,其他的主要消费品如猪肉或鱼大概也是这样。《梦粱录》的作者吴自牧记述道:"且言城内外诸铺户,每户专凭行头于米市作价,经发米到各铺出粜。铺家约定日子,支打

---

[1] 参见《梦粱录》卷十三《铺席》,在其有关杭州之有名店铺的清单中,出现过若干名"官人"。
[2] 《梦粱录》卷十六《米铺》。
[3] 同上。

米钱。其米市小牙子,亲到各铺支打发客。又有新开门外草桥下南街,亦开米市三四十家,接客打发,分俵铺家。及诸山乡客贩卖,与街市铺户,大有径庭。"

商人、工匠以及所有其他行业的成员们,均组成了和米业类似的团行。这类团行多得令人瞠目:珠宝业、刀剪业、金银打钑业、裱褙业、骨董业、蟹行、青果行、糖蜜行、姜行……"虽医卜工役,亦有差使,则与当行同也……又有异名'行'者,如买卖七宝者谓之骨董行、钻珠子者名曰散儿行、做靴鞋者名双线行、开浴堂者名曰香水行。"[1]

这种地方团行经常分门别类地在城里的某个特定区域聚集;而如果同行业的所有商人和工匠均集中于一个市场,该行业的名称就会被原原本本地用来称呼那条街道。在杭州,某些行业一直处在该城的某一特定角落。因此,"自五间楼北,至官巷南街,两行多是金银盐钞引交易铺,前列金银器皿及现钱,谓之'看垛钱',此钱备准榷货务算清盐钞引,并诸作分打钑炉鞴,纷纭无数。自融和坊北,至市南坊,谓之'珠子市',如遇买卖,动以万数"[2]。

即使那些不聚集在同一条街上的行业,也仍然具有它们的行会,因为组织这样的联合体大有好处。每一个行会都由一个头领主管,该头领对行会成员有普遍的控制力,谁有需求或谁尚未成

---

[1]《梦粱录》卷十三《团行》。
[2]《梦粱录》卷十三《铺席》。

家均可得到他的帮助，但他也坚持要求每一位成员必须绝对诚实可靠。在9世纪或9世纪以后访问过中国的阿拉伯商人均一致夸赞中国商人的忠诚，他们中间的一位说："中国人在金钱交易和债务方面诚实得无可挑剔。"[1] 马可·波罗也具有这样的看法："他们无论在经商活动方面还是在制造方面都诚实可信。"没有人会背信弃义自食其言；而且货物的制造被如此地关切，乃至国家为监督它而制订了一些固定的标准[2]。行会是一种宗教性的组织，或至少是以相同的模式组织起来的。因此，它们各有各的祭祀其行业神的年节，这些行业神可能是传说中的精灵，也可能是被神化了的英雄。每遇此种场合，行会成员均要聚饮一番，每人分摊宴会的费用，并展示他们的精心杰作。

组建商业行会的最大好处之一，就是向商人和工匠们提供了一种协调他们与政府之间关系的手段。每当政府当局有任何需求，无论是要征用舶来的货物还是作坊里的工匠，均会向行会头领提出。通过这种办法，政府便居中保障了适度的价格和工薪。[3]

暴发的商人拥有他们所想要的一切：财富、奢华生活及影响力，但传统的等级秩序却仍然强行否定他们的社会地位。正因此

---

［1］ J. Sauvaget：《公元851年编纂的中印关系史》，巴黎，1948年，第19页）。
［2］ 参见《唐律疏议》卷二十六："诸造器用之物及绢布之属，有行滥、短狭而卖者，各杖六十。"《唐律》的大部分条款在宋代还有效力。
［3］ 参见《梦粱录》卷十三《团行》。另外，有关唐宋时代的中国行会史，可参看加藤繁在《东洋文库研究部报告》第8编中的文章，1936年。

就不难理解，他们的一个愿望是把自己的身价抬高到上流社会的水平上去。"资产化的士绅"（bourgeois gentilhomme）是普遍的现象，或者至少是一种必然会在某种社会形态中找到的存在类型。

理所当然地，船主、盐商和城中奢侈品商店的老板们，都会想尽一切办法使其子弟受到良好教育；他们为之延聘教师，并冀望他们能成为士大夫。但对此也有两个障碍。第一个障碍具有官方性质：在理论上商人的子弟不许参加科举考试。但这决不是说在实践中就没有办法绕开它。第二个障碍则具有心理学的性质：富商子弟们最迫切的愿望就是去糟蹋掉父亲的财产。正像一句法国谚语所讲的："老子敛钱儿子花。"如果说这种情况在西方资产阶级那里经常是真实存在的，那么它在中国的富商家庭中更是有过之而无不及。因为在中国并无一种把节俭看作美德的经济信条，而且对于工作也远非像在基督教国家那样把它夸赞为一种善德，而是加以鄙视。身居高位者均不屑劳作，只发指示。因而，每一代人都面临着挥霍穷尽的风险，也显露出追求财富的无情冲动。杭州城内的纨绔子弟中无疑有许多人是出身于暴发富商的家庭；而看到他们的后代已能跻身于城中的时髦场所，对于那些看起来始终耽于逸乐的父辈来说，自然是满足了其虚荣心。

还有一些其他方法来满足他们的虚荣心。在南宋王朝末年，即在蒙古人入侵的几年之前，国家决定开放大农庄，以增加对军需品的供给。为了替此项事业筹措资金，朝廷开始对无论男人还是女人均卖官鬻爵。肯定有不少商人借此机会为他们自己或者其

第二章 社　会

妻子、儿子谋得了官衔。而另外一些人，则无疑把自己的财富投资到了田产上；这是一种有保障的投资，而且除非他们已经直接获得了某种官衔，则还可从此交易中得到一个决非仅仅是空名的职衔。

这些虚荣的暴发户还发现了进一步获得满足感的途径。他们就像茹尔丹先生[1]那样，仿效着上流社会的习惯用语和风俗，而且——用马可·波罗的话来说——假装起一副"严肃而庄重的行为举止"。这位威尼斯旅行家的以下寥寥数语，勾画了杭州城内富商的形象：

> 这些店铺的大老板们从不亲手干活，相反倒是假装起一副严肃而庄重的行为举止。同样，正像我们刚才讲到过的，商人家的太太小姐们也都姿色动人；她们自幼养成了极其纤柔高雅的习惯，裹着绫罗绸缎，闪着珠光宝气，其衣饰的价格难以估算。而且，虽说先王制订的法律规定每位男子均需继承父业，但却又允许他们一旦发财之后便可免做体力劳动，因为知道他们会继承祖业，雇佣劳工来从事传统的生意。

富商们有附庸风雅的愿望。在御街的大客栈和大茶馆的门厅

---

[1] 茹尔丹先生是莫里哀的名剧《最新贵族的小市民》中的主角，这个暴发户因邯郸学步式地仿效贵族时尚而显得滑稽可笑。——译者注

和房间里，均挂满了寄卖于此的名家字画。一遇上儿女婚嫁之事，在布置宴会厅方面决不怕破费。根据马可·波罗的说法，商人们为了显得有点儿文化味道，花费了不少钱财。他写道，商人们的房舍"造得漂亮，装饰也精美；他们喜爱装潢、绘画和建筑，在这方面的花销之巨，会使你为之惊叹"。不过，这是一种格调不高的艺术，由于它唯一的目的便是讨好暴发户的低下趣味，遂为了铜臭而贬损了其品质，并无任何真正的审美价值。

还有一个心理特征值得一提。在杭州城里发了大财的人们，还有通过海上或内河贸易发家致富的商人，都很热衷于慈善业。行善布施对于他们来说乃是弥偿其获财过多的一种手段，也是向神明交纳的一份税金。我们有必要摘录一段当时人对此的记载，即使只是因为它同时也揭示了大部分居民的极端贫困也罢：

> 数中[1]有好善积德者，多是恤孤念苦，敬老怜贫，每见此等人买卖不利，坐困不乐，观其声色，以钱物周给，助其生理；或死无周身之具者，妻儿罔措，莫能支吾，则给散棺木，助其火葬，以终其事。或遇大雪，路无行径，长幼啼号，口无饮食，身无衣盖，冻饿于道者，富家沿门亲察其孤苦艰难，遇夜以碎金银或钱会插于门缝，以周其苦，俾侵晨展户得之，如自天降。或散以绵被絮袄与贫丐者，使暖其体。如此则饥寒得济，合

---

〔1〕 据前文乃指杭城富室中。——译者注

家感戴无穷矣。俗谚云："作善者降百祥,天神佑之;作恶者降千灾,鬼神祸之。天之报善罚恶,捷于影响。"世人当以此为鉴也。[1]

4．城区的普通百姓

由于财富向城中聚敛,再加上农村的贫穷,遂使得农民不断涌向大都会。他们很快就适应了城市生活,并构成了杭州人口的主体部分。他们的人数逐年递增,直至出现了毁灭性的结局。13世纪的中国大都市乃是经济出现病态的具体例证。人口过剩导致商业活动不自然的过度增长,也导致了奢侈品贸易的畸形发展,而这一切都抑制了基本消费品的生产。

所有杭州城内的普通百姓——不管他们是整日听命于主人或雇主的可怜劳役,还是脚夫、娼妓、沿街叫卖的小贩、卖艺者、扒手、小偷或乞丐——都别无生计来源,除了身上的体力和脑力。他们有的是耐心和胆量、诡诈和老滑。由于一方面财主们既短缺资本却又要大把地赢利,另一方面劳动力既过剩又工资菲薄,故此劳资双方的争斗十分激烈。

劳动力资源既丰富又便宜,结果导致了高度的专业化分工。

---

[1]《梦梁录》卷十八《恤贫济老》。

就中国当时所达到的财富和技术水准而言，这几乎可以说是发展得过分了。由于有了行会来进行劳动力交换，劳动力市场被组织得井井有条。无论雇主还是被雇者均依赖于行会，没有它的媒介作用什么交易也谈不成（很可能是行会根本不允许任何单独的成交）。杭州城内的商人和上流社会的成员须通过行会头领才能雇到管理人才来经营当铺、酒肆、食店和药铺，也才能"顾觅大夫、书表、司厅子、虞侯、押番、门子、直头、轿番小厮儿、厨子、火头、直香灯道人、园丁等人。……如府宅官员，豪富人家，欲买宠妾、歌童、舞女、厨娘、针线供过、粗细婢妮，亦有官私牙嫂，及引置等人，但指挥便行踏逐下来。或官员士夫等人，欲出路、还乡、上官、赴任、游学，亦有出陆行老，顾倩脚夫脚从，

卖浆图（南宋） 绢本设色 34.1cm×40cm 黑龙江省博物馆藏 六个提竹制茶笼的小贩，在沿街叫卖的间歇，彼此交换茶汤品尝。

第二章 社　会

承揽在途服役，无有失节"[1]。

　　大户人家和暴发商人的财富像磁石一样，吸引住了一群又一群的穷人。下层人民的大多数，要么在富人府第里充当佣人，要么就专门供应富人的需求。王公贵族们、高中级官员们、富有的船主们以及大地主们，都在其城中的巨宅深院或乡间的豪华别墅里雇有大量的随从。家大业大侍从成群乃是社会地位高的一种标志；而据马可·波罗的说法，就连刚刚变富的高等妓女也都有家仆伺候着。最为富有的家庭，尤其是皇亲国戚们，都有自家的工匠，专门从事珠宝、牙雕、刺绣等业。它们也拥有自家的私人保镖，以及一大群被分为不同服务机构的办事人员。后者在杭州被称为"四司六局"。四司分为"帐设司"（专掌仰尘、录压、桌帏、搭席、帘幕、缴额、罘罳、屏风、书画、簇子、画帐等）、"茶酒司"（掌管筵席，合用金银器具及煖荡，请坐、谘席、开话、斟酒、上食、喝揖、喝坐席、迎送亲姻，吉筵庆寿，邀宾筵会，丧葬斋筵，修设僧道斋供，传语取复，上书请客，送聘礼合，成姻礼仪，先次迎请等事）、"厨司"（掌筵席生熟看食，妆钉、合食、前后筵几盏食，品坐歇坐，泛劝品件，放料批切，调和精细美味羹汤，精巧簇花龙凤劝盘等事）、"台盘司"（掌把盘、打送、斋擎、劝盘、出食、碗碟等事）。"六局"则分为"果子局"（掌装簇钉盘看果、时新水果、南北京果、海腊肥脯、脔切、像生

---

[1] 《梦粱录》卷十九《顾觅人力》。

花果、劝酒品件)、"蜜煎局"(掌簇钉看盘果套山子、蜜煎象生窠儿)、"菜蔬局"(掌筵上簇钉看盘菜蔬、供筵泛供异品菜蔬、时新品味、糟藏象生件段等)、"油烛局"(掌灯火照耀、上烛、修烛、点照、压灯、办席、立台、手把、豆台、竹笼、灯台、装火、簇炭)、"香药局"(掌管龙涎、沈脑、清和、清福异香、香垒、香炉、香球、装香簇烬细灰,效事听候换香、酒后索唤异品醒酒汤药饼儿)、"排办局"(掌椅桌、交椅、桌凳、书桌,及洒扫、打渲、拭抹、供过之职)。"盖四司六局等人,只直惯熟,不致失节,省主者之劳也。欲就名园异馆、寺观亭台,或湖舫会宾,但指挥局分,立可办集,皆能如仪。"[1]

然而,如此之多的家务仆人,却并非富家大室所雇人员的全部。还有一类地位略高的人,并不是严格意义上的仆从,他们或因其社交才能或因其一技之长而被大户人家长期或短期地供养。他们中间,"有训导蒙童子弟者,谓之'馆客'。又有讲古论今、吟诗和曲、围棋抚琴、投壶打马、撇竹写兰,名曰'食客',此之谓闲人也……又有专为棚头,斗黄头,养百虫蚁、促织儿。又谓之'闲汉',凡擎鹰、架鹞、调鹁鸽、斗鹌鹑、斗鸡、赌扑落生之类。又有一等手作人,专攻刀镊,出入宅院,趋奉郎君子弟,专为干当杂事,插花挂画,说合交易,帮涉妄作,谓之'涉儿',盖取过水之意。更有一等不本色业艺,专为探听妓家宾客,赶趁唱

---

[1] 《梦粱录》卷十九《四司六局筵会假赁》;另可参见《都城纪胜·四司六局》。

第二章　社　会

喏，买物供过，及游湖酒楼饮宴所在，以献香送欢为由，乞觅赡家财，谓之'厮波'"[1]。

依靠富家为生的人们自然会在社会下层结成一个大团体，因为有许多人都因其不同的特长而受雇于大户。另一方面，被作坊、肉铺、食店、茶肆及奢侈品商店雇来的人手，却是尽可能地少。不过，所有这些人和他们的主人或雇主的关系都属同一类型：主人一方总是持一种家长式的态度，而仆从或雇员一方则总是尊敬谦恭。仆从或雇员构成了家族的一部分，有时候代代相传地为同一个府第服务。主仆之间的纽带如此牢固，其原因首先在于仆人们在经济上完全不能自立，其次也在于旧式家庭制度的延续。在杭州既无大的作坊又无大的工场。而几乎只有在雇佣了大量穷苦劳工的外省（比如四川的盐井），才会产生无论哪种形式的民变——不管它是产生于农民中间还是大工场中间，也不管它是公众行为还是私人行为。

说到行会，由于它们为数过多和名目过杂，不易觉察到它们的影响。在下层社会中并没有联合起来对抗富人的意识。对于仆人和雇员，不仅可以指望他们始终如一的忠诚，还可以期待他们全心全意的奉献。他们的小小过失便会招致严厉的惩罚；而国家对恪尽职守的观念又进行不遗余力的维护。对任何偏离传统主仆关系的行为，法律都会予以制裁。更有甚者，家族的首领和店

---

[1]《梦粱录》卷十九《闲人》；另请参看《都城纪胜·闲人》。

主、作坊主们通常会细心地保证从属他们的人并无反抗的理由。他们从不会无理取闹，并且一旦见到仆人或雇员们攒了点儿钱，便会想方设法地为其娶亲。做下人的，虽说早起晚睡，又不断受到其主子的指使差遣，却比当农民有个大大的优越之处：其生计相对有保障。在大户人家做仆从，还有一个特别的好处，即有把握在家中的女佣中讨到老婆，这也是诱使人们担当此种特殊形式的苦役的主要激励之一。

　　还有不像仆人或雇员阶层那般相对走运的人们，他们和主人或雇主沾不上一点儿边，只好大多以打工糊口。他们中有的专卖力气，如干打杂的粗活、担水、扫街等。不过，他们也决不例外地拥有自己的行会。有人也许会想象，13世纪的这些苦力，其样子和现代的相去无几：面带倦容、瘦骨嶙峋，却又乐呵呵的。他们中还有数不清的各种类型的小贩，挑着担子沿街叫卖，或者在街头或市场摆摊。这中间有提瓶点茶的，每到晚上便可以看到他们在御街上或挨门挨户地在贫穷区溜达，这些人最热衷于飞短流长，因为他们知道所有的家长里短。还有卖"小儿戏耍家事儿"的，卖熟食的，蹲在澡堂门口卖热水的，盘街卖卦的，相面的，算命的，卖甘蔗的，卖"小儿诸般食件"的……[1] 每一个行当均有它独特的叫卖声，或者就干脆只敲木板或金属片以招徕顾客。

　　有些小贩拿店主的钱干活儿。有些店铺只利用小贩来兜售其

---

〔1〕《梦粱录》卷十三《诸色杂货》。

货物。用一句当时人的话说，这些小贩乃"贫而愿"者，他们一大早就到被称为"作坊"的店铺去取货，到晚上再把挣到的钱送回来，提取什一的佣金。这些可怜人所叫卖的货物是盛在一排排小盒子里的熟食，还有糖果、蚊烟等等。[1] 所有这等小贩，不论是自有本钱的还是代售别人货物的，都只能以其辛勤的劳作挣几文小钱，以勉强维持其生计。不用问，这中间有不少是刚离开农村进城来的。

从事大众娱乐业的人难以胜数。他们中有唱小杂剧的、说书的、演傀儡戏或皮影戏的、演魔术、玩杂技的、走索的、驯兽的等等。他们在"瓦子勾栏"中进行表演，那是一种在市场或桥头搭起的棚子，形形色色的人都会光顾。

有些人是逢年过节时从乡下赶来的"村落百戏之人，拖儿带女，就街坊桥巷，呈百戏使艺，求觅铺席宅舍钱酒之资"[2]。还有些人专以表演过人膂力吸引观众，在隆隆的鼓声中举起铁石、舞弄棍棒。有时候，这是些老兵，他们就像唐代长安名噪一时的"强人"一样，在双臂上纹有"生不畏君王，死不惧阎王"的字样。[3] 很值得注意的是，杭州的社会下层中有如此之多的人从事大众娱乐业。不过，只有在每逢大的年节时，城里的生意才特别火爆而昼夜不停，这些艺人也才会表演其最拿手的节目。

---

[1] 参阅《武林旧事》卷六《作坊》。
[2] 《梦粱录》卷二十《百戏伎艺》。
[3] 参阅徐松：《唐两京城坊考》。

卖淫业在杭州城内非常盛行。在蒙元的首都汗八里——它的城墙在今日北京城略北处,其遗迹至今仍可见到——马可·波罗曾为这座世界性城市的娼业之发达而大吃一惊。他写道:"我还有件事要对你讲:妓女在城里不敢活动……可是……她们却都住在市郊。你必须知道,她们的人数之多,会使得外国人中无人能相信;因为我要对你道出实情:总共有两万妇女靠向男人提供此项服务而赚钱谋生……现在,既然我已告诉你汗八里的妓女到底有多少,你也就可以发现该城的居民之众了。"

蒙古人在道德上还是要比中国南方人刻板的,故此把娼妓驱赶到城墙之外的地方。然而,在杭州城内妓女却是随处可见。举凡酒肆、食店、客栈、市场、"瓦子勾栏"、街坊、桥头,几乎没有哪一个公共场所见不到成群结队的妓女。一位当时的人列出了一个清单,说明哪些场所是低等娼妓的荟集之地。比如,"庵酒店,谓有娼妓在内,可以就欢,而于酒阁内暗藏卧床也。门首红栀子灯上,不以晴雨,必用箬篷盖之,以为记认。其他大酒店,娼妓只伴坐而已。欲买欢,则多往其居"。[1]

很难断定妓女在杭州城内的社会地位。她们实际上已经成为城市生活的一种标志。她们中有许多人出身寒微而贫苦,这说明她们身属社会下层。不过,她们的贫富差距却构成了各个梯次。有些人就像日本古代的艺妓一样身为名妓,一眨眼就阔了起来,

---

[1] 《都城纪胜·酒肆》。

过着奢靡已极的生活,并且只接待有头有脸的人物。她们的名姓被当时的人们记载了下来。[1] 出色的歌女与乐师被请到高官豪族的华筵之中。时髦的婚礼中若无歌儿舞女便觉有所缺憾。最享盛名的歌妓们甚至会在上元节之夜奉诏进宫在御前演出。她们或是坐着弹琴,或是站着歌唱,其身姿随着歌声微微摆动。有人描绘此等歌女道:"委有娉婷秀媚,桃脸樱唇,玉指纤纤,秋波滴溜,歌喉宛转,道得字真韵正,令人侧耳听之不厌。"[2]

有些妓女的常客是杭州的纨绔子弟和太学生。官营的酒店——它们通常都与大酒库相联接——也具有自家的官妓,并将其名字写在花牌上。"此郡风流才子,欲买一笑,则径往库内点花牌,惟意所择,但恐酒家人隐庇推托,须是亲识妓面,及以微利啖之可也。"[3] 然而,最有艳名的妓女却通常足不出户,只有最有地位的嫖客才能与之谋面。从理论上讲,只有杭州城内的太学生们方有权进入此类酒店。不过富家子弟亦自有门路。

关于杭州的娼妓业,马可·波罗写道:

> 城中的数条街道上满是妓女,其人数之多,真叫我拿不准到底有多少。她们不仅在市场附近有特定的地盘,而且比比皆是。她们花枝招展,浓妆艳抹,住在华

---

[1] 参阅《梦粱录》卷二十《妓乐》。
[2] 同上。
[3] 《梦粱录》卷十《点检所酒库》。

丽的居室中，有成群丫环服侍。这些妓女特别精于诱惑之道，并善于与各色人物交谈。其魅力之大，使得人们一识芳面便神魂颠倒，乐而忘返。故而，一旦外乡人返回故里，便说自己已去过天堂，并亟于再次造访那里，愈快愈好。

这种描写显然只适用于那些富有的歌妓，她们有能力使自己从所有的桎梏中解脱出来。一位13世纪的中国作家记述过她们中的一位是如何获得财富和名声的。"淳祐间（1241—1252），吴妓徐兰擅名一时。吴兴乌墩镇有沈承务者，其家巨富，慕其名，遂驾大舟往游焉。徐知其富，初至则馆之别室，开宴命乐，极其精腆。至次日，复以精缣制新衣一袭奉之。至于舆台各有厚犒，如此兼旬日，未尝略有需索。沈不能自已，以白金五百星并彩缣百匹馈之。凡留连半年，糜金钱数百万而归。于是徐兰之声，播于浙右，豪侠少年，无不趋赴。其家虽不甚大，然堂馆曲折华丽，亭榭园池，无不具。至以锦缬为地衣，千红四紧纱为单衾，销金帐幔，侍婢执乐音十余辈，金银宝玉器玩、名人书画、饮食受用之类，莫不精妙，遂为三吴之冠。其后死葬于虎丘，太学生边云遇作墓铭云：'此亦娼中之贵者。'"[1]

当然这类名妓只是例外。而大多数的歌妓——即使是那些生

---

[1] 周密：《癸辛杂识·续集下·吴妓徐兰》。

计较为优裕的——也不可能使自己从某种桎梏中全然解脱出来。即使是那些实际上并非住在秦楼楚馆中的人,她们仍然寄身于某些酒店或食店;店老板无疑发现,允许歌妓们在店中娱客,对自己的进项大有裨益。城中最上等的茶肆中并无歌妓。不过,"大街有三五家开茶肆,楼上专安着妓女,名曰'花茶坊',如市西坊南潘节干、俞七郎茶坊、保佑坊北朱骷髅茶坊、太平坊郭四郎茶坊、太平坊北首张七相干茶坊,盖此五处多有吵闹,非君子驻足之地也"[1]。

至于最下等的妓女,则成群地聚在贫困区的街市桥头。她们似乎缺乏音乐训练,故通常不称其为"歌妓"或"艺妓",只称之为"花"。[2]

有必要提一下男妓,这看来是宋代大都市所特有的现象。12世纪初在开封即有无赖男子借此以图衣食。他们"皆傅脂粉,盛装饰,善针指,呼谓亦如妇人"。"政和(1111—1117)中,始立法告捕,男子为娼者杖一百,赏(告发者)钱五十贯。"不过要想举告这种卖淫者,在开封时已经相当不易,到了杭州后就更加困难,因为那里的人口既多,流动性又大。这样,在杭州便有相当数量(很可能有好几百名)的男妓,他们除了此业之外别无生计。他们的组织较歌妓更严密,并且在新门外有其巢穴。[3]

---

[1] 《梦梁录》卷十六《茶肆》。
[2] 参阅《武林旧事》卷六《歌馆》。
[3] 参阅《癸辛杂识·后集·禁男娼》。

杭州城内的社会渣滓是小偷、流氓、骗子和乞丐，他们亦各有各的行会，都是些犯罪团伙。他们于光天化日之下即在街上结伙抢劫，全然不顾官府捕快的无情追捕。另有一些人专干打家劫舍的勾当，他们在砖墙或竹篱上掏洞以潜入富家宅院，拿走成箱的金银珠宝。"又有卖买物货，以伪易真，至以纸为衣，铜铅为金银，土木为香药，变换如神，谓之'白日贼'。"一位当时的人不禁为之慨叹，觉得此类人狡黠异常。有些小偷专在街巷人群中"蓊脱衣囊环佩"，时人谓之"觅贴儿"。另外，"以求官、觅举、恩泽、迁转、讼事、交易等为名，假借声势，脱漏财物"的，是所谓"水功德局"；"以娼优为姬妾，诱引少年为事"的，是所谓"美人局"；"以博戏关扑结党手法骗钱"的，是所谓"柜坊赌局"。[1] 在这样一个人口庞杂的大都会中，是无法彻底根除盗贼和骗子的。当马可·波罗讲杭州城"是如此安全乃至于宅院、店铺和仓库均敢于昼夜不关大门"的时候，他或许讲得也对；不过他的说法只适用于蒙元占领时期，而当时的城市治安无疑是大为加强了。

贫民、乞丐、盗贼、沦为娼妓的村姑以及借助于贩卖极廉货品来勉强糊口的穷摊贩，露宿在任何能够容身的地方，饥寒交迫，在死亡线上挣扎。他们的人数每年乃至每月都有很大变化。米价的略微上涨，即足以使杭州城内为生计奔波的人增加两倍或

---

[1] 参阅《武林旧事》卷六《游手》。

三倍。杭州城内拥挤不堪的人口有时会形成剧烈的灾难，导致贫穷和饥饿的程度突然增大，使得官府为之忧心忡忡。这种危机纷至沓来，遂有必要采取预防措施。朝廷和县衙决定，每逢大雪或酷寒的天气，或者在大火、夏季洪水、秋季干旱之后，便开仓散施大米或钱币。因而，当1223年在杭州地区下了一场特大暴雨之后，次年夏历三月城中大闹饥荒，官府不得不赈济灾民。[1]

当举行盛大的官方祭奠或逢到重大的年节时，穷人们亦有机会受到施舍："遇朝省祈晴请雨，祷雪求瑞，或降生及圣节、日食、淫雨、雪寒，居民不易，或遇庆典大礼明堂，皆颁降黄榜，给赐军民各关会二十万贯文。"[2]

私人的慈善事业也同样赈恤渴望救助者。大官拜命时则布施所谓"抢节钱"给穷人，以提高其声望。[3] 居住在城南凤凰山上的富有船主们，亦曾将其庞大家产的一部分捐赠给慈善机构。不过还远不止这些。从公元5世纪起，佛教就在中国引进和发展了各种各样的慈善机构（医院、安济院、施药局、赈济中心），此类机构均由被捐田产上的收益来支持。公元845年，原属佛教团体的财产被大规模地充公，许多安济院和医院也随之被公共当局接管。迁都杭州之后，朝廷设立了一个很大的施药局，它通过70个遍布于城区的分支机构来施舍药材。这些药按道理应以原价的三

---

〔1〕 事见《钱塘县志》。
〔2〕 《梦粱录》卷十八《恩霈军民》。
〔3〕 事见《武林旧事》卷六《骄民》。

分之一出售给城内的居民，不过实际上它们却被施药局的雇员和官吏所盗用。可是，其他的慈善机构却运转得比这要好得多，它们是为老年人或赤贫者设立的医院、孤儿院、供穷人用的免费安葬公墓，以及残疾人的看护所。如果我们相信马可·波罗的话，残疾人的看护所在蒙古人占领的初期仍然存在："……如果他们在白天发现任何一位可怜的残疾人无力自谋生计，便会把他送到一家医院。这类的医院为数不少，都是由上一个朝代设立的，并且得到大笔的捐资。而如果一位残疾人尚能工作，他们就会送他去做某种营生。"

5. 农民

我们对乡下人的事儿知道得不多。没有人不厌其详地向我们描绘过农村的生活及其社会结构。我们所掌握的这方面的资料是零星片断的，因此只有先假定农村生活的变迁既微小又缓慢，我们才能冒险基于年代顺序和地理位置都残缺不全的材料来勾勒它的图景。我们首先要强调一个普遍适用的经济事实：要不是以牺牲农村为代价，东南诸路各城市的兴盛就不可能出现。城市的消费量大于其产出，而许多富有的城里人的全部财产都来自他们在杭州以北广大田产上的收益。私人田租和国家地租、日用消费品的交易税、国家在某些地区强制实行的盐业专卖制度——总而言之,凡此种种,无论是直接税还是间接税,都使农村每况愈下。因而,农村人口不断减少,人们都涌入城市。

然而,农村地区的社会生活仍然千差万别,而在中下等的自耕农、国家田产的管理者、私人土地的经营者、佃农和长工的生活水平之间,也必然有着可观的差距。另外,尽管在长江下游平原上人们以稻米耕作为主,但在大片的产米区四周,却又有着许多完全不同的农作物和经济行为。

在浙江南部的山区,人们主要以渔业、打猎、林业和种茶为谋生手段;在沿海的沼泽地,人们则主要是种竹和晒盐;而在浙江河口沿岸,则以打鱼为主业。不待言,随着当地居民主要职业的变化,农村地区也会起相应的变化。最后,还有一部分农村人口受辖于并且直接依附于国家,他们在官营矿井或盐田里工作。

这些人的生活境况要多穷有多穷,其工钱恰恰接近于饥饿线。在9世纪,每个在山西南部盐池劳作的家庭,只能每天从国家那里领取6.5磅的谷物,再加上每年40贯的现金。[1]后来,在淮河流域地区的盐田,负责盐务的官衙要从被国家以很低工薪雇佣的盐工那里征调食盐,并且规定每年必须交纳的产品总量。在淮河一带的盐田,有将近2.8万个家庭——也就是说有大约10万人口——生活在半奴隶状态。[2]由于向负责盐务的长官预先

---

[1]《宋会要》册一三二。
[2] 同上。

借了贷，再加上被不断的征调和拖延付酬弄得一贫如洗，盐工们甚至找不到一条通过逃亡或从军来摆脱受奴役状态的路。在13世纪江、浙一带的官营盐田中，盐工的情况也大致如此。

在大片产米区劳作的小自耕农、佃农和长工，其遭遇也与盐工相去无几。即使收成较好，他们的基本生活需求也不能满足。而一碰上荒年，他们就举债度日，并且经常饿饭。将其土地出租或出售，把孩子卖给官府，背井离乡，落草为寇，自寻短见——这些都是他们在极度贫困中的迫不得已之举。借贷的利息相当高：借现金的月息高达20%，而若想待秋收时以谷物偿还，则需付息50%。当时的借约和租约肯定跟人们在中亚地区敦煌附近发现的9—10世纪的契约相似。这里有一个借布匹的例证（当时在该地区以布匹充当交易手段）：

  甲子年氾怀通兄弟贷生绢契

  甲子年三月一日立契：当巷氾怀通兄弟等家内欠少匹白，遂与李法律面上贷白生绢壹疋，长叁丈捌尺，幅阔贰尺半寸。其绢贷后到秋还利麦黍肆石，比至来年二月末填还本绢。如若於时不还者，於看乡元逐月生利。两共对面，贷绢为定，不许谓格者。

  贷绢人文达

  贷绢人怀达

  贷绢人怀住

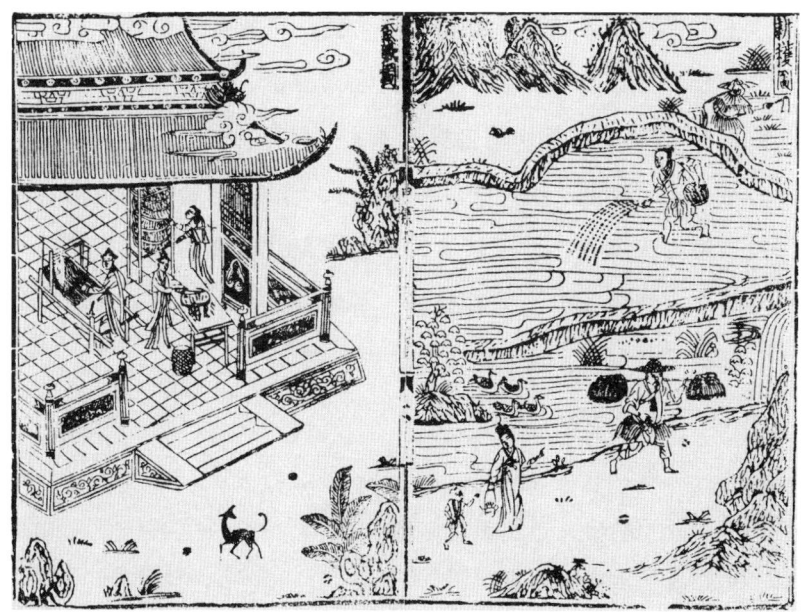

《事林广记》载"农耕与养蚕"

贷绢人怀通[1]

另一份同期的文献则表明了农村劳动力是如何被出售的:

己未年赵僧子典儿契

己未年十一月三日立契,塑匠都料赵僧子,伏缘家中户内有地水出来,阙少手上工物,无地方觅。今有腹

---

[1] 参阅伯希和在敦煌收集到的中文手稿,巴黎国家图书馆收藏,第3565号,9世纪或10世纪的契约。

生男蒻子只典与亲家翁贤者李千定，断作典直价数麦贰拾硕，黍贰拾硕。自典已后，人无雇价，物无利润。如获典人子身上病疾疮出病死者，一仰兄佛奴面上取於本物。若有畔上及城内偷劫高下之时，仰在蒻子癨当。或若恐怕人无品性，车无明目，二此之间，两情不和。限至陆年。期限满足，容许修赎。若不满之时，不意修赎。伏恐后时交加，故立此契，用为后凭。

只典身男蒻子

只典口承兄佛奴

当□取物人塑匠都料赵僧子

知见亲情朱愿昌

知见亲情朱愿□

知见竝畔村人杨清忽

知见亲情□□张愿同[1]

雇佣农业劳动力的契约则更为精确。雇佣期以季为单位，通常是从夏历正月至夏历九月。报酬为每月1石（约8斗）谷、麦和黍。雇主免费提供一套春装、一套夏季的衣服和一双皮靴。作为回报，被雇者必须从早到晚不停地劳作。在收获期如果缺勤一天，要被扣除 $3\frac{1}{3}$ 斗的报酬，而在其他时候则只扣除1斗半。如被

---

[1] 参见伯希和在敦煌收集到的中文手稿，第3964号。

雇者患病，则按其缺勤天数扣其报酬。如果他丢失或损坏了交给他的农具（藤筐、背包、镰刀、锄头和铁锹），则必须赔偿。最后，按照惯例，如果被雇者犯下了偷盗别人财物的罪行，不管是偷了谷、粟、瓜、菜、水果、羊或牛，雇主概不负责。[1]

农民们负债累累、贫困不堪，遂使得流氓盗贼层出不穷。尽管其数量因时因地有所不同，但这类人从未绝迹过。即使在最重要的通道上也不能免受其害，故商人们不敢单独贩运。成伙的盗贼在山顶或沼泽中安营扎寨，那里草木很深，可使其逃避追捕。在洞庭湖东北处，有一片百里荒地，上面覆盖着芦苇和沼泥，盗贼们即出没其中。1177年，一位高官从四川乘船前往苏州，在其沿途写下的日记中，记下了取道于一条与长江平行的河流经过这片荒地的情形："月色如昼，将士甚武，彻夜鸣舻，弓弩上弦，击鼓钲以行，至晓不止。"[2]

杭州以北直至长江北岸，有一片低平潮湿的平原，上面满是稻田。这些稻田呈正方形或长方形，一般不超过10码长，周围环绕着狭窄的田埂。它们是涝是旱全由天定。农民们用一种长柄的抓钩子进行耕作，他们把它高高地举过头顶，再猛地向下挥动。松软的稻田土壤只需用较轻的农具便可翻动。所用的犁也很轻

---

[1] 参见伯希和在郭煌收集到的中文手稿，第3150号和第3649号，断代为957年。又见斯坦因收集的敦煌中文手稿，第1897号，断代为924年，藏于大不列颠博物馆。
[2] 范成大：《吴船录》卷下。

便,只需以人力或一条水牛便可牵动。不过,畜力却很稀少,水牛通常都是借来的,或者是为几家所共有的。在7月至9月的农忙时节,农民们起早贪黑地在田里劳动,中饭要由其妻子或孩子送到地头。在四川,稻田里的集体劳动是由一种滴漏来调整的。在那里还借敲鼓来集合劳工,发出劳动号子,激励他们埋头干活,并防止他们闲聊。在田间,从早到晚都可以听到鼓声。[1]

冬季是唯一清闲的季节。男人们忙着簸扬谷物,女人们则忙着纺织。人们睡得很晚,有时候会聚在一起以节省灯油。养蚕缫丝是一件细致而需要全神贯注的活计。而孩子们则要一年到头地照看水牛、饲养家畜家禽(猪、鸡,有时还有菜狗)、捡拾柴禾(它们总是不够用)、到井里打水等等。不过,在有的村落里,冬季会开设学堂,孩子们在那里可学会初步的写和算。

农民的生活通常是辛劳而单调的,但它也有放松快乐的时刻。这就是那些每年一度的节庆,其中主要是1月底或2月初的春节,以及祭祀土神的社日。社日的时间是在8月底或9月初。它的官定日子为立秋后的第五个戊日,相当于阳历的8月7号。[2] 村民们在当地庙堂附近聚集,观看种种游乐、杂剧、变戏法,这些节目有时是由专为如此盛大的场合雇来的流动戏班上演的。人们杀鸡宰

---

〔1〕 杨联陞:《中华帝国的作息时间》,载《哈佛亚洲研究杂志》,第18卷,1955年12月号。

〔2〕 原文如此,但不确,因社日有春社、秋社之分,如宋代陈之靓《岁时广记·社日》云:"《统天万年历》曰:立春后五戊为春社,立秋后五戊为秋社。"——译者注

猪，吃着精米饭，个个带有醉意。其中有些人虽然贫穷，却也借债来庆祝这些节日，因为它们会影响到每个人的命运与幸福。

官府和乡下人之间的接触相当少。县官住在县城内，那是一座戒备森严的城堡，里面有他的官衙、办公室、客厅和牢房。他高高在上，一般人难得一见，并且威风八面。国家并不干涉农民共同体的生活，或顶多只是为了最基本的目的而这样做，如征税、为公共工程或为采取措施来防范颠覆活动而征调民夫（有时需要调集数十万人）等等。为了防止民变，各村和各家都有连坐关系，有时候被组织成保甲，因而，不论在何时何地有人起事，镇压都是极残酷的。

在中国的全部行政体系中，最先被突出的原则就是长治久安。任何骚乱都不能产生。一个县官如果坐视其管辖地区出现骚动，不论其起因如何，就会被谴责为一个坏官。他的顶头上司的仕宦前程也因而会出现很大风险。从另一方面来看，受统治的人民也不太情愿由公共行政当局来解决他们之间的分歧和纠纷，而只有在其他解决办法（协议或仲裁）都失败之后，他们才会对簿公堂。被告人立刻就被投入大牢，即使他是一个蒙冤的无辜者，也算是犯下了扰乱地方安宁和滋事公庭之罪。另外，既然他已被人起诉，就不能说是全然无辜的。至于原告本人，也受到了极大的怀疑。更进一步说，公共法庭的讼诉费用亦是昂贵的，因为若不向法官大人纳献例钱，状纸就难以被接受——这已是司空见惯之事。

蚕织图（局部）

中国的司法制度也坚持要有某种客观证据（如捉不住赃，就不能算抓住了贼；如尸体上无施暴痕迹，就不能假定有凶手）。但与此同时，它又是世界上最残酷的司法制度之一。一切处罚都包括极其严厉的体罚。被告人在监牢的可怕条件中被关押甚久。除了从亲戚那里，他们得不到任何营养，此外还必须在大田里劳动。不屈从的在押犯通常被施以酷刑（鞭挞、杖责、枷锁和手铐），以使其招供。错判和误判之事亦相当频繁。总而言之，这显然是一种旨在使人们视法律诉讼为畏途的制度，因而也就不难理解：为什么农民们宁可在他们内部解决纠纷，要么是达成某种协议，要么就请人仲裁。只有最严重的案件才被诉诸官方法庭。[1]

相互之间的连坐、残酷的镇压措施、村落和地区中长辈的权威、家长的权威、村庄的团结一致和法律程序的可怕——这些都是导致中国农村得以长治久安的原因。只有遇上大饥荒或最明显广泛的不公正时，才会激起民变。揭竿而起的队伍为匡世救民的憧憬所振奋，成长壮大为一支真正的军队。这支军队通常会宣告一个朝代的终结，有时还会将其头领之一送上天子的宝座。

---

[1] 高罗佩在其《棠阴比事》（莱顿，1956年）英译本序言中，基于唐宋时期的记录，对中国的司法体制给予了简明扼要的说明。

第二章

・衣
・食
・住

1. 居住

　　杭州城内的居民并非人人都有幸得到居住之所。可怜的乞丐和赤贫者露天而睡，而且由于城中屡屡的火灾经常加剧了人口过剩的情况，另一些人也总是不得不暂栖于临时住所里。寺庙的小屋和院落、湖上的舟船、军队的营房和匆忙间以草席搭起的窝棚，都成为无屋可住的家庭和火灾牺牲者的避难场所。

　　下层社会的人们，即便有了房子可住，也不得不六七个人——很可能更多——合住一间小屋。尽管在贫困区建有一些多层楼房，但对于这样一个局限于浙江和西湖之间的城市来说，想要找到可靠栖身地的人还是太多了。街上、市场中和屋里到处人满为患。不过，房屋的建设也因此而既快又好又省。一次又一次地，一当官方要举行大礼，数百间用竹桩、木柱、绳索、草席和幕布建成的房子，只需几小时内便在城中的不同地方或南郊的天坛附近站立起来。其中的一处是用来作为龙辇的展厅，另一处则为斋室。[1] 由上述临时建筑的搭造之快，足可管窥中国建筑类型之一斑。即使是建造欲使其经久的大殿，也同样采用轻便的材

---

〔1〕 参见《武林旧事》卷一《大礼》。

料，并且显出令人难以置信的灵敏和技巧。

主要的建筑材料是从杭州以南地区假舟楫运来的木材与毛竹，以及砖和瓦。该城当时对于木材的大量需求，改变了其南一二百英里区域的经济性质。严州府[1]的农民放弃了收益甚微的稻米耕作，转而从事林业，把大量杉木卖给杭州城里的商人。石料则被留作修建桥梁和栏杆、铺筑街面和道路以及建造城墙、堤防和佛塔之用。这是一种适于装饰和雕刻的上等建筑材料。不过，不单民用住房，即使官府衙门也无力采用。

无论贫家还是富室，殿堂还是庙宇，公房还是私宅，房屋的营造法式均相同。房子的主结构并不包含地基和承重墙，而只每隔大约三码由一根木柱支撑起来，木柱则被置于埋在地下 10—20 英寸深的石基之上。房屋、拱廊或门廊的大小，均由木柱间隔的多少来计算，或者说是由柱距来计算。整个结构的轻便和坚固意味着它可以从底部被连根托起，因而必要时整座房子都能被搬往别处。

所有建筑物无一例外地全部为长方形；它们有时被隔成两间或三间。由于许多这类的建筑被要求散建于公园或富人的花园中，它们要么就彼此成直角地构成一个封闭的院落，要么就相互分离。它们一般为平房，顶多也只是两层的小楼。另一方面，在贫困区，房屋的正立面则沿街巷不间断地组合在一起。它们彼此

---

[1] 今浙江省建德县，译者注。

紧挨，并且向内进深，无疑在后面有小小的天井。另外，如果马可·波罗和14世纪阿拉伯及欧洲的旅行家的描绘是可信的，贫困区的房子里有不少是多层建筑。构造这类多层建筑的方法与构造低矮建筑的方法有什么不同吗？特别是，它们打了地基吗？很可能没有。在杭州城的这类人口稠密区，彼此毗连的房屋本身就会提供某种支撑力；不过，考虑到建筑材料的轻便，或许就没有必要再给予额外的支撑了。的确，若拿欧洲同期的房屋相比，中国的这类建筑简直就像脚手架。

一当承重的柱子被安放好，就该为房子上屋顶了，这是一座屋子之最重要也最费钱的项目。房顶成两面坡形，安放在由主梁和横梁组成的梁架上。最讲究的房子有时会向外伸出飞檐。房梁的外露部分均饰以雕刻和彩画。最精美的屋顶覆以黄色、浅绿或翡翠绿色的琉璃瓦，檐角微微上扬，与邻近的树木和环湖的起伏山峦形成了完美的和谐。

把屋顶修出飞檐来的习惯，很可能到13世纪时还是相当新近的事情。直至唐代（7—10世纪），它还并未普及开来，而且修造所需曲线的方法在当时也还相当稚拙。有一位11世纪的建筑师曾撰文论述营造法式，他曾赞扬了唐代时期的建筑家，但他又补充说当时还没有充分掌握修造飞檐的技巧。[1] 值得附带提及的是，依据皇帝的法令，这种带有曲线的屋顶是由高官和政府的建筑物

---

[1] 此处当指宋人李诫，其生卒年代为？—1110年。——译者注

《清明上河图》中的各色宅院

所保存的。如要建筑店铺和一般房舍的屋顶，就不会有人想到要为如此费钱的建筑方法破财。

同样，在显贵府邸和政府官衙的屋顶上看到的装饰物，如白鹭、赤陶烧制的动物、龙、凤等，也禁止普通百姓使用。[1] 我们可以从当时的绘画中发现，在11世纪初的北宋首都开封，房顶上覆盖着两种不同类型的瓦；很可能在杭州也是如此，人们在那里尽最大可能仿效开封的风俗。其中的一种瓦被称为"板瓦"，它是

---

[1] 有关这种因地而异的屋顶装饰物的用法，可参看《萍洲可谈》卷二。

第三章 衣·食·住

水平摆放的长长的平板，专供店铺和下层居民的房舍铺屋顶用；另一种瓦则被称为"筒瓦"（就像在法国南部使用的瓦一样），限于公共建筑和豪门富宅使用。[1]只有这种瓦才值得费劲儿去上釉。

  应用立柱来承担房顶和天花板的重量，这就意味着房屋的外墙是独立于主结构的。除了代之以一堵薄薄的砖墙之外，用来抵御小人或盗贼的东西就只有窗帘、帘帐和竹篱了。除了山墙上没有窗户之外，其他用来替代墙的东西都只有20英寸高。这就使得

---

〔1〕 见董作宾为"清明上河图"所作的尾注。

居住者可以在傍晚纳凉，而且如果房子位置好的话，还可以观赏秀丽的景色。窗户是方型木格的，上面糊以在杭州市场上买来的油纸。[1] 这种方格窗子极富装饰效果。

　　贫困区的房子都径直面向街道，除非在两座房屋间有一个院落。在任何情况下，店铺、食店和小作坊均设在一楼。这种迎大街开屋门的房子，无疑是中国南方的典型样式，它赋予杭州一种友好可亲的气氛。这与唐代首都长安的情况迥然不同，那里的房屋都是自我封闭式的，其街区也都用土坯墙围拢起来，不过也许有少数商业街是例外。或许，今日北京胡同中那森严的围墙，还可以使我们很好地联想到中国唐代那座伟大的北方城市的居住区是什么样子。不过这种除了开两扇门之外全然封闭的院墙，在13世纪杭州的某些地方也能找到。官衙、庙宇、宫殿以及显贵、高官和富商的府第仍然沿用这种建筑样式。

　　在高墙之后，建起了高大的平房，其屋顶伸进门廊，居室坐落在由拱廊环绕的院子中，而两层的楼房和凉亭等散布于花木丛中。富家宅院的主要居住部分由一组互成直角或互相平行的房屋组成，它们被分隔成数目不等的好几进院落。房屋的地面比院子略高，而主要厅堂的正中有几级台阶伸到地面。通往第一进院子的前门是一个方形建筑，也比地面要高，上面还有房顶，可供守门人遮风挡雨。规则限定私人住宅的门户不得超过一间房的宽

---

[1] 参见《武林旧事》卷六《小经纪》。

度。[1] 只有帝国的显贵之家才许有几处出口，就像我们在皇宫看到的那样。大门口有一堵6英尺高的影壁墙，以遮掩出口，并且据说可以阻挡灾害的影响。我们还应提到另一种防范凶神恶煞的东西，那便是门神。他们的绘像被贴在大门两边，以防止恶鬼进入房舍。这两位门神都是被神化的历史人物。根据传说，他们是唐代开国皇帝的卫队长，曾守护在高宗皇上的门前，驱走了他梦中的恶魔。

最讲究的住宅由许多房屋排列组成，飞檐高扬，回廊百转，显出高度合谐的总体效果。而其中的每一个建筑物又都被别具匠心地用来制造出特殊的绘画性效果。每一座亭台楼阁都是专为某种特殊功用而建：这一处是用来赏月的，那一处是专供奏乐的，再一处是留作宴饮的，又一处则可能坐落在松竹林荫之中，悬挂着绘有雪景的图画，以便暑天纳凉。有时候，凉亭是以打桩的方式建造于人工池塘之上，人们可以乘舟或沿着小小的木桥来到那里。据说有许多富人把大量钱财用于营造和改进其宅第上。有时把珍贵的沉香木和檀木从热带国家运来，以供梁柱和雕刻之用。地面上总是铺着釉砖，甚至有一位富人竟在其地板上镂以花草图案。[2]

---

[1]《宋史》卷一五四云："凡民庶家，不得施重栱、藻井及五色文采为饰，仍不得四铺飞檐。庶人舍屋，许五架，门一间两厦而已。"可参对。——译者注

[2] 参阅周密：《癸辛杂识・续集下・黑漆船》。

人们对花园和人工池塘也像对实际建筑那样费尽心机。这些东西被认为是总体效果中很重要的环节。唐代诗人薛野鹤有云："人家住屋，须是三分水、二分竹、一分屋，方好。"[1]花园中的自然景色全是人工造成的：小小的假山，弯弯的溪流跌落成瀑布，金鱼在池塘中游来游去。这种鱼，"钱塘门外多畜养之，入城货卖，名'鱼儿活'"[2]。

豪华的宅院皆有奇花异草和苍松翠柏；而精美的花园亦均有千奇百怪的石头，当时正时兴收集它们。这些经过风化的石头形状很像小山。有时候它们被叠成一种著名仙境的模样，据说道教的仙人即住在那里；然后，又在上面栽种起小树（很可能当时已经应用了），并凿出一些小岩洞，以便燃起的香烟可以从洞中逸出，宛若云朵，再加上一些小湖在左右相映成趣，遂使这种叠石艺术足以引人入胜。那些醉心于这些假山的人们，就像得道成仙的人一般，退隐于环绕这些小山的幽径之中，可以心旷神怡地自由信步。中国的审美境界源出于古老的关于艺术表现的神秘概念，叠石艺术只不过是它的一种特殊表现形式，我们在中国的山水画和中国的造园艺术中都可以见出此种境界。中国的花园有时被布置得宛若名山大川。人们徜徉于其间，亲近着那些怪石、古树和珍花异草，精神会为之一振；再俯首注视鱼儿在水中四处漫游，就会因此种景色所传达的天籁自然感而顿觉耳目一新。

---

[1]《癸辛杂识·续集上·水竹居》。
[2]《梦粱录》卷十八《物产·虫鱼之品》。

第三章 衣·食·住

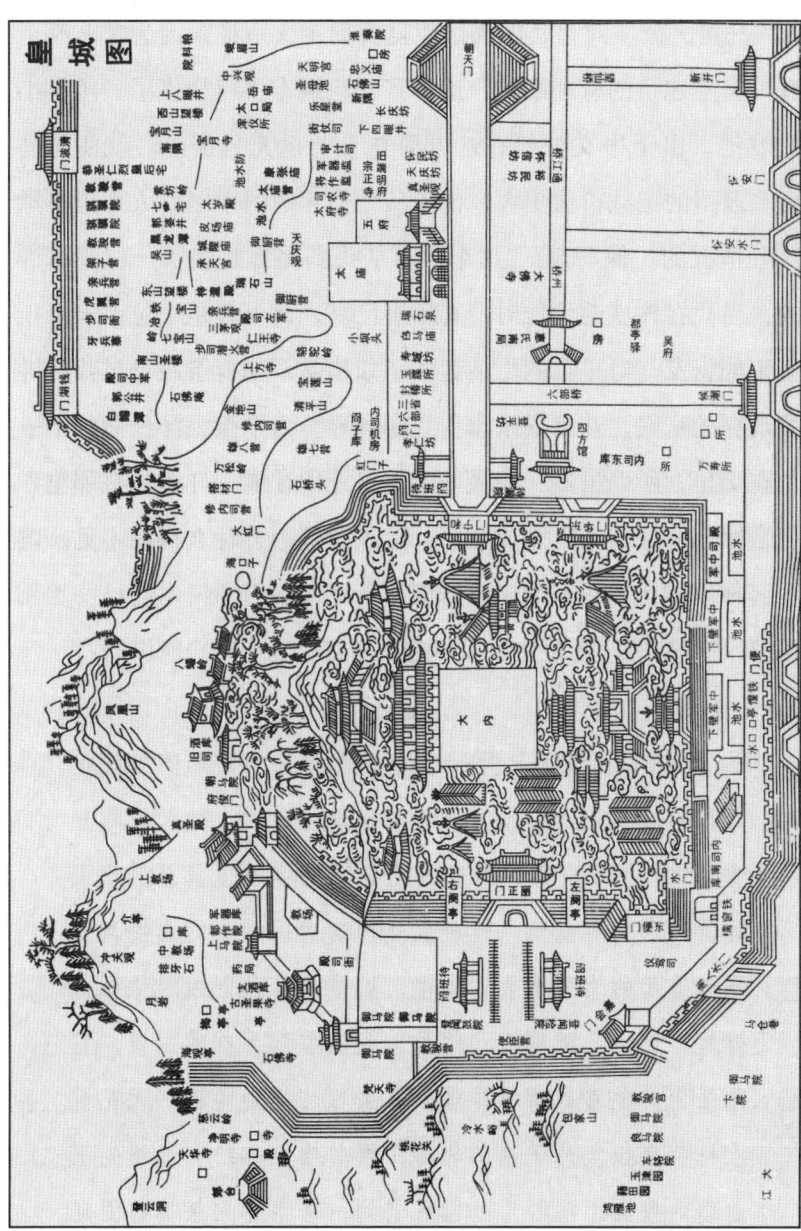

皇城图（见周峰主编《南宋都城杭州》）

马可·波罗对皇宫的描述值得我们全文引证，因为它充满了有关宫廷建筑的有趣细节，这种宫廷建筑本身就构成了一座小小的城池。由于中文材料在这方面并未予以充分描绘，就使得马可·波罗的记载价值更大。他是从一位年迈的中国商人那里得悉这些情况的。他写道："这个故事从头到尾都是我听一位阔商讲的，当我在该城遇到他时，其年事已高。此人曾是一位南宋末年皇帝的密友，对皇上的生活起居了如指掌，他曾亲眼见过我所讲的现存的宫殿，并且很乐意为我作向导。由于被大汗任命的王爷住在那里，所以虽然一些最好的建筑还像往常一样矗立在那里，但宫娥们的住房却已全成废墟，除了遗迹之外什么都看不见。曾围起林木和花园的宫殿也同样倒坍于地，鸟兽和树木均已荡然无存。"尽管如此，还是让我们回过头去看看他在开头所讲的：

现在我们要讲一下一位末代皇帝所居住的美妙绝伦的官殿，其先王占据了一大片土地，这片土地又被划分为三块，把它们围拢起来的高墙有10英里长。从其正中部分，人们可以步入一个极雄伟的大门，大门两侧均有平地造起的十分宽大的城楼，城楼的屋顶则由雕梁画栋撑起，显得金碧辉煌。然后，我们看到为首的主殿，它比任何其他宫殿都更雄伟，其梁柱均描金镂银，天花板上也装有极美的黄金饰物，四周的墙上都绘有追述先王业绩的壁画，笔触十分圆熟老到。每年逢到祭神的固定

第三章 衣·食·住

节日，皇帝总要在这里召见廷臣，并且赐宴款待杭州城的上流人物；而在我们讲到过的那些殿堂中，一次足可摆下招待成万宾客的酒席。这次觐见礼仪要持续10天至12天，乃是一桩盛事；而看到由于每一位宾客为了竭尽所能地展示其权势所带来的财富，均身裹绫罗丝缎，一身珠光宝气，真叫人不敢相信自己的眼睛。在这些前殿的背后，有堵开了道门的宫墙，墙那边是皇宫的另一部分，人们推门进去，又会发现一大片不同的景象。这里是一处大院子，被由立柱支起的回廊环绕着，院中有留待皇帝和皇后从事各种活动的不同房屋，还有四周的围墙。从这个院子人们可以走上一条六步宽的遮顶通道，它长长地直通湖边。通道两边各有10座庭院，它们彼此相对而立，看上去就像是一座被回廊围住的长院子。这20座庭院各有50间房屋，也各有花园。在所有这些房屋中住着1000名宫娥，专门服侍皇帝。有时皇帝夫妇和一些宫女们会乘着画舫游湖取乐，或者驾临神庙。皇宫的另外两部分则是一片树木、湖泊和种满果树的花园，在那里畜养着各种动物，如雌鹿、小鹿、赤鹿、兔子等等；皇帝和他的宫女们常来取乐，有的乘车有的骑马，但决没有别的男人涉足此地。他让宫女们和狗一起奔跑嬉戏。玩累了以后，她们就来到湖畔的丛林中，脱去衣衫光着身子跳进水中，从湖的这一边游到另一边，而皇

帝则停在一边看得乐不可支。尔后,他们便一起回宫。有时皇帝还会把宴席摆到茂密的丛林中,宫女们则从旁伺候。

中文材料未曾提到过马可·波罗所讲的这类行乐活动,不过或许他讲的也并非全然出自想象。因为我们确实读到过,在御苑的复古殿、选德殿和翠寒堂前,"长松修竹,浓翠蔽日,层峦奇岫,静窈紫深,寒瀑飞空,下注大池可十亩。池中红白菡萏万柄,盖园丁以瓦盆别种,分列水底,时易新者,庶几美观。又置茉莉、素馨、建兰、麝香藤、朱槿、玉桂、红蕉、阇婆、薝葡等南花数百盆于广庭,鼓以风轮,清芬满殿。御笫两旁,各设金盆数十架,积雪如山。纱厨后先皆悬挂伽兰木、真腊龙涎等香珠百余。蔗浆金碗,珍果玉壶,初不知人间有尘暑也"[1]。

室内装饰总是简单、雅致、枯淡。家具包括长方形的小矮桌,其桌腿细而直;又有小茶几、扶手椅和高靠背的矮椅、四条腿都雕了花的圆凳,以及被称作"胡床"的轻便椅子,其腿呈

---

[1] 《武林旧事》卷三《禁中纳凉》。

"X"形交叉。

到当时为止,椅子还只在中国应用了两至三个世纪。这种家具是取道中亚从印度传入的,不过在唐代却未受中国人钟爱;彼时只使用了一种有巨型后背的宽大扶手椅,人们盘腿坐于其上,因为他们还不知道现在这种坐椅子的方式。人们用各种不同的木料造床,把若干木板拼合起来,架在雕花的床框上。有时它们被从三面用隔板围起来,隔板上还挂着画。富裕人家的家具通常漆成黑色,床尤其如此。根据一道1029年的敕令,只有皇上才有权使用朱漆床。人们普遍用灯心草席铺床,盖丝棉被。他们用的枕头通常是平行六面体,中间向内凹。一般的枕头是以灯心草编成,但最上等的枕头却是漆木枕或彩陶枕。床铺四周遮以幔帐,床面硬而平。不过,这样的枕头和铺席在伏天却正好带来凉爽。

黑色和红色是室内装潢的主要色调。画轴——通常是山水画——往往挂满四壁。时髦的做法还有:悬挂书法家的墨宝、摆设时而出土的古瓶以及古玩的仿制品如赤陶土烧制的小型动物等,因此杭州的古玩交易十分活跃。那些小型的陶器很可能是摹仿了在古墓中发掘出来的陶制塑像和陶制动物,这又给我们提供了一个证据,可以见出当时如此普遍的对于古玩的嗜好。

对于一个装修完善的居室来说,花卉也是最重要的装潢手段之一。而插花艺术更是一门很大的技艺,它后来东传日本,并在那里蓬勃开展至今。需要细加养护的奇花异草,更为人们加紧搜求。正因此,茉莉花才在杭州城如此风行。这是一种十分娇弱

宋人团扇小品

的花卉,从福建和广东经海路运来。人们必须具备特殊的园艺技术并通过复杂的方法才能使茉莉花开出大朵,并且历经盛夏而不败。除了这些方法之外,人们还讲究用在阴历6月10日那天被鱼搅动过的水来浇茉莉花。杭州附近一带地区也出产一些美丽的花卉,如将近10种秋季或冬季开花的牡丹和芍药、70余种菊花,各种各样的月桂、木兰花、兰花,更不用说还有大片果林里的李花、梨花、桃花、石榴花、樱桃花等等了。[1]

---

[1] 参见《梦梁录》卷十八《物产·花之品》。

第三章 衣·食·住

杭州人更注重其居室的装潢，而不是舒适。在盛夏酷暑时，普通百姓均身着夏装，离开其窒闷的蜗居，到街头或城墙附近的花园去踱步。而富人们则在他们的凉亭或其他最能遮荫的处所避暑。可是一到冬天，取暖设备就十分不足，薄薄的隔墙根本不足以御寒。搁在房子中央的小炭盆顶不了多大的用。而穷人们在大冷天里就更只有依靠棉衣和棉被抵抗严寒。有一种炕，这是用砖头砌成的中空的床，因而灶火的热气可以熏暖它，不过它恐怕只见于农村。

在富裕人家，经常打篆香焚沉脑以使空气清新爽神，特别在有客造访时更是如此。[1]另一种香称作"蚊香"，在杭州街头有售，而且由于价格低廉，更广为使用。这种香无疑是一种粉状的烟熏消毒物，任何房间都需要它，尤其是在蚊虫最猖獗的黄昏时分。

在巨富和高官的家里，饲养着一种黄白相间的猫，唤作"狮子猫"，极受珍贵。它们并不会捉老鼠，只是一种宠物。正像我们前边已经提到的，宠爱这种玩物的人可以在杭州市面上买到一切必备的设备，如"猫窝""猫食"等等。另外，长毛的捕鼠猫也可以在城里买到，而看门狗的尾巴则通常要剪掉。[2]

---

[1] 参阅《癸辛杂识·续集下·黑漆船》。
[2] 参阅《梦粱录》卷十八《物产·兽之品》。另外，《癸辛杂识·续集》卷上《狗畏鼻冷》解释了剪去狗尾巴的好处："狗最畏寒，凡卧必以尾掩其鼻，方能熟睡。或欲其夜警，则剪其尾，鼻寒无所蔽，则终夕警吠。"

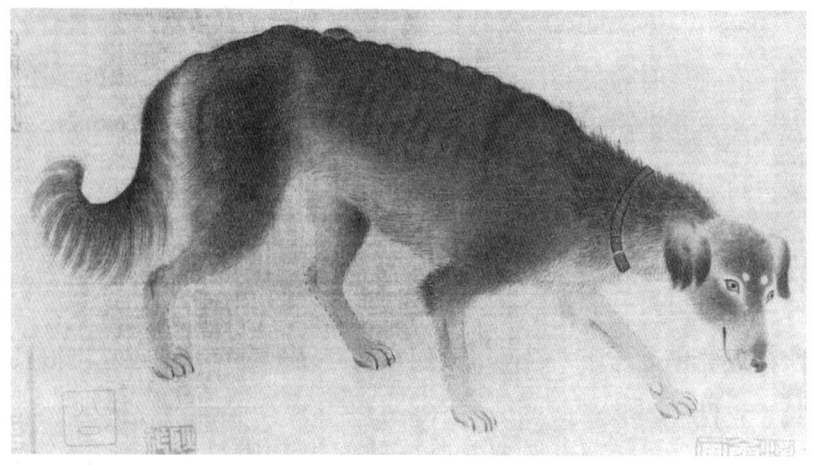

猎犬图（南宋李迪）

2. 个人卫生

  洗澡的习惯在中国显示了最大的地区性差异。一般来说，东部和南部的中国人比北部和西部的中国人更勤于洗澡。紧邻西藏的四川人，出名地怕水，所以《癸辛杂识·续集上·蜀人不浴》记载："蜀人未尝浴，虽盛暑不过以布拭之耳。谚曰：'蜀人生时一浴，死时一浴。'"可是杭州人却刚好相反，他们洗浴的兴趣特别浓。这座城市和城里的居民都极洁净。在杭州，人体寄生虫极为罕见，这和中国北方和内地形成了强烈的对比，在那里人人身上都常年染满跳蚤和虱子。宋代的作者庄绰记载了逮虱子的种种不同方法，他说自己"尝泊舟严州（今浙江省之建德县）城下，有茶肆妇人少艾，鲜衣靓装，银钗簪花，其门户金漆雅洁，乃取寝衣铺几上，捕虱投口中，几不辍手，旁与人笑语，不为羞，而视者亦不怪之"[1]。

在古代，上流社会中流行一种习俗：每10天洗一次澡，而"沐日"也可作为官员们归休不视政事的借口。在洗澡时不仅要洗净身体，还要洗净头发。为此，官员的俸禄被称之为"沐食"；而有关洗浴的中文词也就得到了"十天之期"的含义，"起先的洗浴日"（上浣）、"中间的洗浴日"（中浣）、"最后的洗浴日"（下浣）分别意指着一个月的上旬、中旬和下旬。洗浴和濯发被视作一桩大事，而此时若有宾客参加，亦不被视为非礼之举。事实上，这是一种礼仪，它可以被归类划分为一系列其特征界定得更明确的斋戒洗礼形式，比如入朝觐见皇帝前的洗浴之礼、婴儿落生后的洗浴之礼、举行婚礼之前的洗浴之礼，以及为死者遗体穿戴衣冠之前的洗浴之礼等等。

杭州和中国南方地区的勤于洗浴的习惯，可以上溯到一种古老的农村风俗，它在中国南方比在中国北方延续得更久。当中国南方诸省的少数民族举行婚礼时，仍然留传有一种洗浴仪式，新郎和新娘此时要进入河流或湖泊的富于生殖力的水中，我们在葛兰言（Marcel Granet）的《节庆与歌谣》（*Festivals and Songs*）一书中可以看到这种中国古代的礼仪。不过，统治阶层的观念仍

---

[1] 《鸡肋编》卷上。

浴婴图（宋·佚名）

团扇 绢本设色 35.8cm×35.9cm 美国弗利尔美术馆藏

宋人作品，绘妇人为婴儿洗澡的场景。图外有"周文矩"款字，系后添。

为北方的那种一本正经所禁锢，不赞成这种男女同浴的礼仪。一位受过良好教养的中国人，不会当着一位妇女或一位不同辈分的亲戚的面洗澡。这种对礼节的拘泥在士大夫那里达到了登峰造极的地步，不过，它有时却也不能禁绝对于精巧色情的十分明确的趣味，不能驱除种种形式的共浴所造成的色情快感。正因为有了如此普及的矫饰拘礼态度，才使得一位 13 世纪的作者在记述柬埔寨的风习时写道：柬埔寨女子喜欢赤身跳入池塘中洗浴，而生活于该国的中国商人则赶来围观。[1]

有关洗浴的原初宗教含义可能还保留在某些风俗中，不过在

---

[1] 参阅周达观：《真腊风土记》。

杭州洗澡通常是为了松畅快乐。在杭州城内有许多澡堂，其门口悬盆以为标记。当日本僧人上顺在 1072 年于杭州逗留期间，他曾经进过一家澡堂，并在其旅行手记中写下：洗一次澡索钱 10 文。根据马可·波罗的说法，在杭州这类商业性的澡堂计有 3000 家之多，而每一家都可供 100 人同时入浴。这些澡堂很可能也为人们按摩，并且向人们提供茶、酒服务，另外，色情业恐怕也不会不在那里出现。杭州城的人物几乎天天都要光顾那里。澡堂里供应的是从湖中取来的凉水，不过马可·波罗又告诉我们，那里也有为外国人提供的热水浴，这很可能是为穆斯林们提供的，因为他们已习惯了土耳其浴那令人窒闷的热气。这位威尼斯旅行家写道："许多道路通向御街一带的广场，其中有些街面上有不少冷水浴室，男佣女仆们在那里迎候光顾的男女客人；因为自幼年起他们就习惯于一年四季用冷水洗浴，他们说这于健康大有益处。杭州人也在澡堂里为受不了冷水浴的外国人开设了一些热水洗澡间。人们每日沐浴已成习惯，不洗得干干净净就不会进餐。"在杭州的小贩中，"又有浴堂门卖面汤者，有浮铺早卖汤药二陈汤，及调气降气并丸剂安养元气者"[1]。

很可能只有平民百姓才常到澡堂去，因为富裕人家有自己的浴室。澡盆分为木制的、金属的和陶瓷的。盆中有一小长凳，以供进浴者倚卧。人们还用毛巾和浴巾来擦干身子。女子们洗浴时

---

[1]《梦粱录》卷十三《天晓诸人出市》。

则在澡盆四周以幔帐遮掩。金属盆和金属壶则被用来在每天早上洗手和洗脸。人们用的肥皂是一种豌豆和香草的混和物，呈液体状。他们还会把金属块或石块烧热投入水中，以提高洗澡水的温度。

我们已经讲过了杭州城内无论贫贱都喜爱洗浴的一般风习，但我们也应该提及一些极端怪癖的特例。有些诗人、哲学家和艺术家，要么以洁癖闻名，要么刚好反过来，以顽固的肮脏习惯著称。比如，11世纪的大改革家王安石，就是出名的蓬头垢面。他的两个同事不得不强迫他每月洗两次澡，并且给他留下干净衣裳待出浴以后更换。可在另一方面，又有些怪人比如11世纪的大画家和大书法家米芾，对任何一点不洁都带有宗教般的厌恶，每隔几分钟就要洗一回手。在这方面我们还可举出另一个例子：有位元朝时期的艺术家，他爱清洁爱到了这种地步——每洗一回脸要换水几十次，穿衣戴帽之前要掸土十遍，甚至就连他书房前的树木和石头都要清洗一新。还有一些洗澡狂，比如有位叫蒲承蒙（音译）的，他每日洗脸、洗脚、洗身各两次，一次大洗一次小洗。他洗浴时要由一大群仆人伺候，而且每洗一次要用五大桶热水。最后应提到的是一些迷信的人，他们无论如何也不愿在鼠日和兔日（the day of the Rat or of the Hare）沐浴，因为在这种日子洗澡被认为不吉利。

13世纪的中国人还未学会使用牙刷，吃罢饭后，他们便用手帕擦抹牙龈。他们还有另一种让9世纪的阿拉伯客商看不惯的习俗。有位阿拉伯人说："他们不清洁，如厕之后不用水净，而只用中国纸去擦。"[1]

看来在中国只有妇人们才使用化妆品和香水。在北京地区，仕族女子们"冬月以括蒌涂面，谓之佛妆，但皆傅而不洗，至春暖方涤去。久不为风日所侵，故洁白如玉"[2]。不过，在风和日丽的杭州，妇女们却先在脸上打上白色的粉底，再在双颊上涂以玫瑰红的胭脂。杭州的妇女对其指甲亦细心养护，她们这样来染手为戏："凤仙花红者用叶捣碎，入明矾少许在内，先洗净指甲，然后以此付甲上，用片帛缠定过夜。初染色淡，连染三五次，其色若胭脂，洗涤不去，可经旬，直至退甲，方渐去之。"[3]妇女们喜欢在头上涂以发油，以使秀发柔顺润泽。有一回，一位时髦的年轻女子使用了并不适于涂发的油脂，结果发现自己的头发"粘结如椎，百治不能解，竟髡去之"[4]。另有一种时尚——早在公元前就已见于中国，但直到第二次世界大战前才在欧洲流行——便是把眉毛拔掉再用铅笔描出黑色的线条，这常常会弄得千人一面失去个性，不过却被认定可以增添魅力。

女子缠足是另一种增进天姿的途径：蜷缩的小小金莲会使她们的步态更加优雅。此种风习似乎直至10世纪才发轫于中国，并

---

[1] 见 J.Sauvaget:《公元851年编纂的中印关系史》，第11页。
[2] 庄绰:《鸡肋编》。
[3] 《癸辛杂识·续集上·金凤染甲》。
[4] 《鸡肋编》。

且很可能至 13 世纪末尚未在杭州普遍流行,或许主要只是卖笑场的风尘女子才这样做。[1]

在任何场合下,高层的仕女、商人的妻子和达官的命妇总要尽最大努力妆扮自己。她们以雕木的、玉的、金的或银的首饰盒保存自己的化妆品、珠宝和铜镜,并且在腰间系着香荷包。

3. 衣着

中国人普遍认为衣服的基本功能是御寒。即使在富裕人家取暖方法也很原始,而在中国东南地区的贫民家中实际上就无火可烤。煤既稀少又昂贵,因此抵御严寒的主要手段就是身着丝棉袄或皮裘。不过,衣着也同样是社会地位的显著标志之一。在社会上层,衣饰乃是等级的标志,它起的作用恰和佩戴各种不同的勋章或者其随员的人数和派头相似。一个人所穿衣服的颜色和佩饰,其头饰的形状和种类,其腰带的实际风格——在任何场合下,并且对于每一个阶层来说——所有这些细节都是由皇帝敕令规定停当的,为的是满足礼仪的需要。

官修史书里有专门的章节来描述服饰、头饰、腰带、车乘、印信的任何一点细节,从皇帝本人,到皇亲国戚,乃至显赫的廷

---

[1] 参见董作宾在其为"清明上河图"所作的尾注中所节引的陶宗仪《辍耕录》的有关说法。

第三章 衣·食·住

盥手观花园（南宋·佚名）

天津市艺术博物馆藏

一位云鬓金饰的贵妇正准备洗手，两个头梳双髻的小侍女从旁侍寝。

臣以及其他官员，无一例外。有不少敕令是针对这类问题颁布的，这在我们现代人看来似乎并不太重要。不过，当时的中国人可不这么认为，因为对于礼仪细节的规定有着双重的目的，首先是对于花费进行管制，其次是造成一种令人羡慕的心理效果。关于服饰的种种规定保留了对声望之外在表征的古老情怀，而且，由于官方对之的重视，不同的衣饰也依次引起了相应的情感。用中国话来说，这叫作表里合一。为了达到信仰的效果，什么也比不上从一开始就让信仰者全心全意地履行礼仪所规定的行为准则；这样，信仰就会先入为主不容置疑地占据他的心灵。如今只有军队的等级、制服和仪式才可以帮助我们理解传统的中华世界了，而唐代时期则最明显纯粹地显示了这个世界的特征。

在宋王朝建立之初，即到公元9世纪末叶，对于各等级官员的服饰色彩仍有一系列规定。据正史记载："宋因唐制，三品以上服紫，五品以上服朱，七品以上服绿，九品以上服青。"[1]黑色和白色只由一般百姓穿着。不过，这些规定很快就会弃而不用了，因为朝廷后来允许一切等级的官吏均可身着紫色。

有关"带"这种佩饰的规定亦复如此。[2]最初，只有皇家子弟有权佩"带"。而从10世纪末叶开始，则允许特定的官员服

---

[1]《宋史》卷一五三。（外文原文为"六品以上服朱"，疑误，故径引《宋史》正之。——译者注

[2] 外文原文为"蓝绿色丝制圆形阳伞"，与《宋史·舆服志》不符，故依上下文之意改为"带"。——译者注

之；不久，又允许宫女们逛街游城时使用。到了1012年，曾作了一种无谓的努力来阻止普遍佩用金带的潮流："诏曰：'方团金带，优宠辅臣，今文武庶官及伎术之流，率以金银放效，甚紊彝制。自今除恩赐外，悉禁之。'"[1]然而不久之后，却没有哪位官员不使用这种方团金带了。在有关服饰规定的问题上，没有哪一类特权不是遭到了类似的命运，无论它是头饰还是别的什么。富商们的傲慢与日俱增，这成了一种主要的破坏因素，直接或间接地导致了有关礼仪细节之规范的瓦解。

但无论如何，人们还是可以一目了然地在杭州街头借服饰的不同把达官显贵和暴发富商从普通百姓的人群中分辨出来。官员和商人们身着垂地的长衫，而一般大众却只穿及腰的短衫，以及浅颜色的裤子。妇女们则既穿长袍，也穿长近膝盖的上衣、长袖或短袖的短外衣，以及裙子等等。当妇女和少女上街时，她们有时在肩上围一紫色方巾，称为"盖头"。为了区别于男子，她们的衣衫均为左衽而非右衽。有身份的男子素常穿着天然色的长袍，而在庆典场合则穿着背后绣有象征性图案的长袍，这些图案包括龙、凤、鸟以及吉祥的植物。宋代的衣扣和如今中国人用的衣扣一样，为用布盘成的长圆形小扣。长袍的领口和袖口常以深色的布镶边。袖口则非常宽大，里边可以藏一些小的物事。说到这里，可以借一个故事来说明大袖子的用处：有这么一个老人名叫

---

[1]《宋史》卷一五三。

**妆靓仕女图
（南宋·苏汉臣）**

团扇 绢本设色
25.2cm×26.7cm
美国波士顿艺术博物馆藏
通过镜面可以看到画中仕女的面部形象，神情娴静而略带忧伤。

方回，他耽于酒色，是个执迷不悟的猎艳渔色之徒——整个儿就是一位中国的于洛男爵。[1] 据《癸辛杂识·别集上》记载，其人"老而益贪淫，凡遇妓则跪之，略无羞耻之心……既而复得一小婢曰半细，曲意奉之。每出至亲友间，必以荷叶包饮食、肴核于袖中，归而遗之。一日遇客于途，正揖间，荷包坠地，视之乃半鸭耳。路人无不大笑，而方略不为耻"。

裤子对于中国人来说是一种外来服装，它于公元前4世纪首次传入中国北部，不仅为普通百姓所穿用，也为士兵所穿用，不

---

［1］ Baron Hulot，法国作家巴尔扎克小说《贝姨》中的一位无可救药的老色鬼。——译者注

过士兵是要把裤腿塞进高统靴中的。

上好的衣服是用丝制成的，而在某些特殊的场合，则用金花织锦缎做成。庶民百姓的衣裳是用麻布缝制的。最早栽种棉花的是中国南方诸省的少数民族，后来开始传入今天上海以南的江苏一带，不过在当时仍价格昂贵。为了抵御寒冷，人们要身着棉衣、皮袄等，而如果天气酷寒，他们就会里里外外穿上好几层。

在杭州可以发现形形色色的鞋。皮鞋在当时称作"油鞋"，另外还有木制或麻制的便鞋、绸缎拖鞋等等。有身份的人脚穿厚底靴走路，以使自己的个子高一些。没有人赤脚走路，正像也没有人光头上街一样。即使是很穷的人也要穿鞋戴帽，齐齐整整。只有和尚才会秃着脑袋在街上走。

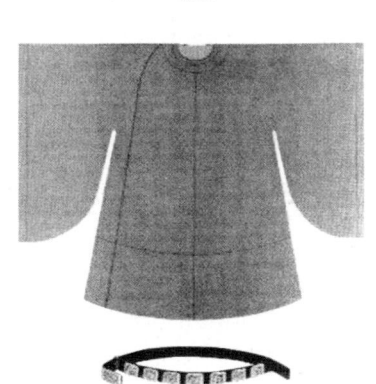
宋代官服

《女孝经图》中穿窄袖妇女像

不过，妇人们却从不戴任何一种帽子。她们的头饰是簪钗和冠梳，将其插入经过精心梳理的秀发之中。此外，有身份的仕女们，如公主和皇妃、达官之命妇或富贾之妻妾，也会佩戴金银头饰，它们被打造成凤凰或花卉的图样。考古学家已经挖掘出若干此类花冠的样品，显示了其制作工艺的精湛。凤凰形的花冠，被佩戴在头的两侧，像两只扬起来的翅膀，把头发整个地遮盖起来了。妇女们还佩戴发箍和耳环。钟爱头饰之风在杭州城如此盛行，9世纪的阿拉伯旅行家曾提及于此。他们中的一位讲："妇女们上街不是遮住头而是在其头发上插以冠梳。有时候一位妇女会佩戴冠梳达20把之多，它们是用象牙或其他材料制成的。"[1]不过，宋代的妇女已不像唐代妇女那样时兴把头发高高地结在头顶，而是把它往后梳，结成一个发髻。

婢女们可以因其特殊的发型而被辨认出来。她们把头发梳到头前面，再用各种颜色的缎带把它们系成两个发卷，并在前额上留出一排刘海。

大多数男子均把下巴剃光，不过也有少数人留着侧鬓和山羊胡须。军人们尤其喜欢这样做，因为旺盛茂密的毛发显示了他们的活力。所以，士卒中相扑的高手皆"鬓发蓬松"。[2]至于孩童们则连头发都剃掉，只在头前留一条小辫子。

---

[1] J. Sauvaget:《公元851年编纂的中印关系史》，第11页。
[2] 见《梦粱录》卷二十《角抵》。

第三章 衣·食·住

宋仁宗皇后像

统治阶层的男人们，其头饰种类繁多，名目不一。不过，算起来还要数皇帝衣柜里的头饰最为丰富，其中每一种都是专门为特定场合设计的。有一种帽子，上置一块平板，板上垂下来12条饰物。大部分头饰均以黑色丝织物缝就。文人学士们通常戴的帽子，把头发严严实实地裹紧，并在头后系一个结，让两个结头向外伸出，宛如两只长而僵硬的耳朵。有些人为了免遭嘲笑，便另戴一种古代风格的帽子。而当地亦有一些店铺是专售这种古式头饰的。至于普通百姓，他们一般裹某种头巾。在杭州，仍然和在12世纪初的开封一样，有可能从一个人所戴头巾的形状和颜色辨

执扇侍女

浮雕彩绘 四川省泸县宋墓出土
画面中的侍女头挽双髻，内着抹胸，系长裙，外罩褙子，手中持着团扇，立于铺着椅帔的座椅后面。

认其从事的行业。[1] 除此之外，还有其他种类的头饰，比如雨天戴的圆草帽，以及皮革制成的帽子。

和头饰同样重要的乃是腰带，这两者可以把中国人和胡人区分开来。无论穿着长袍还是短衫，总是要系一条腰带，而且此物经常很贵重。最上乘的腰带饰有翡翠、黄金或犀角制成的徽章或纽扣。犀角是从印度和孟加拉进口的，后者据说出产最好的犀角。犀角的进口是一项由来已久的奢侈品贸易，长期以来一直为波斯和阿拉伯商人所把持。一位 9 世纪阿拉伯人的记载中写道："中国人用犀角制作腰带，每条索价两三千第纳（dinar）[2] 或更多……"犀角有如此惊人的高价，而中国人又对以此制成的饰物投以如此大的热情，恐怕不能仅仅由这种材料的稀缺来解释，容或在此背后还有迷信和艺术趣味的缘由。的确，我们发现"犀角有时呈人形，有时呈孔雀、鱼或其他东西的形状"[3]。犀角的形状越稀奇精巧，其价格也就越昂贵。因为，它也是某种避凶趋吉的护身符。另一些腰带则饰以玉、金、铜、铁制成的牌子。这种饰物也有官方的规定。在 10 世纪末叶，官方规定各个官阶应佩何种形式的腰带。不过，我们也已经看到，在有宋一代，这类仪礼上的规矩很快就被破坏了。

人们经常在腰带上挂一荷包，内装钱财和其他小物品，如手

---

[1] 参见《梦粱录》卷十八《民俗》，及《东京梦华录》卷五《民俗》。
[2] dinar，流通于回教国家的古金币。——译者注
[3] J. Sauvaget:《公元 851 年编纂的中印关系史》，第 13—14 页。

绢、钥匙、小刀、磨刀石和算盘等，经常引起小偷的垂涎。扇子是另一种为男女通用的饰物。它分为两种：其一是典型的中国式扇子，圆而硬，系用白丝制成；其二则是11世纪中期从朝鲜传入的折扇。有些扇画上饰有图画或书法。

13世纪杭州的格调是应有尽有的富丽、奢华和雅致。它是当时优雅风习的中心。据马可·波罗说，该城的人们"无论男女均白皙漂亮，大多数人均身裹绫罗绸缎。这是因为在整个该地区盛产此种织物，再加上商人们还不断地从其他省份大量运进它们。……女士们和富有店主的妻妾们……穿戴起如此之多的丝绸和珠宝，以至于其价值不可胜数"。还有不少特别注重外表的纨绔子弟。其中的一位，每逢穿戴时都要"左右打量，视其衣着是否合体，倘剪裁略有不妥之处，则要速召裁缝为其改过。其鞋袜均以锦缎、苏绸制成，而且哪怕那上面有最轻微的污迹，也照样弃之不用，而只穿戴新洗过者"[1]。

4. 饮食

在有关13世纪之杭州的记载中，包含了数百种菜肴的名称，它们是由数不清的酒馆茶楼供应的。不过，我们对于这些菜名的

---

[1] 洪迈：《夷坚志》。

大部分都难以索解，因为我们不知道其菜谱。可是，由于没有什么比烹调传统更顽强耐久了，所以那中间的某些菜谱一定至今仍被沿用。而且，如果从最经常提到的食物成分、所使用的调味佐料（胡椒、姜、茴香、酱油、食油、盐和醋）以及主要的烹饪方法来判断，我们可以知道13世纪杭州菜的做法似乎与如今中国菜的做法出入不大。要说有什么区别的话，那就是——当时的菜肴似乎比现在更为丰富多彩。

当时杭州菜的做法如此花样迭出美不胜收，有多种成因。由于幅员广大，中国有各种各样的地方风味。一旦大量难民和短期访问者从中国各地拥入杭州，便使该城拥有了若干种地方风味的烹饪方法。而其中最占主流的菜系，则是浙江菜和河南菜的结合，后者在北宋时期堪称京菜。

有记载说，在北宋时期，开封府即有餐馆专供南方风味的饮食，也就是说，专供东南诸路的江浙菜。这些餐馆是专门为从东南地区赴京上任的官员及其家属开设的。此类南方人大概发现北方菜烧得不够精致，不合自己的口味。

从淮河流域或更南区域输送进京的稻米，早已成为开封人的主食之一，并且在河南的饭食中与小麦一样重要。而反过来说，当入侵中国北方的蛮族把原属于开封地区的上层人士赶到长江中下游地区时，北方的饮食传统也就随之传播到了东南诸路。据说，当时杭州城区的大多数餐馆均由开封人所开办。那里供应的

斫脍画像砖

菜肴都仿照东京和宫廷的风味。[1] 这样，到了一个世纪以后，中国的两种主要菜系就合而为一了。

不过，杭州城内亦有专营种种地方风味食品的餐馆。四川菜馆做的菜大概是以辣椒著称；有的酒肆卖山东或河北风味的菜肴；另外还有所谓衢州（杭州以南250英里的一座城市）馆子，"专卖家常（虾鱼、粉羹、鱼面、蝴蝶之属）。欲求粗饱者可往，惟不宜尊贵人。"[2] 最后，尽管没有确凿的史料来证明，但我想杭州城里一定有一些尊重回民商人宗教习俗的餐馆，在那里决不卖类似猪肉、狗肉、蜗牛肉这样的食物，而只卖清真教规中允许食用的肉类。前一类食物虽为回教徒所憎恶，但中国人却会毫无顾忌地大嚼。

外国人的饮食习惯看来好像在宋代并未对中国的烹调术产生

---

〔1〕 参见《都城纪胜·食店》及《梦粱录》卷十六《面食店》。
〔2〕 参见《都城纪胜·食店》。

丝毫影响。不过，少数几种外来的昂贵产品却被正式地运进杭州，其中主要包括葡萄酒、葡萄干和椰枣。在 11 世纪，椰枣在中国尚属稀罕物。当时的一位驻广东的中国官员的笔记证实了这一点。在访问了城中的某位阿位伯富商并尝过了"波斯枣"之后，他写道："此果呈糖色，皮肉皆甜，吃起来感觉到它是先在炉中烤过，待其干燥。"(《萍洲可谈》) 至于葡萄酒，尽管自从汉朝征服中亚起它就为中国人所知晓，但是直到公元 7 世纪至 10 世纪的唐朝，它仍属一种唯供皇上饮用的奢侈品，而且当时的葡萄酒也正是用御花园里结出的果实酿造的。然而，到了 12 世纪，这种奢侈品在杭州却普遍流行于能喝得起它的富贵人家中了。马可·波罗记载道："那里既不出产葡萄也不出产葡萄酒，却进口很好的葡萄干和葡萄酒。不过，当地人却不在乎有没有葡萄酒，他们喝惯了他们自己用稻米和香料酿制的黄酒。"

中式烹调之所以既美味又丰富，还有另一层原因：它基于一种古代农民的传统，这种传统产生于歉收、干旱和饥荒频仍的周围乡村，一旦灾祸来临，人们就会巧妙地利用一切可能食用的蔬菜、昆虫和动物内脏。毫无疑问，在这方面中国较之于其他文明显出了更大的发明创造性。另外，中国人在饮食方面也没有什么宗教禁忌。只有虔诚的佛教徒和苦行的道教徒才禁食某些东西，前者忌食有强烈气味的蔬菜（葱或蒜）、肉和蛋，后者忌食谷物。中国人不吃牛奶和奶酪，不过这是因为在中国根本没有奶牛场。出于同一原因，杭州人也不吃牛肉，因为耕牛是农夫们最忠实的伙伴。再说，即使在北方，黄牛也是一种短缺和价格昂贵的动物，而它对于长江下游之温湿气候的适应性又不如水牛来得大。至于说到人肉，它在中国或许并未像在西方那样受到强烈的抵制。有位作者曾提到——他为此事的千真万确而痛心——由于在中国北方嗜食同类的野蛮风俗曾于12世纪初在战乱和饥馑之余传播开来，从北方南渡的人也在杭州开办了人肉餐馆。用妇女、老人、少女和儿童的肉做成的菜肴各有专名，其制作过程与羊肉相同，故通常将人肉委婉地称作"两脚羊"[1]。

由于气候使然，中国比欧洲有更广阔的可耕地区和更大的植物耕种范围，因此，它收获的种类也就更多。而且，经过若干世纪的积累，农业技术也筛选出形形色色的食用蔬菜。在杭州地区本身，就栽种了18种不同的扁豆和黄豆、9种稻米、11种杏、8种梨。几乎任何一种蔬菜和水果都有大量的变种。[2]

杭州城特别优越的地理环境及其供应的便利使得它的市场上充斥着各种各样的食品：从湖泊和河流里打捞上来的淡水鱼、主要从浙江湾南岸捕获的海鱼、从城南山岭中猎得的野味、城东菜园里出产的蔬菜、北方平原中收获的稻米、产自湖区的鸭和鹅，以及从周围地区运来的生猪和菜狗等。说到狗肉，也许它只是一种供下层人民食用的东西，因为在杭州大餐馆的菜单上未见此味。或许中国人吃狗肉并不比法国人吃蜗牛更勤。

---

[1] 庄绰：《鸡肋编》。
[2] 参见《梦粱录》卷十八《物产》。

在杭州的居民中，贫、富阶级的差距如此悬殊，故而势必造成富人饮食和穷人饮食的天壤之别。下层人民主要吃米饭、猪肉和鱼肉。据一位当时人的估算，每人对大米的日常消费量为2磅。另外，正如我们已经提到过的，稻米贸易和经由运河甚至从广东走海路的稻米运输在该城的经济活动中占据着重要的位置。运稻米的船队日夜不停地抵达北郊的主要米市。稻米在出售时是带着谷壳的，因而必须在米臼中除去外壳。在中国早已出现了用水力推动的舂米机器，不过无疑由于杭州的劳力过剩，在城里就用不着这种机器了。据记载，在杭州人中间倒是木制擂槌的买卖特别兴旺。[1]

我们也曾提到过，在杭州城中心的屠宰场中，每天有数百口猪被宰杀，另外还有不少屠户自己杀猪来卖。咸鱼是另一种日常生活的消费品，它们被用船从浙江平原的乡镇和村庄那里运来。对于下层人民来说，动物内脏（包括肝、肺、腰、肚）也是常吃的东西。马可·波罗曾写道："身处下层的人们，对于所有那些不洁的肉类都照吃不误。"

有不少餐馆经营价格低廉的食品，前面提到的衢州馆子即属此列。另一些馆子出售猪肉韭菜竹笋馅的点心。除了茶楼酒肆之外，一般市民也一天到晚沿街叫卖吃食。在杭州城里总是有卖熟食的小贩，索价仅几文钱而已。

---

[1]《武林旧事》卷六："俗谚云：'杭州人一日吃三十丈木头。'以三十万家为率，大约每十家日吃擂槌一分，合而计之，则三十丈矣。"

在盛大筵席上，或在富户的餐桌上，食物自然要比一般市民的日常饮食丰盛和富于变化。皇家后宫、皇亲国戚、达官贵宦、富商巨贾，既出于天性又为了顾全面子，总是食不厌精，穷奢极欲。像米饭、猪肉、咸鱼这种穷人的家常饭，在富人的食谱中只占有很次要的位置。在最著名的餐馆中，经常供应的是用鸡、鹅、羊肉及各种鲜鱼烹制的菜肴。大户人家又喜爱野味。由于中国大肆砍伐森林，这类珍味如今几乎已在中国的饮食中全然消失了，所以这种稀罕物会使人感到惊奇。不过让我们回顾一下马可·波罗开列的清单——"雄鹿、赤鹿、小鹿、家兔、野兔、松鸡、雉鸡、鹧鸪、鹌鹑……"这位威尼斯旅行家所提供的信息，已为中文资料所证实：一位杭州的居民告诉我们当时的市场上有这样的情形——"凡驴马之毙者，食之，皆能杀人，不特生丁疮而已。岂特食之，凡剥驴马亦不可近，其气熏人，亦能致病，不可不谨也。今所卖鹿脯多用死马肉为之，不可不知"[1]。

杭州城内的许多餐馆均以其独特风味的菜肴著称。比如，某些餐馆专卖冷餐，另一些餐馆则各以一道拿手菜闻名。据《梦粱录》卷十三《铺席》记载："向者杭城市肆名家有名者，如中瓦前皂儿水，杂货场前甘豆汤，戈家蜜枣儿，官巷口光家羹，大瓦子水果子，寿慈宫前熟肉，钱塘门外宋五嫂鱼羹，涌金门灌肺，中瓦前职家羊饭……自淳祐年有名相传者，如猫儿桥魏

---

[1] 周密：《癸辛杂识·续集下·死马杀人》。

大刀熟肉……五间楼前周五郎蜜煎铺……"说到更高档的菜肴,我们可以举"酒烧香螺""五味杏酪鹅""莲子头羹""蚶子辣羹"等等。[1]此外,还有卖各种茶食小吃的。

《武林旧事》一书提到过一次盛大的宴会,不仅列举了席间的200多种菜肴,而且连上菜的正确顺序也记录了下来。其中的41道菜是用鱼、虾、蜗牛、猪肉、鹅、鸭、羊肉、鸽肉做成的,烹调手法则有煎、烤、炸、煮等等。另有42道菜为水果和蜜饯、20道菜为蔬菜、9道菜为用各种材料熬成的不同粥品、29道菜为干鱼,还有17种饮料、19种糕饼、59种点心。[2]

杭州人每天吃早、中、晚三餐。不过他们吃饭的时间并没有严格限定。"杭城大街,买卖昼夜不绝,夜交三四鼓,游人始稀;五鼓钟鸣,卖早市者又开店矣。"[3]

贮酒器 南宋 龙泉窑 弦纹瓶

---

[1] 这几种菜肴均引自《梦粱录》卷十六《分茶酒店》。吴自牧在此节中列举了数百种食品,读者若有兴趣可看。——译者注
[2] 参见《武林旧事》卷六《市食》。
[3] 《梦粱录》卷十三《夜市》。

斗茶图（南宋·刘松年）

立轴 绢本设色 57cm×60.3cm 台北故宫博物院藏

斗茶，又称"茗战"，是宋代时期，上至宫廷，下至民间，普遍盛行的一种评比茶质优劣的技艺和习俗。此图中四人，俩人已捧茶在手，一人正在提壶倒茶，另一人正扇炉烹茶，似是茶童。

富人家中的餐桌很矮，所用的瓷碟也很小。菜式的花色品种要比其数量更为重要。端菜时则使用上了漆的托盘。餐桌上摆放着筷子和汤勺，这一点就和现在的习惯一样；不过却见不到刀叉，因为所有的食物都已切得足够小了，只需用筷子夹起即可食用。由于仆役众多，工钱又低，所以从没有人想到要让进餐者自己动手去切肉，哪怕在廉价餐馆里也是如此。

宴席间，通常是每上一道菜均要喝一小杯米酒。唐代的风习是吃饱饭再喝酒，而且每位客人在轮到喝酒时仅举杯示意而已，不过此种习惯到后来已经改变了。喝酒前总是要先把酒烫过，以使身体暖和。

无论在招待会上还是在城里的酒肆茶楼中，人们在进餐时总要喝米酒。下酒菜则为蔬菜（可能用盐和醋渍过）、盐豆和其他各种可以开胃的东西。"初坐定，酒家人先下看菜，问酒多寡，然后别换好菜蔬。"[1]歌女和乐师奏乐供酒肆的顾客们开怀取乐，而且一年到头这类酒肆均通宵达旦地开张。在杭州城里出售的酒精饮料均为米酒，不过其味道的种类却多得令人吃惊。据推测，共有不少于54种不同风味的酒，其中大部分由杭州或其周围城镇酿制。[2]这类酒的味道之美，可以解释为什么当地人对于舶来的葡萄酒缺乏兴趣。马可·波罗写道："他们不喝葡萄酒，而喝米酒。他们把米煮熟，并将之与其他优良的作料相混合，就这样酿造出

---

〔1〕《梦粱录》卷十八《酒肆》。
〔2〕参阅《武林旧事》卷六《诸色酒名》。

了米酒。这种酒的味道是如此之好,以至于葡萄酒就根本不值一喝了,而且人们也不可能期望有更佳的美味了。"在杭州,喝酒之风是非常普遍的。逢年过节更是人们比赛喝酒的好时机,斯时人人均以饮酒为荣。而且,城里有如此多的酒肆,亦证明了人们广泛嗜酒的风尚。

除了酒精饮料之外,其他日常消费的饮料便是茶。(有证据显示中国人在公元3世纪以前便发现了茶叶,不过直至7—8世纪品茗才渐成风习。)茶的种类名目繁多,而且人人均精于品茗之道。杭州人每年要喝掉大量的茶叶。属于当地出产的茶叶只有三种:珠茶、香林茶(Forest of Fragrance tea)和白云茶。不过,从中原诸路和四川都有茶叶运抵此地。茶的价格参差不等。在12世

柳塘呼犊图

绢本设色 24.9cm×26.6cm

纪,人们可在街头或市场上向小贩买茶,每碗仅值一文钱。而另一方面,在时髦茶楼中茶却和酒卖得一样贵。人若喝足了茶水,会产生某种兴奋感。因此,文人们经常撰写短文称道这种饮料,甚至拿它与酒的功效相对比。如果不是归因于茶叶所产生的这种安适感和人工刺激作用,我们就很难解释中国人何以如此热衷于喝它,尔后又点染了回教世界。另外,为了沏茶就必须把水煮沸,而杭州的水原本并非总是那样干净的(我们必须记住,杭州的饮水供应是通过水渠把湖水引入城中的),因此,普遍而经常地喝茶,实际上就起到了抵御传染病的效果——没有人想到要去喝白水。

第四章

·

生命周期

第四章 生命周期

1. 家庭环境

在中国，理想的家庭观念是：好几代人共居在一起，形成为一个大家庭，其中包括祖辈、父辈、儿辈、孙辈以及家仆。这种家庭观念忽视了只包括父母和儿女的更小家庭单位的发展，遏制了个性，并且要求其家庭成员绝对尊重以年龄和辈分来划分的等级。这种观念乃是基于上层社会中富裕而有影响的家庭以及有若干成员在朝中做官的书香世家的模式建立起来的。只要哪个地方的家庭结构与这种理想类型相近——比如在某些乡村——这种家庭模式就易于作为样板。不过，在其他一些地方，这样来推广家庭样板就困难得多。因此，人们可以认为，什么时候这种大家庭的存在受到了威胁，从属于它的传统伦理观点也就同样受到了威胁。

这种基于尊重家庭等级的伦理观点的本质是怎样的呢？作晚辈的，被要求恭顺和服从其长辈；而作仆役的，由于他们也被视为家庭的成员，则被迫要向其主人显出同样的尊重和谦恭。在这里，凡事均取决于等级——在年龄和辈分上的等级差异。再没有比一位丈夫向其妻子显示出过分宠爱这件事更叫人觉得可耻的了。在家庭事务中间，做得"过"和"不及"均要受到同样的指责,故此若要知道如何使一个人的行为符合礼仪的复杂程序,真需要相当的技巧和聪敏。唯有少数古代的圣贤才能达到驾轻就熟的地步。

但无论如何,据信存在于理想家庭中的亲缘关系,却是整个道德信念的基础。甚至连法律——无论从其总体结构来看还是从其量刑尺度来看——也无非是这种理想家庭伦常关系的集大成。《唐律》的基本条款到了13世纪仍然生效,而根据这部法典,"诸詈祖父母、父母者,绞;殴者,斩……""诸殴兄姊者,徒二年半;伤者,徒三年……""诸殴缌麻兄姊,杖一百……""若尊长殴卑幼折伤者,缌麻减凡人一等……""诸主殴部曲致死者,徒一年。故杀者,加一等""诸部曲、奴婢过失杀主者,绞;伤及詈者,流"[1]。

正如这种理想的家庭关系乃是道德的基础一样,它也被当作社会的基础。它完美地表达了在所有的社会交往形式中可被发现的唯一一种关系类型,比如下级如何对待上级、受惠者如何对待恩人等等。即使不说它全然摈除了情感,却也不能说情感在这里是很要紧的。不过与此同时,家庭情感却得到了加强和发扬,其程度超出了我们的想象。子女之孝敬父母,并不是对他们个人的——这部分的是一种礼仪:把他们看待成抽象的人格,并且在

---

[1] 参照《唐律疏议》卷二十二有关诸条,刘俊文点校本,中华书局,1983年。——译者注

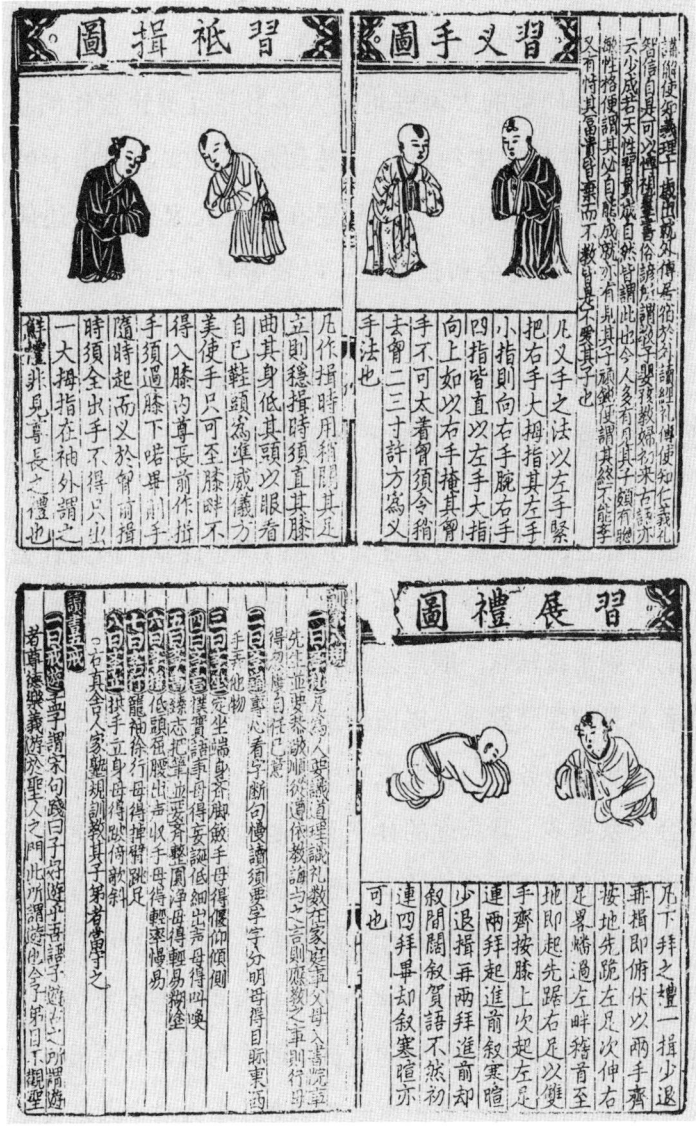

《事林广记》载"习礼图"

其生前就预示着把他们当祖先来供奉。这是一种并无具体特指的感情，是非个人化的和明显可转移的。

这种几世同堂的大家庭也教人学习相互谦让合作的技巧。尽管有可能时常发生纠纷——特别是在妇女之间由于嫉妒和不合而经常发生口角——但只要在一个大家庭内部还能维持和睦，地方官员就会禀报朝廷，以表彰其家长的仁德。有时，一些奇异的或具有象征意义的小事（如小猪和小狗同吮一母之乳、乌鸦和鸽子共居一巢等），也会被借来证实这位家长的德高望重，而这个大家庭的院墙上也会被贴上告示，以昭示过往的行人。

总而言之，大家庭乃是社会生活的理想课堂，因为社会作为一个整体，其内聚力全要归咎于个人间的关系，在这里没有任何抽象的原则来统辖它。职是之故，每个人都感到了一种向比自己更强者献身的强烈要求，以图受到其保护，同时，他还通过与同辈交换礼品或服务而与他们息息相关。个人不可能独立生存。他的社会关系越多，其家庭的社交圈子越大，他就自视更高，别人也就更瞧得起他，而且他的安全感也就越强。并非只有同姓同宗的人才会感到他们被相互间的义务联结在一起（总共有不到30个常用的姓），即使是一位外来者，也同样有可能与大家结成人为的血缘关系，而成为这个家庭的成员，或成为同姓的兄弟。作为一个整体的社会，正是一张由家庭对家庭、个人对个人之关系所结成的巨大网络。尤其是当中国的家庭强大有力时，它就成为一个具有许多触角的社会组织。

以上便是被广泛接受的一般家庭观念。每个人都力图模仿上流社会的生活方式、道德观念和行为举止。不过,话说回来,上流社会的大家庭典型却并非我们在中国的漫长历史中所发现的唯一家庭类型。家庭单位的规模和内聚力会因地域差别和社会阶层不同而有所变异。天灾、贫困、战乱和外敌入侵往往会把大家庭弄得七零八落、成员所剩无几,同时也增加单身者的人数。因此,不管是在杭州周围的乡村还是在该城的贫困区,大家庭看起来都并非司空见惯的家庭模式。即使是在上流社会中,这种家庭也远非占主导地位的模式。据庄绰《鸡肋编》记载:"自中原遭朔方之祸,人死于兵革、水火、疾饥、坠厌、寒暑、力役者,盖不可胜计。而避地二广者,幸获安居,连年瘴疠至灭门。如平江府洞庭东西二山,在太湖中,非舟楫不可到,虏骑寇兵皆莫能至。然地方共几百里,多种柑橘桑麻,糊口之物尽仰商贩。绍兴二年冬,忽大寒,湖水遂冰,米船不到。山中小民多皆饿死。富人遭人负载,蹈冰可行。遽又冰拆,陷而没者亦众。泛舟而往,率遇巨风激水,舟皆积冰,冻重而复溺,复不能免。"迁居到杭州地区的人当然要幸运得多。不过,由于与他们的家庭的联系被切断了,而且不能经常从其近亲那里得到帮助,许多移民一定会表现出更大的独立精神。在杭州这座大都市里,道德自由占了上风,其原因也许应部分归结于移民众多这一点上。

2. 出生

人们经常正确地强调,传统的中国家庭感到有必要延续自己的生存——通过生儿育女来确保祖传香烟的连续性,并且确保各个独立家庭的血脉相传。由于个人若脱离集体便无法生存,这种繁衍子嗣的需要就理所当然地被强化了。不待言,对于那些豪门大户来说,由于它们有广泛的社交圈子,也由于它们的不少成员有着显赫的官场经历,所以祖传香烟也就得到了其充足的含义。在这类为数不多的家庭中间,上述传统信条具有充分的影响力。不过,这类信条要求子孙兴旺,却不仅是为了保障祖传香烟可以绵延不绝,也同样是为了保证后代可以增强家庭的势力。在此,宗教观念和社会声望是密不可分的。

W. Eberhard 写道:"由于权柄握在家庭和家庭联盟手中,古老中国社会的整个权力结构就要求子女们通过联姻而相互攀接。于是,为了通过在官场上身居高位而保障家庭的地位和权势,香烟后代就是必不可少的。"[1] 越是富有和有势力的家庭,就越会努力去通过生儿育女、扩大联姻的裙带关系以及扩大其保护网等手段,来加强自己的势力,增加其家庭成员。反之亦然:一个家庭越是贫穷无靠,就越会为生计所迫而分裂成较小的生活单位,同时其追求子孙众多的愿望就会越弱。祖传香烟只能为男性后代

---

[1] W. Eberhard:《中国的节庆》,第 41 页。

所延续，因为闺女们一出嫁便会完全变成婆家的人。正因为这样，人们通常就更渴望生个男孩，而妻妾们则寻求一切可能的手段——求医问药、乞助巫术、祷告神灵——来获得儿子。不过，如果有谁以为对于父母来说生男孩总是件受欢迎的事，生女儿总是件不受欢迎的事，那他就弄错了。经济环境可以将这一切彻底翻转过来，事实上在杭州的下层百姓那里正是如此。据《旸谷漫录》载："京都中下之户，不重生男，每生女则爱护如捧璧擎珠。甫长成，则随其资质，教以艺业，用备士大夫采拾娱侍；名目不一，有所谓身边人、本事人、供过人、针线人、堂前人、剧杂人、拆洗人、琴童、棋童、厨子等级，截乎不紊。"

在 12—13 世纪期间，家庭的分化及其成员的锐减在一般百姓那里尤为常见，因为经济条件对他们大为不利。尽管这种事由于有悖风俗而引起不悦（这类事的调子是由上层社会定下的），可是在浙江农村，人们却经常发现儿子们竟然"父母在已远游"。我们也很容易发现——何以与我们资本主义社会的情况刚好相反，在古代中国偏偏是穷人家的孩子最少。这是因为：在穷人那里，婴儿的死亡率较高，而且人们也不可能像上层人物那样纳妾。尤其是，贫困迫使人们尽早地让孩子们离开自己，有时甚至不得不溺杀婴儿。

对于处于极端贫困状态的下层家庭来说，生下了一个本不想要的孩子，不啻一场大难。这意味着又多了一张吃饭的嘴，而且在土地资源短缺的乡村，这也预示着遗产将被剖分得更细。因此，12世纪末的一位作者李元纲在其《厚德录》中告诉我们："闽人生子多者至第四子，率皆不举，为其资产不足以赡也。若女则不待三，往往临产以器贮水，终产即溺之，谓之洗儿。"在其他地区，此种风俗称为"伤心孩"：所有在祖传财产被分掉后落生的孩子，均遭溺杀。（在《宋会要辑稿》卷一六五《刑法二》中，一份给朝廷的奏折称，在福建路时有溺子的案件发生，虽"已立禁赏，顽愚村乡习以为常，邻保亲族皆与之隐"。）不过，看起来溺婴的现象主要是发生在乡间。而在杭州城里，人们则宁可将新生儿遗弃在大街上。坠胎药到清末年间在中国城镇中已普遍使用，不过，这种药物只有到了除此之外别无选择时才会应用，因为人们认为它非常危险。此种危险性我们可从下面这段话中略见一斑："绍陵之在孕也，以其母贱，遂服坠胎之药，既而生子手足皆软弱，至七岁始能言。"[1]

另一方面，弃婴现象竟如此频繁地发生，以至于朝廷不得不于1138年明令禁止，同时设立慈幼庄来收养他们。[2] 马可·波罗写道："在（中国南方）诸省份，一些人惯于把他们的新生婴儿摆放在街头；我是说那些穷人，他们无力将这些孩子养大。不过，皇帝通常倒负起了收养这些弃婴的责任，他标记下每一个婴儿的生辰八字，然后将其送到设在乡间的慈幼局。一当富裕人

---

［1］ 周密：《癸辛杂识·续集下·绍陵初诞》。
［2］ 参见《宋史》卷二十九高宗绍兴八年五月："庚子，禁贫民不举子，其不能育者给钱养之。"

家没有子嗣，就可以向皇上请求抱养他们，想要多少有多少。或者，当这些孩子长大成人后，皇上则会令他们相互婚配，并由官方出钱资助新郎新娘。通过这种办法，皇上通常每年要照料两万个男孩和女孩。"马可·波罗的上述记载为一位中国元代作者的话所证实："宋时，各郡设慈幼局，贫家有子无力养育者，许其抱至局，书生年月日，局有乳媪鞠育之。他人家或无子女，却来取于局。岁侵贫家子女多入慈幼局，故道无抛弃子女。"[1]

贫困家庭还有另一个办法来摆脱他们抚养不起的孩子：把他们送到富人家去，由后者将其养大或者雇佣他们作家仆。这种做法相当普遍，有时不免是一种人口买卖。有位14世纪的阿拉伯人，以其特有的方式记述道："途经此处时，我发现中国的年轻女奴非常便宜；而且，确确实实地，所有那些欲将自己的儿女卖作奴隶的中国人，在这么干时都不稍迟疑。只有一条除外，不能强迫那些卖身为奴者到海外去；不过，要是那些人乐于如此，亦不会受到阻拦。"[2]

或许杭州寻常百姓家为生儿育女所举行的庆祝活动相当简朴。不过，上流社会的情况却并非如此。

> 如孕妇入月，期将届，外舅姑家以银盆或彩盆，盛粟秆一束，上以锦或纸盖之，上簇花朵、通草、贴套、

---

[1] 郑元祐：《遂昌山樵杂录·激赏慈幼》。
[2] Yule：《中国及其通路》，第四卷，第116页。

五男二女意思,及眠羊卧鹿,并以彩画鸭蛋一百二十枚、膳食、羊、生枣、栗果,及孩儿绣褓彩衣,送至婿家,名"催生礼"。足月,既坐蓐分娩,亲朋争送细米炭醋。三朝与儿落脐炙囟。七日名"一腊",十四日谓之"二腊",二十一日名曰"三腊",女家及亲朋俱送膳食,如猪腰肚蹄脚之物。[1]

至满月,则外家以彩画钱或金银钱杂果,及以彩缎珠翠囟角儿食物等,送往其家,大展"洗儿会"。亲朋俱集,煎香汤于银盆内,下洗儿果彩钱等,仍用色彩绕盆,谓之"围盆红"。尊长以金银钗搅水,名曰"搅盆钗"。亲宾亦以金钱银钗撒于盆中,谓之"添盆"。盆内有立枣儿,少年妇争取而食之,以为生男之征。浴儿落胎发毕,以发入金银小合,盛以色线结绦络之,抱儿遍谢诸亲坐客,及抱入姆婶房中,谓之"移窠"。……生子百时,即一百日,亦开筵作庆。至来岁得周,名曰"周晬",其家罗列锦席于中堂,烧香炳烛,顿果儿饮食,及父祖诰敕、金银七宝玩具、文房书籍、道释经卷、秤尺刀剪、升斗等子、彩缎花朵、官楮钱陌、女工针线、应用物件,并儿戏物,却置得周小儿于中座,观其先拈者

---

[1]《梦梁录》卷二十《育子》。

何物,以为佳谶,谓之"拈周试晬"。其日诸亲馈送,开筵以待亲朋。[1]

无论在哪个阶层,都会极其小心地将孩子的生日(如可能则精确到时辰)记录下来。据信生辰八字对一个人命运的每时每刻均会产生影响,故此毕其一生的每次重大行动或事件都要经由占卦者问卜于它。阴历5月5日属毒虫之日(蝎子、黄蜂、蜈蚣、毒蛇、蟾蜍),所以生于此日者被认为命凶。据信,这一天生下的孩子在命中注定不是自杀(屈原即于此日自杀),就是"害其父母"。[2]

马可·波罗写道:

> ……杭州人有这么一种风俗……孩子刚一降生……其父或其母就会立刻记下他生于某日某时某分;他们还会请占星家讲明他落生时的星象征兆,并把它原原本本地记下来……当孩子长大成人(而即将做生意、远行或婚配)时,他就会再带着原先的星象记录去求教于占星家。该占星家看完其生辰八字以后,便会从头到尾地进行考虑,有时还会讲出一些事情来。如果他讲得灵验,人们便会对其笃信不疑……这些卜星家(更确切地说)

---

[1]《梦粱录》卷二十《育子》。
[2] 参看周密:《癸辛杂识·后集·五月五日生》。

是一些巫师，在每个广场上他们都成群结队。人们在没有听取占星家的意见之前，是不敢操办婚事的。

3. 抚养与教育

中国的孩子被教养得和气、文雅和恭顺。他们被教导得把自我克制看成最高的品德，同时必须学会乐天知命，并与亲戚、朋友和外人和睦相处。礼法除此之外并无其他目的，它甚至已经传播到了下层百姓之中。这种礼法反映了某种对人生的理解，并且自有其动人的魅力。这是因为，合乎礼法的彬彬举止并非单纯外在的形式，它还伴随着和唤醒着其表达的感情，——在它成为唯一准许的表达感情方式时尤其如此。由此，待人接物的规范就教导孩子们从中兴发出尊长敬贤的感情。他们受到这样的教诲：在聆听父母训诫时不得还嘴；在长者（包括父母及其朋友和其他长辈）仍然站立时不得就座；在长辈劝饮时不得推托不喝。在从中亚发现的晚唐时期的文献中，有些教化德行的课本就包括了这类训诫。孝子、挚友和节妇乃是摆在年轻人面前的人格理想，那些人在孝敬和忠信方面表现了登峰造极的英雄主义。

这种教养的方式窒息了个性，并且倾向于塑造出顺应社会的刻板人格类型。这很难培养出叛逆精神和个人野心，也不易鼓励出好斗的个性和尚武的精神。据记载，体育运动到13世纪已经不

第四章 生命周期

大受提倡了。实际上，从唐代开始身体锻炼就开始走下坡路，尽管当时的上流社会还对从伊朗传入的马球投以极度的热情。无论如何，在13世纪，只有军队才演练拳击、角力、击剑、马球、射箭和蹴鞠了。宋代时期，在寻常百姓所喜爱的锻炼身体技能的游戏项目和为文人士夫所喜爱的贵族化的游戏（棋类、书法和文学）之间，恰成一强烈反差。为军事用途而进行技艺训练的情况已很罕见，且不受欢迎。这就导致了应召入伍者大多数属于文盲和农民。

当我们想到欧洲同时期的风习时，我们就不难想象马可·波罗对下述情况所表现的惊异——"［杭州］城内的居民天性热爱和平……他们对于如何使用武器了无所知，而且其家中也未备任何武器。[1] 你听不到在他们中间有任何争执吵闹……男男女女都以诚相待、和睦相处，以至于你会以为整个一条街上住的都是一家人。"

孩提时代是人生最幸福的阶段之一。孩子们获准成群结队地在街头巷尾尽情嬉戏。他们从不被责打，即使对付实在太淘气的孩子，也只不过是借妖怪之类的东西吓唬他们罢了。这些鬼怪之一称作"刘胡"，其肤色黑得就像一个印第安人或马来人。"杨大眼威声甚振，淮、泗、荆、沔之间，童儿啼者，呼云：'杨大眼至！'即止。将军麻秋有威名，儿啼辄呼：'麻秋来！'即止。……

---

[1] 事实上，根据《唐律》第十六卷第二十款，私藏武器是受法律禁止的，这部法典的大多数条款到13世纪仍然生效。

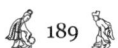

江南人畏恒康，以其名怖小儿……"[1]我们只要看一看走街串巷卖糖果和玩具的小贩为数甚众，便可想见当时的孩子们一定是更经常地受娇惯，而不是受惩戒。直到孩子们长大到适于上学的年龄（大约 7 岁左右），他们才会被送进学堂，而富裕人家则会为孩子延聘家庭教师。另外，在杭州城内，还有专门为皇亲国戚开设的贵族小学。"凡诸王属尊者，立小学于其宫。其子孙，自八岁至十四岁皆入学，日诵二十字。"[2]

在杭州这样一座商业性的城市中，也许会有大量孩子受到某种形式的基础教育，也就是说，他们被教会粗通文墨，以及如何使用广泛用于计算的算盘。只有较穷困人家的孩子才会成为文盲。在郊区，这类的孩子从小就必须帮着家人拾柴禾、打井水和饮牛。而在城区，他们又得帮着父母做买卖，或是帮着母亲干家务。

城市生活的发展、中产阶级的成长，也许还有印刷术的传播（从公元 10 世纪起就有两种印刷版本的经书），均有助于推动中国东南城镇之公共教育和私人教育的繁荣。这自然而然地会增加参加官方科举考试的考生数量，而通过这种考试，官僚机构吸收了新的成员，统治阶层也获得了新鲜血液。杭州城内有不少小规模的学校，其教师为致仕官吏和科场失意者，他们靠学生家长缴纳的束修过活。据说在该城到处可以听见朗朗读书声和阵阵笙管声。另外还有一些通常设在山林幽静处的私人书院，其间藏书甚

---

[1]《癸辛杂识·前集·呼名怖鬼》。
[2]《宋史》卷一五七。

小庭婴戏图页

绢本设色
26cm×25.2cm
北京故宫博物院藏
四个活泼可爱的儿童在竹栏环绕的庭院中游戏。南宋早期儿童画精作。无款印，不见著录。

丰，专供程度较高的学生修业之用。从11世纪开始，官学已不再只向贵族和高官的子弟开放。而到了11世纪末叶，在朝臣的奏议下，各路均开设了县学和乡学。这样，杭州城便兴办了一家府学和两家县学，均开设在官衙的围墙之内。再有，朝廷南渡至此之后不久，原来设在北宋首都开封府的3座高等学府亦迁至杭州，它们是太学、武学和宗学。除此之外还开办了医学。

这些高等学府均占地很广建筑甚多，以供藏书楼、教室和祠庙之用。尽管太学所收的学生最多，但它仍可被当成其他学府的样板。在太学中有20间教室、15名学官和2000名住校的学生。从全国各地招收的学生，在12世纪中期为数300名，此后增至

**秋庭婴戏图轴
(宋·苏汉臣)**

绢本设色
197.5cm×108.7cm
台北故宫博物院藏
苏汉臣早年曾当过民间画工，宣和年间被征入徽宗画院。擅长画佛像及人物，其中尤以童婴题材最为人所赞赏。在这幅画里，姐弟二人围着小圆凳，聚精会神地玩推枣磨的游戏。旁边的圆凳上、草地上，还散置着转盘、小佛塔、铙钹等精致的玩具。

1000 名，而到了 1270 年，则增至 1716 名。医学相形之下是最少受重视的，所以同期的医学学生不超过 250 名或 300 名，学官也只有 4 位。上述学府每 3 年招生一次，入学考试竞争激烈。

这些国立学府的预算，以及某些私立学校的预算，均来自借助于土地收益所建立的基金会，这种做法无疑是受到了佛教团体之教育基金会的启发。这样，建于开封的太学，在 1142 年迁至杭州后，到 13 世纪末可供其使用的岁入总计达 33600 贯钱。太学生之食宿均免费。不过，那里的学规似乎相对来说也甚为严格：每月有一次小考，每年春、秋两季各有一次大考。当他们出门进城时，必须穿戴统一的制服。这些学生在家时，只被教导要尊敬和祭祀祖先，有时也包括默记一些佛教的经文。而到了太学里，宗教训练在其生活中就占据了相当重要的位置。每所学院都供奉各自的主神、先贤和古代英雄，如后土神祇、神化了的名将、医师神应王等。而祭祀诸神的礼仪——学生在仪式中被要求遵循各种各样的仪规——似乎构成了学府之教规的重要组成部分。

初级教育完成以后，所有的课程均朝着这样一个方向设计：把学生塑造成适应官方科场的考生。它们一般是以古代的经典著作为本，其语言古奥简朴，与当时通用的口语语言有很大差异。学生们终日沉浸在这些古代经典之中，变得不仅能谙熟其中的思想与情感，而且能熟练地掌握表达这些思想情感的方式：经书为他们提供了丰富的意象和文体，而能够在行文中驾驭它们又正是一位真正学者的标志。进一步说，机械式的训练被赋予了极度的

元人绘杂技戏孩图页

重要性;一位优秀的学生须在心中牢牢记住主要的经典著作,并能充分掌握古代和近代诗人的作品,可以仿照他们的风格写诗。

下面这件事揭示了中国最伟大的诗人之一苏轼极其敏锐的文学判断力,同时也告诉我们科场的考生需要具备什么样的技巧——"东坡教诸子作文,或辞多而意寡,或虚字多实字少,皆批谕之。又有问作文之法,坡云:'譬如城市间,种种物有之,欲致而为我用,有一物焉,曰钱。得钱,则物皆为我用。作文先有意,则经史皆为我用。大抵论文,以意为主。'"[1]

---

[1]《清波杂志》。

有宋一代,许多有识之士对于教育形式的艺术性质深为忧虑,认为这种办法只能教育出审美家和业余的文艺爱好者,而并不具备任何实际的知识——质言之,人们并未为其在行政系统中的预定角色做好准备。以此观点来看,太子在13世纪中期所受的教育便可被当作一个典型案例。据说,太子黎明即起,去向父皇请安。一个时辰以后,他回到东宫主持有关自己宫中事宜的会议。然后,他来到书房温习经书和正史。傍晚时分,他再次侍立于父皇左右。皇上向他询问当日上午学习的功课,如其答复令人满意,便会赐其座位及茶水。如果不能令人满意,皇帝便会发怒,并令其次日重新解释同一段落。记述这件事的历史学家问道:在帝国的经济形势和外敌的边衅早已敲响警钟的时候,这样做不是有点儿舍本求末吗?[1]

不管怎么说,著名的改革家王安石(他曾经创办过州学和县学)曾于1071年上书痛陈当时的开科取士制度的谬误和阙失。他宣称,这种制度之所以得以创立,完全是因为科场提供了晋身官场的唯一正常途径。可是,究竟还有什么能比强迫精力充沛的青年人关在书斋里以其全部时间和活力去吟诗作赋更荒唐的呢?教育必须为政治哲学和实际行政能力提供更多的空间。

到了12世纪初叶,实际问题无疑已不再像原先那样受到忽视。缘此,太子的老师于1193年交给了他一幅天文图、一幅中国

---

[1] L. Wieger:《历史文献》,第1951页。

地图、一张中国历史年表和一幅苏州全景图（该城当时在中国是仅次于杭州的最繁华城市）。这位老师一再谆谆教导自己的学生，对于侵占中国北方的胡人要怀有爱国主义的义愤。不过与此同时他也提醒太子：根据儒家的优秀传统，自我克制和自我检省的德行才是立身之本。[1]

确确实实，教育也并非总是纯然文学性和书卷气的。进士科当然是最为人们向往的，它考的是韵文和散文，而一登龙门则身价十倍，并为高中者打开了一条辉煌的仕途。不过，此外还有更专门化和更技术性的考试科目，如九经、五经、三礼、三传、开元礼、三史、学究、明法等，不必说还有武学和医学。另外，在私立学院所施行的教育中，还出现过其内容远远偏离经文的奇异倾向。一位 11 世纪的中国作者沈括告诉我们，江西人热衷于打官司竟到了这种地步：他们居然有了一本由以善于施行骗人诡计而闻名的讼棍撰写的书。是书一开始就列出了谣言惑众的例子，并教人们如何编造这些谤词。然后，它又讲了如何诬告，并在最后提示人们如何诱使别人犯下轻罪，以便抓住向其敲诈勒索的把柄。沈括还（似乎有点儿夸张地）补充说，这部书甚至在乡间私塾中被传授。[2]

有件事相当确凿：文学教育对女孩远没有对男孩那样重要，

---

[1] E. Chavannes:《1193 年对于中国储君的教育》，载《有关东亚的纪念集》第 1 卷，1913 年。
[2] 参阅《梦溪笔谈》，第二十五卷。

尽管女孩子也并非完全与此无缘，因为女文学家和女诗人亦曾崭露头角。宋代最伟大的诗人之一李清照（1084—约1151）便是女性。甚至还有一位年仅7岁的小女孩曾被女皇帝武则天召进宫中，奉命即席以与其兄弟惜别为题赋诗一首。这首诗的题目是《如意女子诗》：

别路云初起，离亭叶乍飞。
所嗟人异雁，不作一行归。[1]

但无论如何，小女孩们主要还是要学习纺织和刺绣：织布是女人的传统工作。唯有那些预定要过卖笑生涯的女孩子才会学习唱歌和奏乐。在下层人民中间，除了极少数的特例之外，妇女们通常并无固定的职业。她们所受的教育基本上属于实用性的，这件事本身也反映出了她们在社会上全然缺乏独立性和处于附属地位。

4. 婚姻及妇女之地位

每年4月初，恰值清明节之际，人们还要进行标志着少男

---

[1] 见《说郛·遗史记闻》。

少女进入成年期的庆典。男子满 20 岁要加冠，女子满 15 岁要插钗。

那么结婚的年龄是多大呢？显然，在城市地区，即使寻常百姓家的子女也不会在青春期之前结婚。不过，在农村地区，早婚现象就普遍得多了，在那里，有时男孩子还在襁褓中便被未来的岳父母收养去做小女婿。至于上流社会中的青年男子和富商的儿子们，则要么去过一种放荡不羁的生活，要么进行十年寒窗的苦读，所以或许其成家的年纪当在 30 岁左右。妻子通常总要比丈夫小几岁，但也不能小太多，因为任何打破辈分界限的事情，总会为传统习俗所不齿。

婚姻主要是被视作家庭间结盟的手段。对于君王和皇亲国戚而言，婚姻乃是政治和外交范围内的事务。在历史的过程中，有不少中国的公主远嫁给番邦首领，以达到皇上进行和亲的目的。不过，这种把婚姻视为一种政治武器的做法并不仅限于皇族。豪门大户也发现，若要增加其影响力和声望，再没有比乞助于精明的婚姻联盟更好的途径了。在 12 世纪，中国北方的某些地区流行过这样一种做法：当早夭的孩子们到了原应结婚的年龄时，就会为他们举行一种假设的冥婚。这充分证明了在婚姻问题上家庭的考虑才是最重要的。

杭州城内上流社会圈子内的一种奇异风俗，表明了那些富家大户在说亲时会多么不稍迟疑地假装出自己的兴趣。这些家庭会强抢在科场上进士及第的士子们作自己的乘龙快婿。有一个故事讲述的是：某日有一个幸运的考生允许自己被抢走，并不稍事反抗。他被带入了一个富豪之家，并被搡进一大群人中间。一位身着紫衣的少女径直来到他身边问道："我是一个不算太丑的姑娘，愿意做你的妻子，不知你可应允？"听了这话以后，这位被绑架者在周围人群的放声大笑中彬彬有礼地鞠躬作答，并为自己能介身于如此高贵的府第而感到莫大的荣耀。不过，他仍希望自己能获准先回家一趟，以便与其结发妻子商量一下此事，看看如何找到最佳的解决方案。[1]

即使是在一般百姓家中，婚姻也是与家庭利益连在一起的。对于最贫苦的家庭来讲，婚姻之最直接的目的具有经济的性质：父母已经老了，故希望把女儿嫁出去，以便靠女婿的支持防老。反之亦然：公公婆婆若能成功地挑选到一位充满孝心的儿媳妇，其晚年也就有了备受照料的保证。因此，儿女的婚姻大事就成了双亲日后生活的保障。不过，有些时候，尤其是在社会下层，婚姻也会反映出当事者本人的意愿。在宋代的话本和轶闻中，有时会说到某位出身于社会下层的女主人公自己为其婚姻定夺，甚至不征求其父母的同意。在城区的穷人中间存在着道德放纵的现象，上述情况即其征兆之一。不过，事实上此类结合只能算是姘居，而非正式成亲。按照一般规矩，订婚和结婚时均要举行一长串的礼仪，并且彼此交换礼物，这些礼物的数量和质地都由风俗

---

[1] 《说郛》卷三十二《玉匣集》。

作了规定,每一样都富于象征意义。

出于显而易见的理由,上述礼俗尤为上层社会所严格遵循。不过,此类礼俗亦因地而异。在杭州,人人都想摹仿开封的旧俗。但据记载,它们在细节上还是有一些变异,其中包括一项与开封原先的做法大相径庭的更改:在两家开始计议迎娶之事时,未婚夫妻被允许会面。而如果男方对女方不中意,还可以解除婚约。

除掉其他一切重要事务之外,婚姻尚需媒人两头说合。媒人的装束因其社会地位高下而有所变化。

> 其媒人有数等,上等戴盖头,着紫背子,说官亲官院恩泽;中等戴冠子,黄色髻背子,或只系裙子,把青凉伞儿,皆两人同行。[1]

> 婚娶之礼,先凭媒氏,以草帖子通于男家。男家以草帖问卜,或祷签,得吉无克,方回草帖。亦卜吉媒氏通音,然后过细帖,又谓"定帖"。帖中序男家三代官品职位名讳,议亲第几位男,及官职年甲月日吉时生,父母或在堂,或不在堂,或书主婚何位尊长,或入赘,明开,将带金银、田土、财产、宅舍、房廊、山园,俱列帖子内。女家回定帖,亦如前开写,及议亲第几位娘子,年甲月日吉时生,具列房奁、首饰、金银、珠翠、

---

[1]《东京梦华录》卷之五《娶妇》。

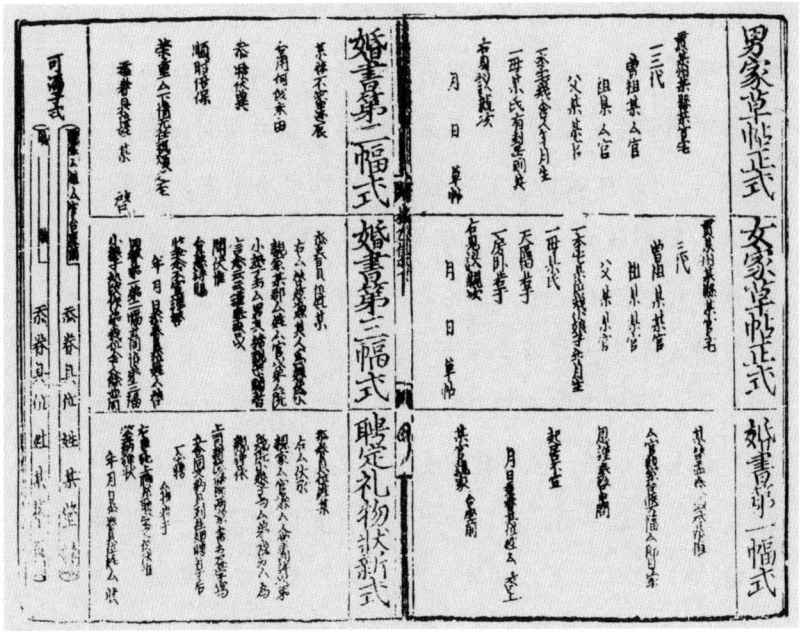

宋代草帖、婚书、聘礼状式

宝器、动用、帐幔等物，及随嫁田土、屋业、山园等。

其伐柯人两家通报，择日过帖，各以色彩衬盘、安定帖送过，方为定论。然后，男家择日备酒礼诣女家，或借园圃，或湖舫内，两亲相见，谓之"相亲"。男以酒四杯，女则添备双杯，此礼取男强女弱之意。如新人中意，即以金钗插于冠髻中，名曰"插钗"。若不如意，则送彩缎二匹，谓之"压惊"，则姻事不谐也。既已插钗，则伐柯人通好，议定礼，往女家报定。若丰富之家，以珠翠、首饰、金器、销金裙褶，及缎匹茶饼，加以双羊牵送,以金瓶酒四樽或八樽,装以大花银方胜,红绿销金酒衣簇盖酒上,或以罗帛贴套花为酒衣,酒担以红彩缴之。男家用销金色纸四幅为三启,一礼物状共两封,名为"双缄",仍以红绿销金书袋盛之。或以罗帛贴套,五男二女绿,盛礼书为头合,共轿十合或八合,用彩袱盖上,送往。女家接定礼合,于宅堂中备香烛酒果,告盟三界,然后请女亲家夫妇双全者开合,其女氏即于当日备回定礼物,以紫罗及颜色缎匹,珠翠须掠,皂罗巾缎,金玉帕环,七宝巾环,箧帕鞋袜女工答之。更以元送茶饼果物,以四方回送羊酒,亦以一半回之,更以空酒樽一双,投入清水,盛四金鱼,以箸一双,葱两株,安于樽内,谓之"回鱼箸"。若富家官户,多用金银打造鱼箸各一双,并以彩帛造象生葱双株,挂于鱼水樽外答之。

自送定之后,全凭媒氏往来,朔望传语,遇节序亦以冠花彩缎合物酒果遗送,谓之"追节"。女家以巧作女工金宝帕环答之。次日择日则送聘,预令媒氏以鹅酒,重则羊酒,道日方行送聘之礼。且论聘礼,富贵之家当备三金送之,则金钏、金镯、金帔坠者是也。若铺席宅舍,或无金器,以银镀代之。否则贫富不同,亦从其便,此无定法耳。更言士宦,亦送销金大袖,黄罗销金裙,段红长裙,或红素罗大袖段亦得。珠翠特髻,珠翠团冠,四时冠花,珠翠排环等首饰,及上细杂色彩缎匹帛，加以花茶果物、团圆饼、羊酒等物。又送官会银铤，谓之"下财礼"，亦用双缄聘启礼状。或下等人家，所送一二匹，官会一二封，加以鹅酒茶饼而已。名下财礼，则女氏得以助其虚费耳。……

自聘送之后，节序不送，择礼成吉日，再行导日，礼报女氏，亲迎日分。先三日，男家送催妆花髻、销金盖头、五男二女花扇、花粉盝、洗项、画彩钱果之类，女家答以金银双胜御、罗花幞头、绿袍、靴笏等物。前一日，女家先往男家铺房，挂帐幔，铺设房奁器具、珠宝首饰动用等物，以至亲压铺房，备礼前来暖房。又以亲信妇人，与从嫁女使，看守房中，不令外人入房，须待新人，方敢纵步往来。至迎亲日，男家刻定时辰，预令行郎，各以执色如花瓶、花烛、香球、沙罗洗漱、妆合、照台、裙箱、衣匣、百结、青凉伞、交椅，授事街司等人，及顾借官私妓女乘马，及和倩乐官鼓吹，引迎花檐子或棕檐子藤轿，前往女家，迎取新人。其女家以酒礼款待行郎，散花红、银碟、利市钱会讫，然后乐官作乐催妆，克择官报时辰，催促登车，茶酒司互念诗词，催请新人出阁登车。既已登车，擎檐从人未肯起步，仍念诗词，求利市钱酒毕，方行起檐作乐，迎至男家门首。时辰将正，乐官妓女及茶酒等人互念诗词，拦门求利市钱红。克择官执花斗，盛五谷豆钱彩果，望门而撒，小儿争拾之，谓之"撒谷豆",以压青阳煞耳。方请新人下车,一妓女倒朝行车捧镜,又以数妓女执莲炬花烛,导前迎引,遂以二亲信女使,左右扶侍而行,踏青锦褥或青毡花席上行,先跨马鞍,蓦背平秤过,入中门,至一室中少歇,当中悬帐,谓之"坐虚帐"。或径迎入房室,内坐于床上,谓之"坐床富贵"……婿登床右首坐,新妇坐于左首,正坐富贵礼也。其礼官请两新人出房,诣中堂参堂,男执槐简,挂红绿彩,绾双同心结,倒行;女挂于手,面相向而行,谓之"牵巾",并立堂前,遂请男家双全女亲,以秤或用机杼挑盖头,方露花容,参拜堂次诸家神及家庙,行参诸亲之礼毕,女复倒行,执同心结,牵新郎回房,讲交拜礼,再坐床,礼官以金银盘盛金银钱、彩钱、杂果撒帐次,命妓女执双杯,以红绿同心结绾盏底,行交卺礼毕,以盏一仰一覆,安于床下,取大吉利意。次男左女右结发,名曰"合髻"。又男以手摘女之花,女以手解郎绿抛纽,次掷花髻于床下,然后请掩帐。新人换妆毕,礼官迎请两新人诣中堂,行参谢之礼,次亲朋讲庆贺,及参谒外舅姑已毕,则两亲家行新亲之好,然后入礼筵,行前筵五盏礼毕,别室歇坐,数杯劝色,以叙亲义,仍行上贺赏花节次,仍复再入公筵,饮后筵四盏,以终其仪。[1]

---

〔1〕《梦粱录》卷二十《嫁娶》。

第四章　生命周期

　　以上便是在杭州城内时兴的婚礼风俗。任何人都一无例外地努力效法它。不过，由于各个家庭的钱财和地位并不相同，婚庆中的花费仍有大有小。

　　由婚姻结成的家庭联盟更多的是一种"外交上的"结盟，而非情感上的结盟。的确，新媳妇一过门，便很少与娘家有更多的来往。拜过天地之后，她立刻就算是婆家的人了。现在，她开始参加祭祀新家的祖先，并且必须孝敬公婆，侍奉夫君。她难得获准回娘家一趟，而且除非遭到休弃就不可能再加入原先生养她的家庭圈子。一位模范的儿媳妇即使在其丈夫早夭之后亦要与公婆住在一起并照料他们；倘若娘家的父母和兄弟为她安排了改嫁的机会，她也会引从一而终为荣。但无论如何，这种行为只是特殊的例外，所以才值得高度褒奖；我们理应推测，在一般情况下年轻的寡妇是会返回其娘家的。

　　被传统认可的出妻理由有若干条。我们应该注意它们的排列次序，以及其中的四条均意味着媳妇与公婆的关系跟她与丈夫的关系同样重要（如果不是更重要的话）。这些理由是：不事公婆、无子、妒忌、恶疾、口舌和滥用婆家财物。不过，如果媳妇的亲生父母均已亡故，或者她已经为公婆的死戴过孝，或者这位妻子是丈夫在贫贱时娶来的而现在丈夫已经发达，这类出妻的理由便不再生效。最后值得注意的一件事是：尽管婚礼的仪式非常庄重，但实际上婚姻并非如想象的那样是不可挣脱的纽带，只要彼此同意，仍然准许离婚，并没有任何宗教性的约束来保障它。

对于女性来说，其最为人称道的美德便是谦逊、纯朴、贞洁和孝敬公婆。这种美德有时会被遵守到了登峰造极的程度，于是地方官员便会不遗余力地宣扬此类最典型的教化案例。《宋史·列女传》中就不乏这类的记载，比如："郝节娥，嘉州娼家女。生五岁，母娼苦贫，卖于洪雅良家为养女。姑笄，母夺而归，欲令世其娼，娥不乐娼，日逼之，娥曰：'少育良家，习织作组纴之事，又辄精巧，粗可以给母朝夕，欲求此身使终为良，可乎？'母益怒，且棰且骂。"再比如："朱氏，开封民妇也。家贫，卖巾屦簪珥以给其夫。夫日与侠少饮博，不以家为事，犯法徒武昌。父母欲夺而嫁之，朱曰：'何迫我如是耶？'其夫将行，一夕自经死，且曰：'及吾夫未去，使知我不为不义屈也。'吴充时为开封府判官，作《阿朱诗》以道其事。"朝廷对这样的烈女，会给予官方的奖掖。事实上，这种道德律令是受国家鼓励的。不过，只是在最边远的省份和农村，这种道德律令的约束力才最为强固。如果女儿犯下了丑事，那么，不管她已做了母亲还是仍未过门，都会被毫不留情地逐出家门。周密曾经记述过这样一件事：在江西瑞州高安县旌义乡，有位村姑名叫定二娘。由于此女初已定姻，而又与人有奸怀孕，便被感到羞耻的父亲卖到邻近地方为婢女。[1]如遇事情紧急，人们有时也可能求助于堕胎药。根据《夷坚志》的说法，有位村姑在与一个人形的妖魔发生了关系以后，便借此办

---

[1] 参阅《癸辛杂识·前集·郑仙姑》。

第四章 生命周期

法打掉了胎儿（堕胎之后才发觉此妖魔不是别的，竟是隔壁人家的老黄狗）。

显然，道德法则通常是很严厉的，反对越出妇道半步。一个女子，婚前需守身如玉，而一旦出阁，则应忠于丈夫孝敬公婆。只要有钱，其丈夫就有权利纳一个或几个妾，而她却只能默默地接受这些竞争对手，哪怕连稍微显露一点儿嫉妒都不行。不过话说回来，这种不止有一位合法夫人的一夫多妻制，也仅仅存在于上流社会和富商大贾那里；中间阶层的男人，特别是寻常百姓家的男人，一般是没有那么多钱去讨几个老婆的。

尽管传统礼教对妇女管束得很严，不过在城市周围，特别是在杭州周围，它也在相当程度上被化解了。让我们看一个有关该城妇女行为的极为明显的例证："两浙妇人，皆事服饰口腹，而耻为营生，故小民之家，不能供其费者，皆纵其私通，谓之贴夫。公然出入，不以为怪。如近寺居人，其所贴者，皆僧行者，多至有四五焉。"[1]

然而，凡事总是与其社会环境有关：这类风习在上层社会是绝不允许的。无论如何，夫妻反目的情况看来是很罕见的。根据马可·波罗的记载，杭州城内的中国家庭显示出夫妻关系是极其和谐的。毫无疑问，这也是人们从小所受教养的结果之一。马可·波罗写道："这里的家庭夫唱妇随亲密无间，女人从不嫉妒猜

---

[1]《鸡肋编》。

四美图（宋·佚名）

美国私人收藏

忌。他们相敬如宾举案齐眉。而一位男子若对一位已婚女子道出非礼之辞，便会被视作无耻的恶棍。"杭州城内富人的行为规范确实是谦恭有礼，不过妇女的地位也视其社会环境的不同而有所变化。

达官显贵家的命妇和富商大贾家的夫人，过着悠游自得的生活。她们极少在大庭广众中公开抛头露面，而通常只是足不出户地呆在自家的府第之中。除了把时间打发在梳妆打扮以及统管家事之外，她们的活动就只剩下室内游戏和刺绣了。另一方面，小商人的老婆则积极参加做生意，她们管理账目并接待顾客。有些饭店甚至是由女性自己经营的。的确，可供妇女从事的职业并不多，她们可以当接生婆、媒婆、看护妇和干各种活计的佣人。然而无可怀疑的是：由于中、下阶级家庭的已婚妇女在经济活动中扮演了重要的角色，所以她们在家中也就有着与其丈夫同等的权威。许多妇女深谙经营之道，她们充满了进取心，并且擅长于出谋划策。她们的能力有时不免会变成专横，贪婪和泼悍者亦不乏其例。

在本节末尾处，我们有必要约略谈一下中国人的两性关系。在唐宋的传奇话本中，有不少一见钟情、如醉如痴的故事。倾国之绝色、祸水之狐媚，是中国文学中常见的典型人物。然而，不论在何种情境中，爱情似乎总是有其千篇一律的方面：在情侣或夫妇间充满了至死不渝的忠贞。最为宋代人称誉的美女甚至显得千人一面。而唐代的女性理想类型则矫揉造作有失天真。贵妇和歌妓们总是在头饰、梳篦、项链以及更重要的脂粉香水方面极尽奢华之能事。但尽管这样，唐代和宋代的理想女性仍有相当的差异。前者把发髻精心地盘在头顶，显示了一种雍容华贵的美，而使8世纪中国北方的男人们为之倾倒；后者则纤巧、娇小而优雅。中国美女类型的这种转变，无疑是与人们行为方式和道德风尚的转变相关的。

由于杭州城内的奢华、财富以及一部分人的闲逸，再加上社交活动的频繁，故而这座大都市的环境就特别有助于促进礼节和文明化生活方式的发展。然而，这里也同样容易滋生奢靡与淫佚。文人士夫表面上总是装得循规蹈矩非礼勿行，但这并没有妨碍他们放纵自己，相反倒是只有加剧这种不检点的行为。

周密记述道："施仲山云：'士大夫至晚年多事偏僻之术，非惟致疾，然不能有子。盖交感之道，必精与气接，然后可以生育。而偏僻之术必加系缚之法，气不能过，是以不能有子也。爱身者当慎之！'"[1]

即使不提供上述证据，人们也应当能够猜想得出，从穷人家娶来的成群小老婆并不单纯是为了替大家庭传宗接代的。而且，从身价不等的娼妓为数众多这一点，人们也不难推测：在13世纪中国杭州的城市生活中，卖淫业占据着很重要的地位。马可·波罗也确实看到过，当时在中国已弥漫开来的淫佚放荡之风，乃是

---

[1]《癸辛杂识·续集上·偏僻无子》。

这个国家向外族拱手称降的主要原因之一。

不过这片土地上的人民，马可·波罗写道，决非勇武的斗士。他们贪恋女色，除此之外别无兴趣。皇帝本人更是甚上加甚，除赈济穷人之外，他满脑子都是女人。他的国土上并无战马，人民也从不习武，从不服任何形式的兵役。而这些蛮子的领地原本是很强固的，所有的城池都围着很深的护城河，河宽在强弩的射程之外。因此，设若此处的人们为起起武夫，这个国家原是不会沦陷的。但偏巧他们不善征战，才落得国破家亡。

虽说在杭州城内淫佚奢靡之风四处蔓延，不过我们也不应忘记，中国和印度一样在性保健技术方面有着悠久的传统。这些技术可以在道教的观念中发现，并且受佛教密宗的影响。中国性保健的技术被神秘化了，人们以为掌握了某些戒律，便可以达到"长生不老"，修成金刚不坏之身；而由于妇女的躯体能够收容阴气，便可以向男人提供为其自我实现不可或缺的要素。因此，大多数的性行为都是为了使男子在与女性的神秘力量交合时得以保存自己的生命潜能和元阳。不过从实际效果来看，这类采补之法却只能使人失去平衡焦躁不安而已。

5．疾病

传统文化和天然倾向均使得中国人以自然主义者著称。他们的医药知识基于大量的细致观察和原始药方之上，如今西方还可从这份遗产中获益，而中国的医生们时至今日也还在努力将其与现代医学结合起来。然而，在宋代的传统医学中，那类观察和药方的整体框架却被强行以当时的哲学概念来表达；人体被认定为宇宙的一个副本，健康状态只是反映了阴阳平衡的一般状态，而疾病则是阴阳失调的表征。任何事情都要通过它与普遍有效性的对应而获得解释，——既然是普遍有效性，就势必对物质宇宙和人体同样适用。在这里，理论优先于观察，即使当一项观察是原始的并且构成了某种发现时，也从不会追问它的缘由，而总是将之纳入原有的理论。

宋代的医生们认识到了五种重要的人体器官（心、肝、脾、肺、肾）。他们认为，上述五脏一一对应于五种元素或五种基本的性质（水、火、木、金、土）。这些被称作"五行"的元素按照预定的顺序相克相生。五脏则与身体的五窍相连，比如肾与耳相接、肝与目相接等等。人体是一个复杂的关系网络。因此，人们在针灸术中便可以在距离患病部位或患病器官很远的穴位下针。健康缘于循行全身的"五气"（温、寒、燥、湿、火）处于良好的调适状态，而"阴阳"亦处于良好的平衡状态。

疾病又可由七情（喜、怒、哀、惧、爱、恨、欲）过强所致。此种观念提供了诊断和治疗的理论基础。通过望、闻、问、切，一位有经验的医生可以马上确认病情。在切脉这门学问方面中国人是老练的行家。人们记录下了种种不同的脉象，其中每一种均表示一种具体的病患。

让我们看看 12 世纪的庄绰有关一种疾病的说法——"疮发于足胫骨傍，肉冷难合，色紫而痒者，北人谓之臁疮，南人呼为骭疮，其实一也。然西北之人，千万之中患者乃无一二，妇人以下实血盛，尤罕斯疾。南方妇女亦多苦之。盖俗喜饮白酒、食鱼鲞，嗜盐味。而盐则散血走下，鱼乃发热作疮，酒则行药有毒，三物气味皆入于脾肾，而足骭之间二脉皆由之，故疮之发必在其所。素问鱼盐之地，海滨傍水，民食鱼而嗜咸鲏，使人热中，盐者胜血，其民皆黑色疏理，其病皆为痈疡。"[1]

说到治疗方法，它们包括按摩（通常只是施行于身体的一个小部位，如掌心、指尖等）、艾叶炙烤、在固定穴位的针刺，以及各种各样的成药和汤药。外科手术还处于相当幼稚的阶段，除了阉割太监和治疗溃疡、骨折之外，难得一用。针灸和按摩似乎也不及中药更常用。这类药物通常取材于植物，其成分极其复杂。比如，一副汤药所包含的药材可达 25 种之多。人们有时也会将动物或矿物入药，比如大量应用的犀角、形形色色的玉石和研成粉末的珍珠等等。昆虫亦可以用来伐柯治病：蟾蜍（其药效与洋地黄相同）、蚯蚓、蜘蛛、蜈蚣等均被烘焙加工成末。这类的药方中有一种是治疗疟疾的，据说要使用狗身上的苍蝇。"抓住一只狗身上的苍蝇，将其腿、翼去除，再裹以蜡制成药丸，待打摆子那

---

[1]《鸡肋编》。

蒙元入侵前夜的中国日常生活（插图本）

村医灸艾图（南宋·李唐）

立轴 绢本淡设色 68.8cm×58.7cm
台北故宫博物院藏

天用冷米酒送服。"另外，将蛇皮塞入患者两耳或令其双手握持之，亦有治疗功效。[1] 再有，"西域雪山有万古不消之雪，冬夏皆然。中有虫如蚕，其味甘如蜜，其冷如冰，名曰'冰蛆'，能治积热"[2]。

1080年前后，官方的医学教育把流传到当时的三大医学分支即脉科、针科和疡科再细分为9个专科。专科的增多表明中国的医学在当时达到的高度专业化水准。这些专科为：医学大经和医学小经、风湿麻痹科、眼科、妇科、牙科和喉科，以及疡科、针灸科，还有借巫术咒符治病的专科。[3]

上述医学分科中包括巫术治疗法，这充分表明中国医学无论在其理论方面还是在其治疗方法方面均不具备科学性。不过，尽管在医生和巫师之间有彼此的谅解，但主要还是道士和和尚们擅长于驱邪伏魔，据说其中有些人真能治病。他们使用涂写上神秘标记的咒符，或者让患者随时佩戴护符，要不就利用佛教密宗经籍中的一些具有魔力的处方。根据各派的医学，人们对于每一种疾病皆可运用远为不同的理论和医方；而病人为了求治也会在同时尝试不同的疗法；在这种情况下他们便会经常乞助于巫术性疗法。

---

［1］ 见 R. Heppli:《中医中的疟疾》，载《汉学》，第四卷第二期，1955年。
［2］ 《癸辛杂识·续集下·冰蛆飞驼》。
［3］ 引自董作宾:《清明上河图·尾注》，台北，1954年，第5页。另外，有关宋代的医科学校，参见《宋史》卷一五七。

比如，根据当时通行的理论，疟疾的病因可能是因为鬼魂缠身，也可能是因为当地瘴气，或者温寒失调、体内五行紊乱，还可能是为了疟神娘娘的缘故。医生们根据外表症状的差异区分出了16种不同的疟疾，而他们便借助于多种不同的治疗方法来克服它们。这其中包括针刺、艾灸、按摩、小剂量的砒霜、草药、昆虫制成的药，最后还有咒符（有些必须要口服下去）。无论病情发展到何种地步，服药的确切时刻都是至关紧要的。这种时刻要视太阳的方位和发病的缓急而选定。如果在不当的时刻服药，其危险性甚至比疾病本身还要大。[1]

在官方教育所包括的种种医学专科中，有一门中国医学的分支未被提到，这就是法医学。中国司法特别热衷于寻找物证，所以法医学在中国的发展就远比在西方为早。因此，13世纪中期在旧有的此类著作的基础上编纂而成的专供官吏使用的法医论著，至今尚有留存。而在欧洲，则直至17世纪初才出现了由Roderic de Castro所写的同类著作。这部13世纪的中国法医著作——《宋提刑洗冤录》，提供了开具死亡证明的案例典型，要求对尸体的所有部位都极详尽地予以检查。它开列了探明不同死因的一系列正确方法，其中包括勒杀、溺水、中毒、殴死等等，同时，它还指导人们在特定的场合下如何区别他杀、自杀或偶然事故。除此之外，它还告诉人们如何急救濒于死亡的自缢者、投水者、中暑

---

[1] 见R. Hoeppli:《中医中的疟疾》。

者、冻僵者或营养不良者,而且,它还提醒说,对于溺水的垂死者,除了其他的急救方法之外,还应施以人工呼吸。

医学教育由国家来组织施行,而为官方认可的药物清单则在宫廷太医的监督下制订成册。缘此,一份官方的索引列举了850种药物,其中有656种是在唐代就实际应用过的。到10世纪末,又对之进行了修正,增补了133种药物。不过,在官定的983种药物中,实际上只有789种被普遍使用。在政府的鼓励下,有关使用这些药物的论著被刊布出来。其中之一在公元990—994年间问世,全书共100卷。另一种不太重要的论著则刊行于11世纪中期。1080年前后,皇帝颁发敕令征求各地名医贡献最有效的药方。这类药物由太医局进行验证,其制作方法也广为传播。[1]

这清楚地表明:当时存在着临床医学的两个流派,其一是私人的,其二是官方的,而后者会从前者的传统和发现中汲取营养。官办的医学教育是由太医局提供的,该机构始建于1076年。我们曾经提到过,这所学院后来迁移到杭州,并于1270年前后招收了250名至300名学生。创办这所学院的宗旨在于培养能够为皇帝、皇族和上流社会治病的医官。而普通百姓则求医于私人医生,他们的医术通常是祖传的。按照他们的观点,只有行医世家才会出好大夫。流行的说法是:"非三代行医者,慎服其药。"大多数医生为专科大夫。有些人只给小儿看病,孩子们的常见病

---

[1] 参见《宋史》卷一五七。

杂剧眼药酸图

绢本设色 23.8cm×24.5cm 北京故宫博物院藏

此图是散册，作者佚名。其所画之内容，据周贻白先生考证，应即周密《武林旧事》官本杂剧段数内所记之"眼药酸"，以滑稽唱念为主。

是肠道寄生虫和腹部胀满。另一些人只行针灸术，比如在杭州河街桥处就有一位。每位医生都在其诊所门口挂上标明其专长的招牌，有时候夸口自己可以"手到病除"。在一幅绘于12世纪初的画卷中，我们便可以看到这样的招牌。[1] 从上海博物馆的一件藏品中，我们势必要推定作广告宣传有利可图，——那是一小块宋代的印刷铜版，它显然是被一位针灸医师用来作广告的。在其上端刻着："济南刘家功夫针铺。"在其中部则刻着："以门前白兔儿为记。"

---

[1] 参见董作宾：《清明上河图·尾注》。

在杭州,除了医生的诊所之外,还有大量不同种类的药铺,其中有的出售生药,有的出售成药(这类药铺大概为数最多),有的专售治疗小儿闹肚子的草药,也有的专卖杭州地区出产的草药。这些药铺沿袭传统做法,均在门首悬挂干葫芦为记。我们已提到过,除了这些私营的药铺之外,还有一些公立的药局,由于官方的补贴,此处的药价仅为市价的三分之一。不过,由于官吏和这些药局所雇人员的欺骗性经营,公立药局对于它们原本为其设立的穷苦人家毫无助益,而且到1270年时,我们甚至不能确定这类机构是否还存在。最后,在每个州府都设有由国家经营的安济坊,贫困、老迈和残疾者均可在那里免费得到医疗。

6. 亡故

每逢近亲辞世时,家庭的每一位成员都会根据自己与死者在血缘上的亲疏关系而感到合乎礼俗规定的适度悲伤。人们披麻戴孝,禁止一切娱乐。葬礼是应着下述目的设计的:去除所有因死亡而导致的不洁,并在同时把死者超度为祖先神,他必然会抬高正在治丧的家庭的声望。这些礼仪包括将死者遗体洗净和装殓的仪式。妇女们特别会号啕痛哭顿足捶胸。每一个家庭均以能适宜地举丧为荣,并且尽可能地把丧事办得规模铺张。这样,丧礼总是需要破费大量钱财,有时它实际上会使贫困的家庭破产。棺材、葬礼上的供品、纸糊的车马奴仆（这些必须焚烧，留待在冥府与死者作伴）、雇用必要的人手，以及最为要紧的请风水先生选择一块最终安葬死者的墓地，所有这一切均需要大把地花钱，更不必说还要大办宴席招待前来参加葬礼的亲朋好友了（有专门的店家置办丧席）。

不过，土葬的风俗在杭州城并不通行，因为土地稀缺而价格昂贵。由此，远比土葬便宜的火葬便推广开来，并特别流行于中、下层人民中间。从公元10世纪末开始，尽管有官方的反对，这种与传统方式如此相悖的葬俗却在中国的某些地区（河北、山西及东南诸路）显出增长的势头。因此，一道发布于963年的敕令宣称："在开封以外的地方及其他地区，人们近来开始焚烧死者遗体。此种做法须加禁止，除非因为尸体必须远途运送（习惯上要将死者归葬故土），或者死者是佛门弟子和外国人。"

朝廷于972年发现有必要再发诏书重申此项禁令。到了12世纪初，火葬的风俗已有相当的蔓延，但这仍然为政府以及所有深受儒教传统影响的群体所不齿。一位高官上疏批评此种风俗对于死者不恭，并且要求允许那些无力土葬死者的家庭将遗体掩埋于国家专设的坟地里。[1]这便是杭州公墓的由来。从下面这段轶事亦可看出人们对于火葬的不赞同态度："木娘墓，在艮山门太平乡华林里蔡塘东，昔蔡汝拨之庶母沈氏死，汝拨尚幼，父用火葬，

---

[1] 关于中国的火葬习俗，参看C. Moule:《马可·波罗游记注释》，第44—51页。

汝拨伤母无松楸之地，尝言之辄泣。自后长成，以木刻母形，以衣衾棺椁择地葬之，仍置田亩，造庵舍，命僧以奉晨香夕灯，乡人遂称为木娘墓。"[1]

尽管此种特例可以被视作有人持不赞成态度的证据，但火葬在13世纪的杭州却多多少少地蔚成风气了。该城的火葬场位于西湖东北角的圆觉寺。在同期的苏州城内，包括10座焚化炉的火葬场亦建于佛寺院内。1261年，该建筑为一场旋风所毁，苏州地方当局曾试图阻止对之的修复，不过肯定是白费力气。苏、杭两城的做法是：由火葬场所雇的和尚将骨灰撒入池塘。而在福建，骨灰却被放进称作金缸的陶器中。

此种与习俗和中国传统观念如此悖反的做法得以广泛传播，这究竟应作何解释？经济动机有可能促成它，因为地贵而柴多，尤以浙江为甚。不过经济动机却不可能解释它的源起。很有可能，这种风尚最初是时兴于上层社会中虔信佛教的信徒之间，然后再传播到并不极力阻止它的其他社会阶层去，因为中国的社会长期以来已逐渐习惯了佛教的观念和思想方式，尽管吃斋念佛的家庭尚为数不多。据记载，这种类型的葬俗正是在佛寺里举行的。此外，如流行的说法所示，火葬的做法似乎被看作一种寻求生命轮回的手段，使肉体在火焰中得以超度转化。佛教僧侣一般都在圆寂后火葬，不过他们情愿活活自焚的情况却极罕见。

---

[1]《梦梁录》卷十五《历代古墓》。

有充分的证据表明，自焚而亡的古老做法从公元5世纪便流传下来了，而直至现代还在福建有其孑遗。苦修的佛教僧侣们，以释迦佛像的姿式打坐，口诵佛教经文，在火焰中圆寂。人们坚信这样做至少也可在更高的境界中获得再生，甚至有可能达到涅槃的化境。

马可·波罗好像亲身参加过杭州平民的火葬仪式。他对此的记述表明这种仪式显然既嘈杂又喜庆。我们就以他的亲眼目击来结束本章的描写：

> 此外我还要告诉你们，他们同样还有一种习惯，每逢有巨富者过世，其全体亲友均会悲痛万状，男亲女眷皆披麻戴孝，尾随着灵柩前往火葬场，吹打起各种各样的乐器，并大声唱诵神圣的祷文。到达火葬场后，他们停下脚步，拿出极多纸糊的马匹、奴婢、骆驼、鞍具、饰物、布匹、金银纸钱，将其和尸体一起焚烧，并声言死者在冥间可以享有这些东西，它们将同真的一样。待火化结束，他们又吹奏起所有的乐器，并随之不停地欢唱；因为据说人们在火葬时给予死者的荣耀，均会在阴曹地府被鬼神们照样给予……被火化者会在另一个世界开始新的生命。

火葬或土葬过后，死者在杭州人的生活中仍占有重要位置。

每一位死者的姓名都会被写上一个牌位，然后被供在每所宅院之主厅的小小神案上。每逢清明节、死者诞辰或新年，人们绝不会忘记在这些牌位前摆放供品和焚香燃灯。此外，在4月初的清明节、7月15日的中元节和10月1日的送寒衣节，死者的近亲均会到坟前祭奠。杭州的墓地在城外西湖边的群山间，人们赶往那里扫墓、上供，并再三地向死者行跪拜礼。

第五章 · 四时节令与天地万象

第五章 四时节令与天地万象

1. 节令与历算

季节的更迭让我们意识到时光的流逝。而某些异常的气象则使亲临其境者永志难忘,成为人生的路标。正因此,让我们首先谈一下杭州的气候。

虽然杭州所处的纬度与埃及的开罗相同,但它在腊月底之后却时时经历酷寒的严冬。因而,在1186年,杭州城内连降大雪几达1月之久,积雪深10英寸。3年之后,又下了一场更大的雪,某诗人有句咏其事曰:"竹枝断,作异声。"1132年,运河与湖泊均遭冰封。一些从北方移居此地的人利用了他们营造地下冰窖的知识来储存冰块以备夏日取用,并且教杭州人掌握了此中的诀窍。但此后,一旦没能存下冰块供皇室之用,人们便利用快船日夜不停地将其从别处运来。

一到春季,细雨连绵,不见天日。此后,伏天(7月和8月)便接踵而至,而该城的全部活动都放慢了速度。穷人们身着夏季的短衫,坐在屋檐下纳凉,盼着能刮来一丝清风,要不便在入夜后于城中徜徉。富人们则躲在其花园的凉亭中避暑。闷热的夏天乃是多雨的季节,但秋冬两季却往往滴雨皆无。秋季的干旱对收成最为不利,因为当时幼嫩的秧苗最需雨水浇灌。徐益棠曾经写道:"几十年来,从未有哪个秋天不举行祈雨活动。"[1]

不过,杭州正像四川一样,几乎一年到头都充满湿气。而且,如果一句当地谚语可信的话,那里的天气是"雨夜便寒晴便热"[2]。

1231年4月9日发生了这样的事(在杭州的历史记载中肯定还可以找到其他例证):"黄雾四塞,天雨尘土。入人鼻皆辛酸,几案瓦垅间如筛灰。相去丈余,不可相睹,日轮如未磨镜,翳翳无光采,凡两日夜。是夜二鼓,望仙桥东牛羊司前居民冯家失火,其势可畏。凡数路分火,沿烧至初七日,势益盛,而尘雾愈甚,昏翳惨淡,虽火光烟气皆无所睹,直至午刻方息。南至太庙墙,北至太平坊南街,东至新门,西至旧秘书省前,东南至小堰门吴家府,西南至宗正司、吴山上岳庙、皮场星宿阁、伍相公庙,东北至通和坊,西北至旧十三湾开元宫门楼,所烧逾万家。"[3]

还有其他自然现象影响到杭州居民的生活,比如每年9月在钱塘江入海口的潮汐。不过,我们将会看到,主要是节令在人们心目中标记着季节的更替,产生了时间观念,并且在由12或13个月构成的中国年度中赋予时间以自身的节奏。

中国的历法实际上是太阴—太阳历。宫廷的天象官把冬至后

---

[1] 徐益棠:《南宋杭州之都市的发展》,载《中国文化研究汇刊》第4卷,第1期,成都,1944年9月。
[2] 《鸡肋编》。
[3] 《癸辛杂识·续集上·天雨尘土》。

第二个月的朔日定为岁首。由此每年的日期都有所变化。比如，从 1250 年到 1276 年间，中国的阴历若与阳历相比较，其岁首最早是在 1 月 16 日，最晚却在 2 月 13 日。一年一般为 12 个月，大月为 30 天，小月为 29 天，故每年只有 354 天。这样，太阴年与太阳年的差别就需在每 19 年增加 7 个闰月来加以弥补，所以有些年份就由 384 天组成。一年的每四分之一相当于一个季度，春分、秋分和夏至、冬至并不标志各季的开始，而是各季的中点。正月、二月和三月被称为春季。不过由于增加了闰月，有时某个季节会包含 4 个月。

虽然人们也曾在西历的影响下以星期来计时，但是由于他们钟爱秩序和均整，仍把每个月划分为 10 天为一单位的"旬"（每逢"小月"其"下旬"只有 9 天）。每一天又被划分为 12 个时辰，由一组可以循环的 12 个符号来标示。子时相当于从 23 点到次日 1 点。不过时辰又因季节不同而有所变化。夜里的 5 个时辰称为五更，在城里由守更人击鼓鸣报，它们在冬季要比在夏季长。夏至时分，一更约为一个半小时，而到冬至时分则延长为两个半小时。根据另一套计时法，一天又可分为 100 "刻"，每一刻大致相等于我们所惯用的 15 分钟。

每年都由朝廷确定日历，并把它印行和传播到整个帝国。根据最古老的传统，皇帝一直是历法的掌管者和规定者。对于农村人来说，日历是不可或缺的，因为它载有春分、夏至、秋分、冬至的时间，并且提供了有关农事的详细信息。由于这种太阴—太阳年很

西湖柳艇图（南宋·夏圭）

台北故宫博物院藏

画面柳堤回环，可以看到三层。岸边游船停泊，水上小舟来往，近处柳梢上露出酒旗。

难与实际的季节相符,所以上述信息就尤为重要。有些在一般百姓中间广为流行的日历是这样一种历书,它包括了有助于卜筮和确定风水的确凿细节,如当天在水、火、木、金、土的五行中属于哪一类,利于还是不利于进行各种各样的活动(买卖、出行、殡葬、动土、洗浴等等),以及它在天干地支之循环中的位置。

天干地支是两组文字符号,前者包括甲、乙、丙、丁、戊、己、庚、辛、壬、癸这样10个,后者包括子、丑、寅、卯、辰、巳、午、未、申、酉、戌、亥这样12个。干、支相搭配,产生出60个组合符号,它们不仅被用来标记日子,而且被用来标记年份。这种60个一套的循环符号不仅为一般人所普遍习用,也为参照年号来确定年份的官方文献和史学著作所习用。由此,绍兴十三年若以干支纪年则为庚辰,相当于西历的1160年;而咸淳三年若以干支纪年则为丁卯,相当于西历的1267年。

在《哈佛亚洲研究季刊》第18卷第3—4期上刊载了杨联陞的《中华帝国之作息时间表》一文,文中提供了不少信息,说明杭州人清晨起得特别早。

> 每日交四更,诸山寺观已鸣钟,庵舍行者头陀,打铁板儿或木鱼儿沿街报晓,各分地方。若晴则曰"天色晴明",或报"大参",或报"四参",或报"常朝",或言"后殿坐";阴则曰"天色阴晦";雨则言"雨"。盖报令诸百官听公上番虞候上名衙兵等人,及诸司上番人

知之,赶趁往诸处服役耳。虽风雨霜雪,不敢缺此。每月朔望及遇节序,则沿门求乞斋粮。[1]

帝国的早朝时间在清晨5点或6点举行。早上7点就会被认为已经晚了。宫中击鼓宣告朝觐之刻开始。州衙和县衙则没有如此威严,在升堂时敲击铜锣或木铎。在办公开始时,政府官吏必须出席,否则便会挨打。一切公务均在上、下午处理。到了傍晚,官员们方得空闲。他们在闲暇时间读书、著文、游逛或下棋以为消遣。有时候,官员们还要在夜间值更,轮值的官员须将其名姓写在一份表格上。在北宋时期(960—1127),管理四座皇家图书馆的官员惯于以肠胃失调为借口来推托值更的责任,故此皇家图书馆官员的花名册被称作"害肚历"。

每旬的最后一天官员们有权休假一天。除了这些休息日外,他们每年还获准循例休假54天,这54天假又对应着每年的节庆而被分为7天、5天或3天等更短的假期,如在冬至、春节或皇上的寿辰忌日均要放假。逢到双亲的忌日,官员们亦可免除一整天的公务。每隔3年,他们还有权去与家人团聚一回,探亲假的天数视其故里远近而定,在15天至1个月之间,途中所需的时间尚不计在内。遇到孩儿加冠以及孩儿或近亲婚配的大喜日子,他们亦可小休数日。不论一个人为官多久,一旦其父或其母故

---

[1]《梦粱录》卷十三《天晓诸人出市》。

去，他都有义务立即中断其仕宦生涯，告假丁忧，守丧三载。他们往往把这段带有强制性的闲暇时光打发到最为自己喜爱的消遣中去，或编纂文集，或习练书法，或钻研绘画，不一而足。

和官员们不一样，商人们和普通百姓终年工作从不休息。黎明伊始，店主们便摆弄他们的货架，而城郊和周围乡村的百姓们为了赶早市来销售他们的货物也开始朝市中心云集。"御街铺店，闻钟而起，卖早市点心，如煎白肠、羊鹅事件、糕、粥、血脏羹、羊血、粉羹之类。冬天卖五味肉粥、七宝素粥，夏天卖义粥、馓子、豆子粥。又有浴堂门卖面汤者，有浮铺早卖汤药二陈汤，及调气降气并丸剂安养元气者。有卖烧饼、蒸饼、糍糕、雪糕等点心者。以赶早市，直至饭前方罢……"[1]可以说，该城市的商业活动赋予了它日常的生命节拍：人们于侵晨赶往城里；于薄暮又回到市郊。

不过，在杭州"又有夜市物件，中瓦前车子卖香茶异汤，狮子巷口煎耍鱼，罐里爁鸡丝粉，七宝科头，中瓦子武林园前煎白肠、烠肠、灌肺岭卖轻饧，五间楼前卖余甘子、新荔枝，木檐市西坊卖焦酸馅、千层儿，又有沿街头盘叫卖姜豉、膘皮脿子、炙椒、酸犯儿、羊脂韭饼、糟羊蹄、糟蟹，又有担架子卖香辣灌肺、香辣素粉羹、腊肉、细粉科头、姜虾、海蜇鲊、清汁田螺羹、羊血汤、胡瀣、海蜇、螺头瀣、馉饳儿、瀣面等，各有叫声。

---

[1]《梦粱录》卷十三《天晓诸人出市》。

大街更有夜市卖卦……其余桥道坊巷，亦有夜市扑卖果子糖等物，亦有卖卦人盘街叫卖，如顶盘担架卖市食，至三更不绝。冬月虽大雨雪，亦有夜市盘卖。至三更后，方有提瓶卖茶。冬间，担架子卖茶，馓子慈茶始过。盖都人公私营干，深夜方归故也"[1]。

每逢重大节日，人们通常要欢庆三天三夜，特别是一到灯笼节，在正月十四、十五、十六这三天，杭州城内通宵达旦灯火不熄。形形色色的演出均粉墨登场。杭州城内到处举办夜市，那里也有各种表演与娱乐。日本僧人上顺对于1072年的一处夜市有如下的描绘："店铺门前悬起成百上千的琉璃灯，五彩缤纷，光怪陆离。门廊中挂着珠翠幕帘。妇人们或吹箫弄管，或在古琴声中歌唱。还有变魔术的、玩杂耍的、跳舞的和奏乐的。卖茶的人来往穿行，每杯索钱一文。"[2]

对于店主和手艺人来说，除了婚丧嫁娶的特殊例外，就只有在过年的那几天和祭拜各自行业神的那一天可以歇业休假了。

2. 节庆

世上再没有什么地方能像中国这样把节日过得如此欢闹喜庆了。也再没有什么场合能比中国的大小节日更好地表达全体人民

---

[1]《梦粱录》卷十三《夜市》。
[2]《三天台五台山记》。

的愉悦企望了。这些节日不仅可以作为季候转换的标志，从而使时间被人看重，而且还表达了对生活的某些确定理解。

　　刺激人们过这些节日的精神实质是什么？许多习俗具有某种象征意义，我们在此不拟详加阐发。不过，即使是对那些意义尚很隐讳的节日，我们若细加省察也总会发现，许多礼仪形式的外在目的与实际隐藏于其后的深层愿望并非相去很远。总而言之，这些一年一度的各种节日的初始目的乃在于摆脱浊气、瘟疫和魔障，以便重新把万物塑造得新颖纯净，取一个吉祥的先兆，并开拓一帆风顺的前景。与此同时，这些节日还提供了种种娱乐，使人们爱好娱乐的天性得以放纵，而在这些寻欢作乐的瞬间，日常生活的紧张感亦得以片刻遗忘。

　　一般大众的通行节日、宫廷中的节日和官方庆典，以及道教团体和佛教团体所组织的宗教节日，所有这一切均混杂在一起。正因此，我们在此就只能借时间的先后顺序来描述它们，而不区分其种类。这种描述使我们得以显露出中国人特别是杭州居民之宗教生活的许多方面。由于中国采用太阴—太阳历，其岁首可以是西历1月15日至2月15日之间的任何一天，也由于中国把由太阳历所确定的节庆日期和由太阴历所确定的节庆日期混在一起，所以我们在下面将任意地把相当于西历2月1日的这一天选定为岁首。

　　一年之中最重要的节日是那些在辞旧迎新之际所过的节日。全社会上上下下均在腊月即着手为之进行准备。如果在腊月普降瑞雪,则会被认作来年丰收的吉兆。每逢此时,阔佬们便会设宴庆贺,并制作雪狮送给亲朋好友。有时候,他们也会骑马来到湖堤观赏雪景。到腊月二十四日这一天,人们不拘贫富均会整治菜蔬祭送灶王爷。据认为,这位家庭的神明每到新年会回到天上,以报告该家庭每一位成员在这一年中的行为。因此,人们便在他离去之前对其进行特别的供祭,甚至以糖果贿赂他。[1] 在街面和市场上,人们则叫卖染成五彩的米糕(绿、赤、白、皂为四种主色,而黄则为宇宙核心之色)。

> 二十五日,士庶家煮赤豆粥祀食神,名曰"人口粥",有猫狗者,亦与焉。不知出于何典……岁旦在迩,席铺百货,画门神桃符,迎春牌儿,纸马铺印钟馗、财马、回头马等,馈与主顾。更以苍术、小枣、辟瘟丹相遗。如宫观羽流,以交年疏、仙术汤等送檀施家。医士亦馈屠苏袋,以五色线结成四金鱼同心结子,或百事吉结子,并以诸品汤剂,送与主顾第宅,受之悬于额上,以辟邪气。街市扑买锡打春幡胜、百事吉斛儿,以备元旦悬于门首,为新岁吉兆。其各坊巷叫卖苍术小枣不绝。又有市爆杖、成架烟火之类。自此入月,街市有贫丐者三五人为一队,装神鬼、判官、钟馗、小妹等形,

---

[1] 原文如此,但似略有出入,因为人们向灶王爷敬以麦芽糖,本意是为了糊牢其口不让他向玉帝道出人间之恶行。——译者注

第五章 四时节令与天地万象

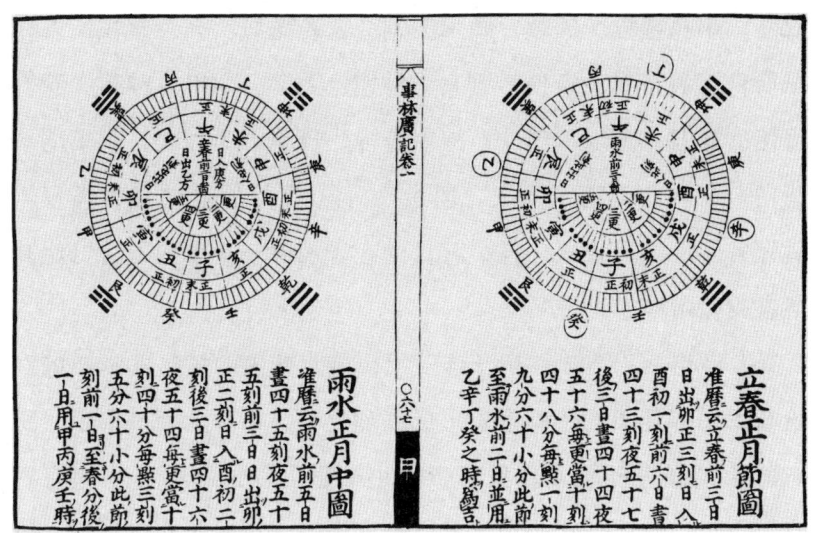

《事林广记》载"立春雨水节气图"

敲锣击鼓，沿门乞钱，俗呼为"打夜胡"，亦驱傩之意也。[1]十二月尽，俗云"月穷岁尽之日"，谓之"除夜"。士庶家不论大小家，俱洒扫门闾，去尘秽，净庭户，换门神，挂钟馗，钉桃符，贴春牌……[2]

入夜之后，人人都呆在家里祭祀祖先和家神（门神、灶神、床神、院神、土地神）。"……备迎神香花供物，以祈新岁之安。禁中除夜呈大驱傩仪，并系皇城司诸班直，戴面具，著绣画杂色

[1]《梦粱录》卷六《十二月》。
[2]《梦粱录》卷六《除夜》。

衣装，手执金枪、银戟、画木刀剑、五色龙凤、五色旗帜，以教乐所伶工装将军、符使、判官、钟馗、六丁、六甲、神兵、五方鬼使、灶君、土地、门户、神尉等神，自禁中动鼓吹，驱祟出东华门外，转龙池湾，谓之'埋祟'而散。"[1] 宫廷的这种傩仪，就像各家所举行仪式一样，其目的在于消除一年来的不吉，使其危害驱除殆尽。

大年初一、初二、初三这三天，杭州城内的气氛非常宁静，恰与岁尾那几天的热闹景象形成强烈反差。街面上人迹稀少，所有的店铺都关门歇业。只有少数小贩用可以抽彩的盘子兜售熟食、布料、梳篦、鲜花和玩具。家家均团圆在一起共贺新禧。很少有人外出，除非是向亲友们拜年。不管是男是女，是富是贫，人人皆身着新衣。

> 元旦侵晨，禁中景阳钟罢，主上精虔炷天香，为苍生祈百谷于上穹，宰执百僚，待班于宫门之次……诸州进奏吏各执方物之贡。诸外国正副贺正使随班入贺。[2]

"立春"的日期是根据太阳历确定的，相当于西历的2月5日。这是一个有关农事的节日，朝中的文武百官和各地的地方官均要庆贺一番。"立春前一日，以镇鼓锣吹妓乐迎春牛，往府衙前

---

[1]《梦粱录》卷六《除夜》。
[2]《梦粱录》卷一《元旦大朝会》。

第五章　四时节令与天地万象

迎春馆内。至日侵晨,郡守率僚佐以彩仗鞭春,如方州仪。太史局例于禁中殿陛下,奏律管吹灰,应阳春之象。街市以花装栏,坐乘小春牛,及春幡春胜,各相献遗于贵家宅舍,示丰稔之兆。宰臣以下,皆赐金银幡胜,悬于幞头上,入朝称贺。"[1]

但确确实实,新年尚未正式开始,直到正月十四、十五、十六过上元灯节,欢庆万象更新大地春回的活动才普遍地洋溢出欢闹喜庆。这三天三夜正是月圆之时,杭州城的居民们尽情挥霍,大开酒宴。人们在各种装饰和花灯上争奇斗巧,竞出新意。每座宅院的门廊皆悬挂起绣额、珠帘和彩灯。店铺、广场甚至最窄的小巷,都张灯结彩。"灯之品极多,每以'苏灯'为最,圈片大者径三四尺,皆五色琉璃所成,山水人物,花竹翎毛,种种奇妙,俨如著色便面也。其后福州所进,则纯用白玉,晃耀夺目,如清冰玉壶,爽彻心目。"[2] "又为大屏,灌水转机,百物活动……珠子灯则以五色珠为网,下垂流苏,或为龙船、凤辇、楼台故事。羊皮灯则镞镂精巧,五色妆染,如影戏之法。罗帛灯之类尤多,或为百花,或细眼,间以红白,号'万眼罗'者,此种最奇……"[3] 若从高处眺望,从城南至城北,方圆11英里有余,皆是一片灯火通明。

上元节具有狂欢节的任何一种外在特征。杭州城中又有许多

---

[1]《梦粱录》卷一《立春》。
[2]《武林旧事》卷二《元夕》。
[3]《武林旧事》卷二《灯品》。

盛装的舞队、杂耍队和乐队在游行。每支队伍均各有名称,"姑以舞队言之,如清音、遏云、棹刀、鲍刀、胡女、刘衮、乔三教、乔迎酒、乔亲事、焦锤架儿、仕女、杵歌、诸国朝、竹马儿、村田乐、神鬼、十斋郎各社,不下数十。更有乔宅眷、旱龙船、踢灯鲍老、驰象社。官巷口、苏家巷二十四家傀儡,衣装鲜丽,细且戴花朵肩、珠翠冠儿,腰肢纤袅,宛若妇人。府第中有家乐儿童,亦各动笙簧琴瑟,清音嘹亮,最可人听,拦街嬉耍,竟夕不眠。更兼家家灯火,处处管弦,如清河坊蒋检阅家,奇茶异汤,随索随应,点月色大炮灯,光辉满屋,过者莫不驻足而观……诸营班院于法不得与夜游,各以竹竿出灯球于半空,远睹若飞星……公子王孙,五陵年少,更以纱笼喝道,将带佳人美女,遍地游赏。"[1] "元夕节物,妇人皆戴珠翠、闹蛾、玉梅、雪柳、菩提叶、灯球、销金合、蝉貂袖、项帕,而衣多尚白,盖月下所宜也。游手浮浪辈,则以白纸为大蝉,谓之'夜蛾'。又以枣肉炭屑为丸,系以铁丝燃之,名'火杨梅'……至夜阑则有持小灯照路拾遗者,谓之'扫街'。遗钿坠珥,往往得之。"[2]

为欢庆元夕,"禁中尝令作琉璃灯山,其高五丈,人物皆用机关活动,结大彩楼贮之。又于殿堂梁栋窗户间为涌壁,作诸色故事,龙凤噀水,蜿蜒如生,遂为诸灯之冠。前后设玉栅帘,宝光花影,不可正视。仙韶内人,迭奏新曲,声闻人间。殿上铺连五

---

[1]《梦粱录》卷一《元宵》。
[2]《武林旧事》卷二《元夕》。

第五章 四时节令与天地万象

观灯图（南宋·李嵩）

色琉璃阁,皆球文戏龙百花。小窗间垂小水晶帘,流苏宝带,交映璀璨。中设御座,恍然如在广寒清虚府中也。至二鼓,上乘小辇,幸宣德门,观鳌山。擎辇者皆倒行,以便观赏。金炉脑麝如祥云,五色荧煌炫转,照耀天地。山灯凡数千百种,极其新巧,怪怪奇奇,无所不有,中以五色玉栅簇成'皇帝万岁'四大字。其上伶官奏乐,称念口号、致语。其下为大露台,百艺群工,竞呈奇伎。内人及小黄门百余,皆巾裹翠蛾,效街坊清乐傀儡,缭绕于灯月之下。既而取旨,宣唤市井舞队及市食盘架。先是,京尹预择华洁及善歌叫者谨伺于外,至是歌呼竞入。既经进御,妃嫔内人而下,竞争买之,皆数倍得直,金珠磊落,有一夕而至富者"[1]。

上述景象,与北宋首都开封府闹元宵的情况有相当的差异。在汴京,"大内前缚山棚,对宣德楼,悉以彩结,山沓上皆画群仙故事,左右以五色彩结文殊、普贤,跨狮子白象,各手指内五道出水。其水用辘轳绞上灯棚高尖处,以木柜盛贮,逐时放下,如瀑布状。又以草缚成龙,用青幕遮草上,密置灯烛万盏,望之蜿蜒,如双龙飞走之状。上御宣德楼观灯,有牌曰'宣和与民同乐'。百姓观瞻,皆称万岁"[2]。

二月朔,谓之"中和节",民间尚以青囊盛百谷、瓜、果子种,互相遗送,为献生子。禁中宫女,以百草

---

[1] 《武林旧事》卷二《元夕》。
[2] 《梦粱录》卷一《元宵》。

第五章 四时节令与天地万象

斗戏。百官进农书,以示务本。[1]

二月八日为桐川张王生辰,震山行宫朝拜极盛,百戏竞集,如绯绿社(杂剧)、齐云社(蹴鞠)、遏云社(唱赚)、同文社(耍词)、角抵社(相扑)、清音社(清乐)、锦标社(射弩)、锦体社(花绣)、英略社(使棒)、雄辩社(小说)、翠锦社(行院)、绘革社(影戏)、净发社(梳洗)、律华社(吟叫)、云机社(撮弄)。[2]

其日都城内外,诣庙献送繁盛,最是府第及内官迎献马社,仪仗整肃,装束华丽。又有七宝行排,列数卓珍异宝器珠玉殿亭,悉皆精巧。后苑诸作,呈献盘龙走凤,精细靴鞋,诸色巾帽,献贡不俗。各以彩旗、鼓吹、妓乐、舞队等社,奇花异果,珍禽水族,精巧面作,诸色输石,车驾迎引,歌叫卖声,效京师故体,风流锦体,他处所无。台阁巍峨,神鬼威勇,并呈于露台之上。自早至暮,观者纷纷……西湖画舫尽开,苏堤游人,来往如蚁。其日,龙舟六只,戏于湖中。其舟俱装十太尉、七圣、二郎神、神鬼、快行、锦体浪子、黄胖,杂以鲜色旗伞、花篮、闹竿、鼓吹之类。其余皆簪大花、卷脚帽子、红绿戏衫,执棹行舟,戏游波中……

---

[1]《梦粱录》卷一《二月》。
[2]《武林旧事》卷三《社会》。

湖山游人，至暮不绝。大抵杭州胜景，全在西湖，他郡无此，更兼仲春景色明媚，花事方殷，正是公子王孙，五陵年少，赏心乐事之时，讵宜虚度？至如贫者，亦解质借兑，带妻挟子，竟日嬉游，不醉不归。此邦风俗，从古而然，至今亦不改也。[1]

仲春十五日为花朝节，浙间风俗，以为春序正中，百花争放之时，最堪游赏，都人皆往钱塘门外玉壶、古柳林、杨府、云洞，钱湖门外庆乐、小湖等园，嘉会门外包家山王保生、张太尉等园，玩赏奇花异木。最是包家山桃开浑如锦障，极为可爱。此日帅守、县宰、率僚佐出郊，召父老赐酒食，劝以农桑，告谕勤劬，奉行虔恪。天庆观递年设老君诞会，燃万盏华灯，供圣修斋，为民祈福。士庶拈香瞻仰，往来无数。崇新门外长明寺及诸教院僧尼，建佛涅槃胜会，罗列幡幢，种种香花异果供养，挂名贤书画，设珍异玩具，庄严道场，观者纷集，竟日不绝。[2]

在新年的祭家神和欢宴以及上元节的三天喧闹之后，最重要的节日系列就要数清明节和此前三日的寒食节了。清明节被定在

---

[1] 《梦粱录》卷一《八日祠山圣诞》。
[2] 《梦粱录》卷一《二月望》。

第五章 四时节令与天地万象

冬至后105天、春分后15天，亦即4月5日左右。这是唯一一个根据太阳历来确定其日期的通行节日。在寒食节，所有的灶火都被熄灭。"寒食第三日，即清明节，每岁禁中命小内侍于阁门用榆木钻火，先进者赐金碗、绢三匹。宣赐臣僚臣烛，正所谓'钻燧改火'者，即此时也。"[1] 新举的火象征着更新和纯净，人们的此种心愿也被借助于另一种风俗来表达："家家以柳条插于门上，名曰'明眼'，凡官民不论小大家，子女未冠笄者，以此日上头。"[2]

在清明节前五日，"发宫人车马往绍兴攒宫朝陵。宗室南班，亦分遣诸陵，行朝享礼。向者从人官给紫衫、白绢、三角儿青行缠，今亦遵例支给"[3]。

> 临安府点检所，管城内外诸酒库，每岁清明前开煮，中前卖新迎年，诸库呈复本所，择日开沽呈样，各库预颁告示，官私妓女，新丽妆著，差雇社队鼓乐，以荣迎引。至期侵晨，各库排列整肃，前往州府教场，伺候点呈。首以三丈余高白布写"某库选到有名高手酒匠，酝造一色上等酦辣无比高酒，呈中第一"。谓之"布牌"，以大长竹挂起，三五人扶之而行。次以大鼓及乐官

---

[1]《梦粱录》卷二《清明节》。
[2] 同上。
[3] 同上。

数辈，后以所呈样酒数担，次八仙道人、诸行社队，如鱼儿活担、糖糕、面食、诸般市食、车架、异桧奇松、赌钱行、渔父、出猎、台阁等社。又有小女童子，执琴瑟；妓家伏役婆嫂，乔收绣体浪儿，手擎花篮、精巧笼仗。其官私妓女，择为三等，上马先以顶冠花衫子裆裤，次择秀丽有名者，带珠翠朵玉冠儿，销金衫儿、裙儿，各执花斗鼓儿，或捧龙阮琴瑟，后十余辈，著红大衣，带皂时髦，名之"行首"，各雇赁银鞍闹妆马匹，借倩宅院及诸司人家虞候押番，及唤集闲仆浪子，引马前逐，各青绢白扇马兀供值……最是风流少年，沿途劝酒，或送点心。间有年尊人，不识羞耻，亦复为之，旁观哂笑。诸酒肆结彩欢门，游人随处品尝。追欢买笑，倍于常时。[1]

在清明节那一天，"官员士庶，俱出郊省坟，以尽思时之敬。车马往来繁盛，填塞都门。宴于效者，则就名园芳圃，奇花异木之处；宴于湖者，则彩舟画舫，款款撑驾，随处行乐。此日又有龙舟可观，都人不论贫富，倾城而出，笙歌鼎沸，鼓吹喧天，虽东京金明池未必如此之佳。殢酒贪欢，不觉日晚。红霞映水，月挂柳梢，歌韵清圆，乐声嘹亮，此时尚犹未绝。男跨雕鞍，女乘

---

[1]《梦梁录》卷二《诸库迎煮》。

花轿,次第入城。又使童仆挑着木鱼、龙船、花篮、闹竿等物归家,以馈亲朋邻里。杭城风俗,侈靡相尚,大抵如此"[1]。

三月二十八日,乃东岳天齐仁圣帝圣诞之日,其神掌天下人民之生死,诸郡邑皆有行宫奉香火。杭州有行宫者五,如吴山、临平、汤镇、西溪、昌山,奉其香火。[2]

四月八日为佛诞日,诸寺院各有浴佛会,僧尼辈竞以小盆贮铜像,浸以糖水,覆以花棚,铙钹交迎,遍往邸第富室,以小杓浇灌,以求施利。是日西湖作放生会,舟楫甚盛,略如春时小舟,竞买龟鱼螺蚌放生。[3]

五月五日的端午节是一年中第三大的节日。据信这一天是特别不吉利的日子。倘有哪位官员恰巧在这一天被任命,便会被认为是凶兆。在这一天也最好不要爬上房顶和悬挂草席被褥。另外,在此日生育也是件让人不悦的事。在这一天,瘟疫和鬼魅最为猖獗,各种毒物如黄蜂、蟾蜍、蛇虺、蝎子、蜈蚣等也横行一时。因此,此日人们最好是挂护符避邪。"五日重午节,又曰'浴

---

[1] 《梦粱录》卷二《清明节》。
[2] 《梦粱录》卷二《二十八日东岳圣帝诞辰》。
[3] 《武林旧事》卷三《浴佛》。

兰令节',内司意思局以红纱彩金盝子,以菖蒲或通草雕刻天师驭虎像于中,四围以五色染菖蒲悬围于左右。又雕刻生百虫铺于上,却以葵、榴、艾叶、花朵簇拥。内更以百索彩线、细巧镂金花朵,及银样鼓儿、糖蜜韵果、巧粽、五色珠儿结成经筒符袋,御书葵榴画扇,艾虎,纱匹段,分赐诸阁分、宰执、亲王。兼之诸官观亦以经筒、符袋、灵符、卷轴、巧粽、夏橘等送馈贵宦之家。如市井看经道流,亦以分遗施主家。所谓经筒、符袋者,盖因《抱朴子》问辟五兵之道,以五月午日佩赤灵符挂心前,今以钗符佩带,即此意也。杭都风俗,自初一日至端午日,家家买桃、柳、葵、榴、蒲叶、伏道,又并市茭、粽、五色水团、时果、五色瘟纸,当门供养。自隔宿及五更,沿门唱卖声,满街不绝。以艾与百草缚成天师,悬于门额上,或悬虎头白泽。或士宦等家以生朱于午时书'五月五日天中节,赤口白舌尽消灭'之句。"[1] 另外,"湖中是日游舫亦盛,盖迤逦炎暑,宴游渐稀故也。俗以是日为马本命,凡御厩邸第上乘,悉用五彩为鬃尾之饰,奇鞯宝辔,充满道途,亦可观玩也"[2]。

立秋日,太史局委官吏于禁廷内,以梧桐树植于殿下,俟交立秋时,太史官穿秉奏曰:"秋来。"其时梧叶应声飞落一二片,以寓报秋意。都城内外,侵晨满街叫

---

[1]《梦粱录》卷三《五月》。
[2]《武林旧事》卷三《端午》。

卖楸叫,妇人女子及儿童辈争买之,剪如花样,插于鬓边,以应时序。[1]

七月七日,谓之"七夕节"。其日晚晡时,倾城儿童女子,不论贫富,皆著新衣。富贵之家,于高楼危榭,安排筵会,以赏节序,又于广庭中设香案及酒果,遂令女郎望月,瞻斗列拜,次乞巧于女、牛。或取小蜘蛛,以金银小盒儿盛之,次早观其网丝圆正,名曰"得巧"。[2]

七月十五日,一应大小僧尼寺院设斋解制,谓之"法岁周圆之日"……其日又值中元地官赦罪之辰,诸宫观设普度醮,与士庶祭拔。宗亲贵家有力者,于家设醮饭僧荐悼,或拔孤魂。僧寺亦于此日建盂兰盆会,率施主钱米,与之荐亡。家市卖冥衣,亦有卖转明菜花、油饼、酸馅、沙馅、乳糕、丰糕之类。卖麻谷窠儿者,以此祭祖宗,寓预报秋成之意。鸡冠花供养祖宗者,谓之"洗手花"。此日都城之人,有就家享祀者,或往坟所拜扫者。禁中车马出攒宫,以尽朝陵之礼,及往诸王妃嫔等坟行祭享之诚。[3]

---

〔1〕《梦粱录》卷四《七月》。
〔2〕《梦粱录》卷四《七夕》。
〔3〕《梦粱录》卷四《解制日》。

钱塘观潮图卷（南宋·李嵩）
绢本设色 17.4cm×83cm 北京故宫博物院藏

每年农历八月十六至十八日为浙江钱塘江的大潮汐期。自南宋迁都临安（今浙江杭州）后，观潮成为临安一年一度的盛大活动。其时海水沿喇叭形的钱塘江口逆江而上，如"玉城雪岭，际天而来，大声如雷霆，震撼激射，吞天沃日，势极雄豪"。

少年时曾作过木工的画院画家李嵩是善画建筑的高手。此幅画面除表现滔滔的江水，只以简括的笔法写出成片的瓦顶，茂林中三面围墙的宽大空场或许即南宋的宫室所在，意境颇显空寂。

　　八月十五日的中秋节，既是月亮的节日，又是妇女的节日。月亮每个月都会被一只黑色蟾蜍吞噬。在那里有只玉兔在桂树下以桂叶和桂皮捣制长生不老之药。另一种传说是：月亮上住的不是玉兔，而是一只三脚的蟾蜍。还有一种说法是：月亮上有座广寒宫，宫中有嫦娥及其侍女，均为绝色仙子。"此夜月色倍明于常时，又谓之'月夕'。此际金风荐爽，玉露生凉，丹桂香飘，银蟾光满，王孙公子，富家巨室，莫不登危楼，临轩玩月，或开广榭，玳筵罗列，琴瑟铿锵，酌酒高歌，以卜竟夕之欢。至如铺席之家，亦登小小月台，安排家宴，团圆子女，以酬佳节。虽陋巷贫窭之人，解衣市酒，勉强迎欢，不肯虚度。此夜天街卖买，直至五鼓,玩月游人,婆娑于市,至晓不绝。"[1]

杭州人最喜爱的胜景之一是钱塘江入海口处的潮汐。"每岁八月内,潮怒胜于常时,都人自十一日起,便有观者,至十六、十八日倾城而出,车马纷纷,十八日最为繁盛,二十日则稍稀矣。十八日盖因帅座出郊,教习节制水军,自庙子头直至六和塔,家家楼屋,尽为贵戚内侍等雇赁作看位观潮……其杭人有一等无赖不惜性命之徒,以大彩旗,或小清凉伞、红绿小伞儿,各系绣色缎子满竿,伺潮入海门,百十为群,执旗泅水上,以迓子胥弄潮之戏,或有手脚执五小旗浮潮头而戏弄。向于治平年间,郡守蔡端明内翰见其往往有沉没者,作《戒约弄潮文》云:'斗牛之外,吴越之中,惟江涛之最雄,乘秋风而益怒。乃其俗习,于此观游。厥有善泅之徒,竞作弄潮之戏,以父母所生之遗体,投鱼龙不测之深渊,自谓矜夸,时或沉溺,精魄永沦于泉下,妻孥望哭于水滨。生也有涯,盍终于天命;死而不吊,重弃于人伦。

---

[1] 《梦粱录》卷四《中秋》。

推予不忍之心,伸尔无家之戒。所有今年观潮,并依常例,其军人百姓,辄敢弄潮,必行科罚。'自后官府禁止,然亦不能遏也。"[1] 公历1132年9月29日,城东人群云集。为安全计,沿江岸修建了高18英尺的木栏。许多人为了更能看清江潮竟爬到栏上。但突然间,一阵狂风卷起怒潮,将木栏像稻草般裹去。数百名观光者溺水而亡。

在杭州,九九重阳是菊花节。

> 今世人以菊花、茱萸,浮于酒饮之,盖茱萸名"辟邪翁",菊花名"延寿客",故假此两物服之,以消阳九之厄。年例,禁中与贵家皆此日赏菊,士庶之家,亦市一二株玩赏。其菊有七八十种,且香而耐久……兼之此日都人店肆,以糖面蒸糕,上以猪羊肉鸭子为丝簇钉,插小彩旗,名曰"重阳糕",禁中阁分及贵家相为馈送。蜜煎局以五色米粉塑成狮蛮,以小彩旗簇之,下以熟栗子肉杵为细末,入麝香糖蜜和之,捏为饼糕小段,或如五色弹儿,皆入韵果糖霜,名之"狮蛮栗糕",供衬进酒,以应节序。[2]

十一月仲冬,正当小雪、大雪气候。大抵杭都风俗,举行典礼,四方则之为师,最是冬至岁节,士庶

---

[1] 《梦粱录》卷四《观潮》。
[2] 《梦粱录》卷五《九月》。

所重，如馈送节仪，及举杯相庆，祭享宗禋，加于常节……[1]

有些对于中国的其他地区来说十分重要的节日，如在四川一带特别盛行的三月三日的"三月会"，在杭州却几乎无人理会。另一方面，在皇宫和市中心的某些大庙宇中举行的官方礼仪，却又比前面叙述的远为繁杂琐细，本书只限于勾画出其基本轮廓。不过，真要将那些只举行于宫中的礼仪事无巨细地讲述出来，也会令人生厌的。

3. 宗教

（1）一般观念

再没有什么比13世纪中国人的宗教生活更多样化了。不过，即便是冒着过分简单化的风险，我们也必须首先努力去对激励着宗教生活的精神进行整体上的界定。我们必须首先认识到，这种精神就其本质说来不包括任何我们西方人眼下称之为宗教情感的东西。也就是说，任何类型的人与上帝间的对话，或是朝向某位人格神的神秘的情感倾诉，均与中国人无缘。就中国人的特殊性格而言，其宗教生活似乎是被某种潜在的和未曾言明的对于宇宙

---

[1]《梦粱录》卷六《十一月冬至》。

可能失序的忧虑所统治的。沧桑互换、节令失调、天地翻覆——各种祭祀仪式期望避免的这些现象,恰恰兆示了反常的灾异。

大多数宗教行为的目的在于:一方面,使得天地各居其位(从官方或私人修建的护山的神庙即可看出这一点);另一方面,使得四时的更迭不失其序(各种年节有助于保障时间持续地除旧布新)。有了这一切,世界就会永远生机勃勃。从大自然的任何一个方面,不管它是山川河岳岩石树木,皆可反映出善与恶、吉与凶。祖坟、祠堂、祭祀历史人物的庙宇,以及供享着无数佛教或道教神明的佛寺或道观,其主要目的似乎都在于保佑人的利益,同时,这些建筑本身也会荫护人间。在这里,自然事物和超自然事物是浑然不分的。

每位神祇都有其具体的护佑领域:诸如某座城镇、某个街区、某所宅院;而对之的祭祀的目的亦在于免除任何可能毁灭人类的灾异,比如战乱、洪水、干旱、瘟疫及火灾……由皇帝举行的官方祭祀和普通百姓家的祭祀,其初衷基本上是一样的。选择一块风水宝地来葬埋先人,将会对一个家庭的命运产生吉利的后果,这正如明智地封号某座神山会使整个帝国繁荣昌盛一样。此外,在中国还有专为特殊目的而设立的神明。人们向它们求告,以图得其护佑,要么免于各种特殊的灾祸,要么能够发财致富、香烟后代或者金榜题名……人们还可能从神明那里得到某种有益的启示。赶考的举子会睡在庙宇里,以期在梦中预卜前程;而当法官感到有必要通过神明托梦来发现谁是真正的凶犯时,他们有

第五章　四时节令与天地万象

时也会这样做。

不过，人们主要关心的还是各地的主神，而最需慎重处理的问题则在于为修寺建庙寻觅一个大吉大利的地点。这是因为对事物之自然秩序的任何更动均会产生严重的后果，必须预先加以防范。如果不能确信一项破土动工会给人们带来福祉，人们就不会去修造任何府第、城墙或寺庙。为了选择风水宝地，人们会请教这方面的专家，他们是被称作"风水先生"的预言家，凭靠罗盘、复杂的对照表以及自身的天赋来作出抉择。然而，一旦把各方面的后果都预料周全，人们有时反倒觉得找不到一块十全十美的地方了。比如，成都的城墙修建是根据古老龟卜之法的兆示进行的，同时亦考虑到了地形的情况。缘此，由于城垣修建在一陡坡之上，人们便认为有必要建议修造一座90英尺高的楼阁，以确定南北之向。由于盗掘坟墓既搅扰了自然又搅扰了死者，故被认为是特别亵渎神灵之举。有个人惯于盗墓以搜求古物（此种风气在有宋一代最为高涨），而到其晚年则变成痴呆，连斗大的字都认不得一筐了。[1]

中国的神明是如此的非人格化，如此的自然，以至于宗教方面的信仰和行为似乎更多地是在表达人们的宇宙观，而非沟通神与人，尽管后者对西方人来说好像在一切宗教中都是最稔熟和最基本的。知晓吉利的季节、日期、方向、地点、色彩、数目和名

---

[1] 以上二例均见《说郛》。

称——这是从事任何行为的关键要诀，因为这些行为总要影响到超自然的事物，而宇宙间的万事万物均是彼此交感的。预兆已经就是未来，而名称呼叫的东西也会演成现实。人们在择取吉利的名称而避免不吉的名称方面总是挖空心思。在九江之南的鄱阳湖畔，有座山名曰"双剑峰"。当地人以为此山名称大为不吉，致使此地区每隔200年便会遭逢一次战乱。据《吴船录》的作者范成大说，该城的长者们长期以来一直希望为此山改名，不过他们始终未能选定新的名称。在中国人那里，并未对自然力量与超自然力量以及继承了这两种力量的物与人进行区分。所以，如果有人把他们的宗教思想描绘为"灵魂独立论"（animism），真是再荒谬不过了。

以上是对中国人宗教生活之基本特点的大体描述，但这并非其全貌，因为从公元初年开始，有关道德责任、同情慈悲和救世主的概念即逐渐传入中土。这种西来的观念从海路或从中亚陆路传来。然而，此类新观念却对中国人的精神禀赋并未产生太大影响。它和中国本有的实践和信仰毫无困难地糅合了：对此种融合起过巨大作用的伟大宗教——佛教，必须进行自我调整以适应中国思维方式的迫切需要。

说到中国宗教生活的全貌，还须附加说明一点。尽管较为普遍的宗教活动形式被限制在祭祀据信可以保佑某个特定地区之繁荣的地方神方面，但与此同时，在百姓中间也还存在着由对革命和救世之热望所激发的教派和秘密会社。对于中国的宗教生活而言，这是游离于其主要传统之外的另一侧面，而且更倾向于"酒神的"和先知的类型。斋戒、迷狂和歌舞被当成与神直接沟通的手段。在中国绝不是没有最为狂暴和极端的宗教情绪。事实完全要视社会环境的性质如何和地方对中央王权的忠实与否而定。正因为这样，至关重要的是，我们必须区分官方的祭祀和种种民间的祭祀，以及上层阶级的宗教形式和一般百姓的宗教形式。

（2）官方祭祀

官方祭祀的主持者是皇帝，在统治阶级特具的传统观念的范围内，这位司祭可被描绘为儒教徒。这种祭祀包括向天、地和先皇祷告，其目的在于保障朝纲延续、时空有序、天下安康。除了依据太阳历而确定的一年一度的仪礼（夏至冬至及四季之初）之外，还有一些特别的礼仪，比如在太庙里进行的谕告（如新皇登基、皇亲过世或重大灾难等），以及在南郊祭坛举行的对于天地的祭享。

举一个例子便足以说明此种祭祀的特征，包括其仪式，其规则的复杂（礼仪专家对数目、色彩、方位、日期等等均根据其象征意义做出规定），以及其铺张程度。皇家祭祀仪礼最为壮观，虽说此种壮观并未排除此中的宗教意味。所有这一切特征均可通过对一项最重要的皇家祭礼的描绘而见出——这就是在南郊祭坛举行的祭享。

郊坛，天盘至地高三丈二尺四寸，通七十二级，分四成，上广七丈，共十二阶，分三十六龛，舞阶阔一丈，主上升降由此阶，其余各阔五尺。

圆坛之上，止设昊天上帝，皇地祇二神位，及太祖、太宗配天。

三十六龛共祀五帝、太乙、感生、北极、北斗，及分祀众星三百六十位。[1]

三岁一郊，预于元日降诏，以冬至有事于南郊，或用次年元日行事。先于五六月内择日命司漕及修内司修饰郊坛，及绞缚青城斋殿等屋，凡数百间，悉覆以苇席，护以青布，并差官兵修筑泥路，自太庙至泰禋门，又自嘉会门至丽正门，计九里三百二十步，皆以潮沙填筑，其平如席，以便五辂之往来……又以车五乘，压之以铁，多至万斤，与辂轻重适等，以观疾徐倾侧之势。至前一月进呈，谓之"闪试"。及驾出前一日，缚大彩屋于太庙前，置辂其中，许都人观瞻。[2]

先自前一月以来，次第按试习仪，殆无虚日。郊前十日，执事陪祀等官，并受誓戒于尚书省。前三日，百官奏请皇帝致斋于大庆殿。是日上服通天冠，绛纱袍，绀结佩，升高座，侍中奏请降座，就斋室。次日，车驾诣

---

[1] 《武林旧事》卷一《大礼》。
[2] 《武林旧事》卷一《大礼》。

第五章 四时节令与天地万象

景灵宫,服衮冕行礼。礼毕驾回,就赴太庙斋殿宿斋。是夕四鼓,上服衮冕,诣祖宗诸室行朝飨之礼。是夜,卤簿仪仗军兵于御路两傍分列,间以糁盆荧烛,自太庙直至郊坛泰禋门,辉映如昼。宰执亲王、贵家巨室,列幕枑比,皆不远千里,不惮重费,预定于数月之前,而至期犹有为有力所夺者。珠翠锦绣,绚烂于二十里间,虽寸地不容闲也。[1]

黎明,上御玉辂,从以四辂,导以驯象,千官百司,法驾仪仗,锦绣杂遝,盖十倍孟飨之数,声容文物,不可尽述。次第出嘉会门至青城宿斋。四壁皆三衙诸军,周庐坐甲,军幕旌旗,布列前后,传呼唱号,列烛互巡,往来如织。行宫至暮则严更警场,鼓角轰振……用丑时一刻行事,至期,上服通天冠,绛纱袍,乘辇至大次,礼部侍郎奏中严外辨,礼仪使奏请皇帝行事。上服衮冕,步至小次,升自午阶。天步所临,皆藉以黄罗,谓之"黄道"。中贵一人,以大金合贮片脑迎前撒之。礼仪使前导,殿中监进大圭。至版位,礼直官奏:"有司谨具,请行事。"时墠坛内外,凡数万众,皆肃然无哗。天风时送佩环韶濩之音,真如九天吹下也。太社令升烟燔牲旨首。上先诣昊天位,次皇地癨,次祖宗位,奠玉,祭酒,读册,文武二

---

[1] 《武林旧事》卷一《大礼》。

舞,次亚终献,礼毕。上诣饮福位,受爵,饮福酒。礼直官喝"赐胙",次"送神",次"望燎"讫,礼仪使奏礼毕。上还大次,更衣,乘辇还斋宫,百僚追班,贺礼成于端诚殿。黎明,上乘大安辇,从以五辂进发,教坊排立,奏念致语口号讫,乐作,诸军队伍,亦次第鼓吹振作,千乘万骑,如云奔潮涌,四方万姓,如鳞次蚁聚,迤逦入丽正门……[1]

以上例子显示出,官方祭祀既在细节上形式化,同时又在总貌上蔚为壮观。这种祭祀正好迎合了士大夫们的心理要求,从传统上讲他们总是十分看重此类礼仪,包括其象征意味、宗教效果及心理影响。他们正是蒙田笔下所谓"更注重外在仪节而非内心虔敬"的人。的确,照这些士大夫看来,宗教根本与满足个人的神秘癖好无关,它的目的只在于保障宇宙秩序,而这种宇宙秩序又不是别的,只是由皇帝和百官强加给这个世界的政治秩序的超自然层面的对应物。正因此,对于任何偏离常规的宗教情绪,士大夫们总是深怀敌意。也正因此,统治者们总是感到有必要对该帝国宗教生活的一切方面均进行管理调整,使之并入官方宗教的框架之内。全国各地的主要神圣场所均被仔细地分等归类,并被列入官方祭享的名册之中,置入京都的祭坛和庙宇,而该帝国最

---

[1] 《武林旧事》卷一《大礼》。

重要的祭祀仪典正是在那里举行的。这是中央王权的一种努力，目的在于收拢地方宗教中心的势力，同时也对于大型民间祭祀保持控制。

各种神圣场所依其重要性排序如下：南郊天坛、皇家太庙、社稷坛、地方神明（被神圣化的山、海、湖泊），以及先贤人杰祠。所有这些神明均被皇帝加以封号，赐以官衔，它们的等级不仅根据其功能，也根据其名称的字数多寡划分。进行这种封号乃是皇上最重要的工作之一。这样，每逢旱涝瘟疫发生，一位民间神祇——城隍爷便会受到官方的供奉祭享。杭州的城隍庙坐落于城南的山上。他被看作护城之神。不过，从皇帝那里他又得到了一长串庄严炫赫的封号。

这种重外在形式和"行政功能"的宗教概念其实差不多也就等于是全然缺乏宗教信仰了。至少，在上述两者间并不难达至相互协调。事实上，在士大夫中间存在着由来已久的理性主义传统，其最早的代表人物之一是公元前3世纪的无神论哲学家荀子。《荀子·天论》写道："雩而雨，何也？曰：无何也，犹不雩而雨也。日月食而救之，天旱而雩，卜筮然后决大事，非以为得求也，以文之也。故君子以为文，而百姓以为神。以为文则吉，以为神则凶也。"对于世俗的迷信，士大夫们总是报以冷嘲热讽。有些过于热心的行政首长甚至不惜拆毁当地的庙宇，伐倒被神化的林木。不过，大多数士大夫均能自我克制，不做此类渎神之举，以防激起民变。

士大夫们的理性主义被宽容精神所化解，而镇压的举措通常只用来直接对付秘密会社以及其政治含义愈演愈烈的祭祀活动。由于佛教影响日重、财富日广，曾在唐代和唐代以前引起过强烈的排佛情绪，而到了宋代，士大夫们仍对沙门多有微词。不过，鉴于佛教团体在政治和经济方面的势力日渐衰落，士大夫们的敌意也就不再像往日那样激烈，他们仍对之保留着理智上的反感，其辩难也转变为着重从意识形态方面进行。有许多轶事传闻均表现出在某些上流圈子中的反佛倾向。据宋代元怀的《拊掌录》记载："昔一长老，在欧阳公（指欧阳修——译者）座上，见公家小儿有小名僧哥者，戏谓公曰：'公不重佛，安得此名？'公笑曰：'人家小儿要易长育，往往以贱物为小名，如犬羊狗马之类是也。'闻者莫不绝倒。"

　　有的时候，这类嘲笑还会引申成辩难。据宋代俞文豹《吹剑录》记载："温公（指司马光——译者）曰：'世俗信浮屠，以初死七日，至七七日、百日、小祥、大祥，必作道场功德，则灭罪生天，否则入地狱，受锉烧舂磨之苦。夫死则形朽腐而神飘散，虽锉舂磨烧又安得施？唐李舟曰：天堂无则已，有则贤人生。地狱无则已，有则小人入。今以父母死而祷佛，是以其亲为小人为罪人也！'"

　　士大夫们的这种排佛态度，在大多数场合下只涉及个人信仰问题。事实上，官方祭祀偶尔亦有向佛教神灵祷求护佑的。如果这在我们西方人看来有点匪夷所思，那唯不过是因为西方在宗教领域划分了门户森严的教派,各有各的教理和信条罢了。然而在中国,教义的分野从来就无关宏旨。唯一的区别只在于各种宗教在社会结构中的不同地位,即看它是官方的还是家庭的祭祀,或者地方的、地区的、村落的祭祀,要不就是行业神的崇拜。而在所有这些情境中,教义都居于次要的地位。

佛教团体和道教团体均握有财富,它们或者是从种种捐赠供奉中得来,或者是蒙朝廷的恩赏,而后者则是对其官方地位的承认。同时,这些宗教团体也都奉旨为圣上、先皇、皇亲国戚和整个王朝提供宗教服务。1326年,泉州地区的景教主教佩罗拉(André de Pérouse)曾经写道:"在这个广袤的帝国中,居住着天下各个民族和各个教派的人民,每一个个人均获许根据自己教派的方式生活,因为他们被灌输了这样一种理念——毋宁说是一种谬论——即每个人均可根据他自己的教义而找到救赎之路。"[1] 这种对于宗教教义的普遍漠不关心,在一般百姓的信仰和祭祀活动中就更为突出了,因为经常有来自不同教派的人们彼此相当融洽地共同参与此类活动。

(3)家庭祭祀

祭祖的目的在于,在死去的先人(特别是其中最重要的,如部落首领或家族首领)和家庭中逢年过节、结婚生子的重大事件

---

[1] 参见王嘉德(A.Van den Wyngaert)编《中国的方济各会》,第一卷,佛洛伦萨,1929年,第376页。

之间建立密切的联系。和此种祭祀相关联的还有属于每个家庭的宿命观念和殊别性观念。虽说社会的各个阶级都要祭祖,但是越具有显赫家世的家庭就越对之重视,而且我们也已经提到过,鉴于先皇的政治含义,对其的祭享在官方祭祀中占有何等重要的地位。皇帝家有自己的太庙,富家巨室亦有略逊一筹的祠堂,而一般百姓则在其居室的正厅为祖宗设一祭坛。在祭祖的神坛上,人们摆放着书写着已故先人名姓的牌位,据信他们的灵魂就附于其上。还在祖宗刚刚故去的时候,人们便作出努力以留住逝者的灵魂,以赋予这些牌位以生命力,其具体做法是:以供祭的牺牲之血滴在牌位上,让这些小小的斑点象征死者的耳目。不过,死者到底还是葬埋在墓中,到了4月5日的鬼节等日子,孝子贤孙们还是要到先人坟前进行洒扫。

然而,祖先神并非唯一的家庭神明。每逢新年,门神、灶神、床神、院神、井神、土地神均会得到小小的祭品。每一位家神都有其确定的分工,比如床神的职责在于保佑夫妇子息旺盛,所以在一年中如果人们有某方面的需求,便会向其供奉求祷。他们并非全知全能的神(中国的神明全都无此神力);相反,他们全都亲切仁慈,并无报复之心,人们可以与之平等交谈。此外还有其他的神明,其中既包括本土的又包括西传的,而当家中的幸福和宁静被一些麻烦事破坏时,人们经常可以求助于他们。比如,在妻妾不育或只生女不生男时,在她们难产时,在女儿不擅针织时,在小儿多病时,在家人痼疾缠身时,在合家将有灭顶之灾时，人们均会求告于上述神灵。这些受到家庭献祭的神明别无他责，专事保障人们免此不幸。

（4）民众的祭祀与信仰

每个家庭的幸福均有赖于家神的庇护，与此相仿，每个城镇或乡村共同体的安宁亦需受到各自保护神的荫佑。对这些保护神的祭祀，其最基本的特点就在于地区性，只为了某一集团的利益而进行。民众的神灵真是数不胜数：古代的圣贤、伟大的诗人、勇武的将领、道教的仙人、有名的高僧、佛教的诸神、土地和城隍，都在林林总总的寺庙中受到顶礼膜拜。他们的神力甚至与当地水土中散播出来的神力溶在一起。据信，某些树木、岩石、河流、山岳均在四时变化中具有影响力，因而人们也会为这些自然神修寺建庙。

有时候，地方共同体会举行一些礼仪，而它们并非不属于某种有组织的祭祀。在某个地方，每逢阴雨连绵或久旱无雨之际，人们便会举行仪式，对一块怪石进行鞭挞；而在另一个地方，要是水底的龙王拒绝结束旱情，人们便会将穿破的女鞋和死猪扔进深深的池塘以镇邪。[1] 另外，最重要的神明又都有其受祭之日，乡下人也适逢此时赶集逛会。为了酬享这些神明，人们搭台唱大戏，其中伴有丑角的表演、戏法的表演和音乐的吹打。人们向这

---

[1] 参阅《吴船录》卷一。

些神明祈求五谷丰登。而在一年的其他日子里，倘有威胁到村落或地区之收成的旱涝、洪水、瘟疫等等灾难降临，人们还会向这些神明祷告。民众宗教之最引人瞩目的首要特点即在于：神明会异乎寻常地越变越多。

不过除此之外，民众宗教尚有不太为人熟知的一些方面值得我们注意。地方的守护神有时与跳大神的活动相关联。事实上，民众中间有不少是通神者、幻想家和预言家。神灵附体和能掐会算的本事通常体现在最卑贱的人身上。疯狂痴呆者、褴褛的乞丐或潦倒的小贩中常有会下神的，据说本土的或西传的神明会附在其躯体中。另有一些人则宣称自己至少是受到了神的启示，可招回死者的英灵，或者借占课来卜知未来。笃信这类迷狂幻想的不光有庶民百姓，有时候上层社会的某些人甚至一些君王也同样如此（统治万民者喜欢被罩上一层神秘气氛，故而不会忘记乞助于幻术）。我们从宋代庄绰《鸡肋编》所记载的一则轶闻，可以略见此风之一斑："楚州有卖鱼人姓孙，颇前言时灾福，时呼孙卖鱼。宣和间，上皇（译注：指宋徽宗）闻之，召至京师，馆于宝箓宫道院。一日，怀蒸饼一枚，坐一小殿中。时日高，拜跪既久，上觉微馁。孙见之，即出怀中蒸饼，云：'可以点心。'上皇虽讶其意，然未肯接。孙云：'后来此亦难得食也。'时莫悟其言。明年遂有沙漠之行，人始解其识。"

然而，通神者和预言家在秘密会社的组织内部有机会更有效地施展其才能。在营养不良、酗酒、迷狂歌舞、具有魔法性质的性行为或有时近乎自虐的斋戒的帮助下，整个集体于此时都会进入一种恍兮惚兮的状态。

不难想象，我们对于这些秘密会社所知甚少。不过，一俟官府成功地剪灭掉其中之一时，当时的人们偶尔也会留下片言只语，述及它的组织和活动。因而，12世纪上半叶的一位作者为我们相当详尽地提供了有关某个摩尼教秘密会社的情况，当时此教人数甚众，唤作"事魔"者。该教派起于福建，并迅速地传播到温州以及浙江南部沿海，最后影响到浙江全境乃至长江流域。其魁首谓之魔王，为之佐者谓之魔翁魔母，在所有制方面施行共产制度。凡投其党者均免费给予食宿，但必须罚重誓，不吐露同党姓名，不违犯教派帮规。和佛教徒的实际行为刚好相反，该教派的习俗是严格地禁食酒肉。"法禁甚严，有犯者，家人虽不知情，亦流于远方，以财产半给告人，余皆没官。"[1]

以下的例证可以见出在吃菜事魔的秘密会社中所奉教义的狂暴残酷："其法断荤酒，不事神佛祖先，不会宾客。死则裸葬。方殓，尽饰衣冠，其徒使二人坐于尸旁，其一问曰：'来时有冠否？'则答曰：'无。'遂去其冠。逐一去之，以至于尽。乃曰：'来时何有？'曰：'有胞衣。'则以布囊盛尸焉。云事之后致富。……其初授法，设誓甚重。然以张角为祖，虽死于汤镬，终不敢言角字。传云，何执中守官台州，州获事魔之人，勘鞫久不能得……

---

[1] 庄绰：《鸡肋编》。

何以杂物数件问之,能识其名则非是,而置一羊角其中,他皆名之,至角则不言,遂决其狱。如不事祖先、裸葬之类,固已害亲俗,而又谓人生为苦,若杀之是救其苦也,谓之度人,度多者,则可以成佛。"[1]

经常而且定期的祭祀以及公开的仪式,跟秘密会社及其与救世的革命倾向混在一起的有关个人得救的教义,形成了泾渭分明的界限,并几乎构成了大众宗教生活的两个相互矛盾的方面。但公众信仰的问题并非到此为止,因为对于世俗百姓来说,地方神庙中的神明,无论是自然神还是稍许拟人化一些的神祇,均统辖着他们的世界,该世界是局限在特定的区域以及居于其上的团体之内的(它位于另一个层次,不再属于集体的活动,而是属于传统的信仰),那里居住的全是精灵魔怪。

这些精灵魔怪中,有些原本就是动物状或人状的,有些是由狗、猪、狐狸转化为男子或天姿绰约的妇人形象的,还有一些干脆就是鬼魂,它们要么未能得到祭享,要么冤屈还没得到昭雪。如何摆脱这些不受欢迎的鬼怪之造访呢?爆竹声、鼓声和火炮声可以驱走它们。当人们看到它们时,亦可用棍棒或剑来击打之,这时它们便会现出原形或溜之大吉。柳枝、桃枝或艾叶也可以吓退魔怪。有位高官在途经四川某市镇时就曾在某旅行日志里记载说,当地居民在门前燃艾叶以辟邪。[2] 人们还发现,使用某

---

[1] 庄绰:《鸡肋编》。
[2] 参阅《吴船录》卷一。

第五章　四时节令与天地万象

大傩图轴（宋·佚名）

绢本设色　67.4cm×59.2cm　北京故宫博物院藏

傩（音 nuó），是一种古老的驱除疠疫的民间习俗。画面上共有十二人，穿着奇异的服装。帽子的式样各不重复，手中或身上携拿着鼓、铃、檀板等乐器，或为扇、篓、帚等农具。傩戏在宋代除了驱除邪祟之外，可能还有祈求丰收的意味。

些象征符号如城墙、壕沟、盾牌、刀戈的图形或具有魔力的手写咒符也是有效的驱魔之法。另一种被建议运用的方法是在魔鬼的必经之路上放置它们不喜欢的东西，比如，对付女鬼就可以用白玉，因为她们喜欢黑暗而惧怕白色。反过来说，又有一些行为要避免进行。譬如说，"成都不打晚衙鼓。刘仲、张潜夫皆说云：孟蜀多以晚鼓戮人，埋救场中，故鸣鼓则鬼祟必作，自是承例不打鼓"[1]。

大凡被以镇邪魔法驱走或令其显出原形的恶鬼，一般只是缠住了一家人或一个人。这些魑魅魍魉形成了一个超自然生灵的阶层，而又和地方神庙里的神明有本质上的不同。巫师、道士，有时还有和尚，都是可以驱走魔鬼的人，既因为他们知道有效的方法，也因为他们从其宗教中获得了力量。

无数的传闻轶事证明：人们广泛相信有一个死后的世界，并且在阴曹地府中存在着一个由阎罗王主持的地狱法庭。这些裁判所里的某些法官就是已故的高官，而治理着死后世界的复杂行政系统也正是人间世界的翻版。阴司的官员在另一个世界里又有一番仕宦沉浮。他们会被擢升或贬斥，并且掌管着手下的一大帮小吏、档案管理者、师爷和衙役。在这种繁文缛节的官僚机构中，有时候也会在姓名和数目上造成一些失误。因而，有的人大限未到，便可能会由于书记员的疏忽而被过早地召到冥间，然后又被

---

[1] 刘跂：《暇日记》。

第五章 四时节令与天地万象

地藏十王图（南宋·陆信忠）

绢本设色 53.7cm×37cm 日本永源寺藏

送回阳世。而另一些人则可能会由于是孝顺的楷模、熟诵佛教经文或掌握某种魔法而逃脱阴间为其规定的寿限。每逢有昏迷不醒或假死的情况发生，人们便会基于上述理由进行解释。从上述病情中复苏过来的人，有时会有机缘偷看一眼生死簿。他们从中得悉了自己还有几何阳寿，以及自己的亲戚能活多久。还有的时候，他们还会碰上一位不相识的死者托其捎信给自己在阳世的父母，而这种从阴间传回的信息又被验证为可靠的。

从唐代开始，这种降入阴间并且带回预言性启示的说法，为各种各样的传奇故事集提供了最受偏爱的主题之一。

凡夫俗子的生活世界被神秘的和超自然的生灵所包围。奇迹构成了其日常生活的一部分，这个世界上的任何一件事情都可能成为使之不安的根源。他们的语言和行为被种种的禁忌所限制，这种限制有时是暂时性的，有时是永久性的。然而，无论怎样通过就教于历书、星象图或卜卦者而去躲避可能遭逢的厄运，一些未曾想到的倒霉事终究还是会碰上的。

（5）佛教与道教

到公元13世纪，中国人对佛教的偏爱已过去好久了。不过，从南北朝到唐朝（公元5—9世纪）所经历的此种宗教狂热的遗迹，此时还在中国随处可见。在过去的那个历史阶段中，几乎所有重要的艺术作品都可归于佛教门下，如在山坡边雕出的神庙、贮藏佛骨的佛寺与高塔、画卷、手稿卷轴、青铜雕像（有时包金）、石刻雕像、碑刻等等。在四川岷江的某个峡谷中，当湍急的水流将舟船推到一个地方时，行人还会看到一尊巨大的弥勒佛像迎面高矗。这尊佛像是人们在公元 8 世纪初借巨石雕成的，它高 324 英尺，其头顶的周长为 30 码，每只眼睛的尺寸为 18 英尺宽，其周围是一个 13 层的木制建筑。

杭州本身就不乏佛教盛期的遗迹。在这里"城内寺院，如自七宝山开宝仁王寺以下，大小寺院五十有七。倚郭尼寺，自妙净福全慈光地藏寺以下，三十有一。又两赤县大小梵宫，自景德灵隐禅寺、三天竺、演福上下、圆觉、净慈、光孝、报恩禅寺以下，寺院凡三百八十有五。更七县寺院，自余杭县径山能仁禅寺以下，一百八十有五"[1]。被赋予官方地位的寺院有义务为宫廷举行仪式。而所有的寺院均会应善男信女的要求做佛事——通常是丧礼。做佛事包括以某种特殊腔调诵经、唱梵呗、供奉果品花朵和向佛祖焚香。在佛像脚边点有油灯。在节庆之日，寺院所收藏的最精美的画卷和手稿会陈列出来，以供游客观赏。在大厅中悬挂着旗幡，这里的佛像有时高达 30 英尺，均盘膝而坐，面带谜一般的安详微笑，作完全入定状。最重要的宗教节日是四月初八的浴佛节，四月十五的"夏安居"（僧人们于此日起将要在整个夏日待在寺院里修行），以及七月十五的鬼节。

整个中国皆为佛教所浸染，而这种浸染是如此之深，以至于

---

[1]《梦粱录》卷十五《城内外寺院》。

大士像（南宋·贾师古）

立轴 绢本设色 42.2cm×29.8cm
台北故宫博物院藏
贾师古，生卒年不详，南宋画家。擅画道释人物。宋高宗时为画院祗候。此图中绘观音大士秀发披垂，斜倚山石，手中宝瓶倾斜，琼液垂流，涌现一朵白莲。

许多人——甚至在上层中——均不再意识到它。哲学家们从佛教中借取了一些观念。他们不再像其公元前的先驱者们那样全神贯注于伦理学和政治学,而是试图创造出可与佛教体系匹敌的哲学体系。这种对某种特别中国化的哲学的需求,使人益发明确地感到此种哲学要归因于下述事实——佛教已不再是心智生活的主要刺激源泉。佛教的许多教派此后尚在日本流传,但在中国,唯一残留的却只是禅宗。而用戴密微的话来说,后者是"神秘道教的一次复兴,尤为艺术家和士大夫们所珍重"。

在所有的社会阶层中,儒教伦理与佛教道德均水乳交融地混在一起。有些在宋代流传甚广的著作,根据一种可以判定每一个单独行为之积极或消极价值(善与恶)的尺度,向每个个人提供了计算其功过的手段。其中之一主要禀有释家的精神,而根据一项在12世纪初进行的计算,此书的流传之广居然超过了圣经。[1]

既然佛教仍然为社会各阶层的无数家庭提供了所信仰的东西,我们还是简要地回顾一下它的教义。它认为:世界只不过是幻觉而已。而由于我们对此非真实世界的附丽,生命不是别的,只是一连串痛苦的失望。生、老、病、死只是苦痛。只有弃绝罪恶,多修善果,才能使个人在生死轮回的过程中攀向更高的生存序列,并为最终的救赎铺平道路。

---

[1] 参阅杨联陞:《作为中国社会关系的基础的概念——"保"》,载费正清编《中国的思想与制度》,芝加哥,1957年,第300页。

为了能在这种苦痛的生死轮回圈中得以最终解脱，就有必要在一种神秘的启示中发觉这个世界的虚空。宗教实践（诵经、吃斋、拜佛……）和善行（向和尚和佛教团体送礼、为宗教节庆和寺庙修建捐献财物……）可减少一个人的罪过，增加他的功德。一个乐善好施者在来世可再修为人，而一个罪人则只能轮回为狗、猪、妖、鬼。对教义的笃信，或许还有对某种具有魔力的咒符的念诵，可能在危急关头拯救一名信徒。最后，人们也有可能为死者求情，正因此佛教僧人在丧礼和祭礼中才担当了如此重要的角色，——即使是那些并不信佛的人，也会出于至孝之情而请和尚来为死者做佛事。

道教和佛教一样，也有自己的庙宇、社团组织、经籍、神明和宗教仪式。在所有这些方面，它都效法自己的对手。不过，它的社团却不及佛教社团那般富有、众多和强大。道教对于魔幻力量有更确定的偏向，并企图借助一套复杂的性命双修的苦行戒律来延长尘世的人生，并将肉身转化成为一种更精巧的不坏之身。道士们知晓长生不老之药的秘密，另外，作为驱妖降怪者的咒符与护身符的制造者，他们也知道如何驱走妖魔和瘟疫。然而，在12世纪和13世纪的道教徒之间可以区分出两种相互矛盾的倾向。一方更侧重玄奥神秘的科学，另一方则更强调苦修的戒律。12世纪最负盛名的一位道士对于其宗教中任何带有魔法味道的事物均怀有敌意，并且试图达到（佛、道、儒）三教合一。根据他的看法，"人必须通过控制欲望而意识到他身体内部得之于天的自

第五章　四时节令与天地万象

然整体,尤其是要控制性欲,因为它使人缠绵于尘世并玷污了其天赋本性;设若人能够将其天赋本性保存完好,他就有把握长生不老和得道升天"。

佛教在若干世纪的过程中已经全然融进中国的伦理思想和宗教思想之中,但除此之外,在13世纪的中国还有大量的其他外来宗教。景教于7世纪自伊朗传入中国,这是基督教的一个异端

南宋杭州通玄观道教造像"三茅真君"

教派，它认为处女玛利亚不是神的母亲而是一位男子的母亲。该教派实际上到10世纪已经销声匿迹，而只是由于蒙古人的入侵才重新传入中国。不过，马可·波罗仍十分惋惜地提到了杭州城内基督教的凄惨景象："这里的人口如此众多，但却只有一座景教的教堂。"此教堂建于1279年或1280年，也就是刚好在蒙古人于中国南方站稳脚跟之后。相比起来，另一种从伊朗传入的外来宗教——摩尼教，在中国似乎有更大和更持久的成功，尽管其影响力也受到地理的局限。我们已经讲到过，它曾在宋代于福建浙江一带鼓舞过反叛的团体。在另一方面，回教和犹太教似乎在中国东南地区从未产生过任何实际的影响，而且中国人长期以来也根本不能将这两种宗教区分清楚。犹太教从未传播到若干很小的外国人社区之外，而回教则存在于中国的大型通商口岸中。

第六章 · 消闲时光

第六章 消闲时光

1. 城市生活的影响

　　诸门艺术和各种形式的游戏都笼罩着一层巫术的和宗教的气氛：人们是在种种宗教场合进行自我装扮的，而且他们所从事之游戏的目的和特点亦可追溯到很古的年代，当时正是巫术赋予了这些游戏以某种实践的功能或戏剧的功能。这种古风的遗踪直到唐代尚有残存，不过，宋代时期城市的兴起在推动种种游戏和艺术的世俗化方面的作用较诸早先的种种社会变迁更为全面，以致将任何巫术—宗教性的思想和内容均一扫而空。

　　城市中新兴社会阶层（大小商人和下层市民）的崛起，亦在艺术和娱乐方面激起了新的需求。形形色色的大众艺人开始出现，而我们也已经讲到过，"大众娱乐业"的从业人员在杭州普通百姓中间占有可观的比例。中国远古的传统习俗是：魔术师、音乐家和说书者等等只限于在贵族和宫廷圈子内献艺。但到了宋代，他们却也走上了街头，当着商贾庶民的面表演。应这些观众的要求，演出的剧目和类型以及表演的风格均发生了变化。不过与此同时，在上层和下层的娱乐之间也出现了相互借鉴的现象，多多少少使它们变得日渐相通，从而，这种互动产生了丰硕的成果。话本、小说和剧作纷纷问世，可以说是在其发展方面受到了前所未有的刺激。中国的文学加添了新的形式，而且在文学趣味方面也出现了某种变化。

在另一方面，为了适应迅速崛起的商人阶层的需要，士大夫们传统的和私下的艺术也传播到了更大的范围。经营艺术作品（绘画、书法、古董）的市场和职业的艺术家同时出现了。艺术的此种"商业化"导致了新美学观念的产生，而这又影响了宋代人从悠久历史中承袭下来的美学观念。

由于大都市——其中尤以杭州为最——中间人口稠密和各阶层混杂，遂使各色人等相互接触的机会增加，并使他们的关系更加密切。杭州提供了无数的会面场合，并且因而鼓励了各种团体的形成。一言以蔽之，这里是发展各种形式的娱乐活动的理想场所。城市居民之最基本的心理特征之一便是：永无止境地渴求娱乐，对任何种类的消遣、社交和饮宴均十分热衷。13世纪的杭州有大量的会社，其中既有文学的、体育的，亦有宗教性质的。人们为这些会社所取的名字——不待言还有这些会社的组织结构——显示出：这些形形色色的团体与那些在中国极为普及的地区性的拜祭土地神祇的团体和做佛事的佛教团体颇为相似。它们的规则规定：每个成员均有义务为每年一度的盛宴和社交提供自己分内的钱物，同时，他们还有义务向为每个会员之婚丧大事所举行的仪式捐钱。这类组织制度开了种种互助协会和种种为宗教目的（有时也为纯粹的世俗目的）而掌管钱财的团体的先河，而后者一直到现代中国仍然存在。对于13世纪杭州所存在的各种各

第六章　消闲时光

杂剧角色雕刻

样的团体来说，很可能也是这样定期举行社交活动和分摊花销。

文士有西湖诗社，此乃行都缙绅之士及四方流寓儒人，寄兴适情赋咏，脍炙人口，流传四方，非其他社集之比。武士有射弓踏弩社，皆能攀弓射弩，武艺精熟，射放娴习，方可入此社耳。更有蹴鞠、打球、射水弩社，则非仕宦者为之，盖一等富室郎君，风流子弟，与闲人所习也。[1]

---

[1]　《梦粱录》卷十九《社会》。

奉道者有灵宝会，每月富室当供持诵正一经卷。如正月初九日玉皇上帝诞日，杭城行香诸富室，就承天观阁上建会。北极佑圣真君圣降及诞辰，士庶与羽流建会于宫观或于舍庭。诞辰日，佑圣观奉上旨建醮，士庶炷香纷然，诸寨建立圣殿者，俱有社会，诸行亦有献供之社……每遇神圣诞日，诸行市户，俱有社会迎献不一。如府第内官，以马为社。七宝行献七宝玩具为社。又有锦体社、台阁社、穷富赌钱社、遏云社、女童清音社、苏家巷傀儡社、青果行献时果社、东西马塍献异松怪桧奇花社……〔1〕

奉佛者有上天竺寺光明会，俱是富豪之家，及大街铺席施以大烛巨香，助以斋资供米，广设胜会，斋僧礼忏三日，作大福田。又有善女人，皆府室宅舍内司之府第娘子夫人等，建庚申会，诵《圆觉经》，俱带珠翠珍宝首饰赴会，人呼曰"斗宝会"……四月初八日，六和塔寺集童男童女善信人建朝塔会……西湖放生池建放生会，顷者此会所集数万人。〔2〕

毫无疑问，吴自牧上述记载的纷乱无章并不是没有缘由的，因为这些团体是应着如此众多的不同目的而形成的，而它们的组

---

〔1〕《梦粱录》卷十九《社会》。
〔2〕同上。

织形式又大同小异，所满足的需要也相去无几。它们迎合了共同爱好一门艺术、笃信一种宗教或来自同一故里的人们的要求，使之可以相互会面和结交。只有一座大都市里的结社形式才会如此复杂多样。我们不难想象：这其中的一些团体，尤其是西湖诗社，一定对12世纪和13世纪的文艺发展产生过巨大影响。

2．娱乐

杭州到处都有供人们交往聚会的好去处：城外花园可供市民冶游观光，城中空地或街头巷尾的卖艺者把人们吸引得目不转睛，茶肆供富室子弟习学乐器，而湖上轻舟则等着游客去开心取乐……此外，杭州尚有专供娱乐的场所，那是些专业的"娱乐场"，在那里人们可以学习戏曲、弹唱，而且每天都可以看到各种戏剧的表演。按照当时人的解释，为这些娱乐场所取的名字意味着无人拘于礼节，也就是说，各色人等均可不顾忌寻常的礼法而在此处摩肩接踵。早在12世纪初，北宋的首都开封府便出现了此类的瓦舍勾栏。到了南宋的绍兴年间（1131—1162），在杭州城也为驻扎在城中的兵丁设立了瓦舍，这些兵丁中的大多数来自北方各路，由于远离家室，正愁找不到打发闲暇时间之途。

但朝廷设立这些瓦舍的本意，很快就被转变了。《都城纪胜》的作者写道："瓦者，野合易散之意也，不知起于何时，但在京师时，甚为士庶放荡不羁之所，亦为子弟流连破坏之地。"在南宋时的杭州，这类瓦舍计有17处[1]，它们多设在城门外不远处。设在郊外的瓦子不归城区官衙统辖，但所有的这类娱乐场所均归一个政府部门统一管理。

杭州的散乐传学教坊共有13个部门，教授杂剧和音乐。每个部门均有其头领，艺人们则根据所属部门和等级的不同而"分服紫、绯、绿三色宽衫，两下各垂黄义襕"。杂剧部的演员诨裹形状色彩各异的头巾，余下的乐师皆戴幞头帽子。乐师们视其所属乐部的不同而操不同的乐器。"大凡动细乐，比之大乐，则不用大鼓、杖鼓、羯鼓、头管、琵琶等，每只以箫、笙、筚篥、嵇琴、方响，其音韵清且美也。若合动小乐器，只三二人合动尤佳，如双韵合阮咸，嵇琴合箫管，鏊琴合葫芦琴，或弹拨下四弦，独打方响，吹赚动鼓《渤海乐》一拍子至十拍子。又有拍番鼓儿，敲水盏，打锣板，和鼓儿，皆是也。"[2]

除教习乐器外，教坊的另一些部门还传授歌唱、舞蹈和杂剧表演技艺。杂剧的特色在于"大抵全以故事，务在滑稽，唱念应对通遍。此本是鉴戒，又隐于谏诤，故从便跳露，谓之无过虫耳……又有杂扮，或曰'杂班'，又名'纽元子'，又谓之'技和'，即杂剧之后散段也。顷在汴京时，村落野夫，罕得入城，

---

[1] 据《梦粱录》卷十九《瓦舍》。或23处，据《武林旧事》卷第六《瓦子勾栏》。

[2] 《梦粱录》卷二十《妓乐》。

第六章 消闲时光

舞蹈及器乐演奏 南宋浮雕彩绘 四川泸县宋墓出土
表现当时勾栏舞台表演的情景。左边两位女伎持鼓执杖而去，右边两人吹笛拍板，中间两位是舞者。

遂撰此端。多是借装为山东、河北村叟，以资笑端"[1]。另一些节目的演出形式是在歌声和乐声的伴奏下翩翩起舞。此外还有皮影戏，这种戏中的演员是用纸剪成并巧妙连接起来的傀儡；以及木偶戏，这种戏中的傀儡或被在上方以线绳牵引，或被从下方以细棍操纵，木偶戏演员们还可以其修长、秀美的身影亲自扮演之。在表演中，剧中的傀儡被配以带着鼻音的尖声道白。无论皮影戏还是木偶戏，场面都不大，多为半真半假的灵怪、公案以及烟粉类的传奇故事。说书的艺人亦广受欢迎。他们一般均专擅讲某一种类型的故事，如讲"小说"者专说"烟粉、灵怪、传奇、公案朴刀杆棒发发踪参之事"，说"参请"者专说"宾主参禅悟道

---

[1]《梦粱录》卷二十《妓乐》。

骷髅幻戏图（南宋·李嵩）

绢本设色 27cm×26.3cm
北京故宫博物院藏
画面表现的是宋代市井木偶表演形式之一种——悬丝傀儡。表演者也被描绘为一具骷髅，寓意无穷。旁边有一副演傀儡戏担子，担上有草席、雨伞等物，表演者身后还有一个哺乳婴儿的妇人，明显是他的妻子，傀儡戏艺人携妻带子四处奔波的艰辛生活写照跃然纸上。

等事"，讲"史书"者说"《通鉴》、汉唐历代书史文传、兴废争战之事"。无论演剧还是说书，都时而倾向于对社会进行讽刺，并且公开指责当权者的腐败行径。

在娱乐场所还可以看到从事"百戏踢弄"的人们，不过通常情况下这些人却是在瓦舍旁的街面上围出一块地方进行表演。杭州城北有一座御街上的桥，桥边有13处勾栏。然而百戏踢弄人家并不限于在这些专供其用的勾栏内献艺；实际上，无论在哪里只要能吸引观众，均可看到他们的身影。有的时候，他们会用竹桩和草席搭起临时性的凉棚。因而，行人们当街便可啧啧惊叹地看到他们表演"索上担水"的绝技，以及"踢瓶、弄碗、踢磬、踢缸、踢钟、弄花钱、花鼓槌、踢笔墨、壁上睡、虚空挂香炉、弄花球儿、拶筑球、弄斗、打硬、教虫蚁、弄熊、藏人、烧火、藏剑、吃针、射弩端、亲背、攒壶瓶"等节目。此外,"街市有乐人三五为队,擎一二女童舞旋,唱小词,专沿街赶趁"[1]。说书者和商谜者亦很能吸引观众。还有一种"说诨经者",也同样受欢迎,"他们故意歪批经典,并且通过旁征博引而把佛陀、老子、孔子均解说成女流之辈"[2]。

13世纪的周密写道:"余垂髫时,随先君子故都,尝见戏事数端,有可喜者,自后则不复有之,姑书于此,以资谈柄云。呈水嬉者,以髹漆大斛满贮水,以小铜锣为节,凡龟、鳖、鳅、鱼皆以名呼之,即浮水面,戴戏具而舞,舞罢即沉,别复呼其他,次第呈伎焉。此非禽兽可以教习,可谓异也。又王尹生者,善端视。每设大轮盘,径四五尺,画器物、花鸟、人物凡千余事,必预定第一箭中某物,次中某物,既而运轮如飞,俾客随意施箭,与预定无少差。或以数箭,俾其自射,命之以欲中某物,如花须、柳眼、鱼鬣、燕翅之类,虽极微眇,无不中之。其精妙入神如此,然未见能传其技者。又太庙前有戴生者,善捕蛇。凡有异蛇必使捕之,至于赤手拾取如鳅、鳝然。或为毒蝮所啮,一指肿胀如橡,施于笈中取少药糁之,即化黄水流出,平复如初。然十指所存亦仅四耳。或欲捕之蛇藏匿不可寻,则以小苇管吹之,其蛇则随呼而至,此为尤异。其家所蓄异蛇凡数十种,锯齿毛身,

---

[1]《梦粱录》卷二十《百戏伎艺》。
[2] 参阅《棠阴比事》。

歌乐图卷（南宋·佚名）

绢本设色 25.5cm×158.7cm 上海博物馆藏
画面呈现的是等待演出的歌乐女伎。一位老乐师，两位女童，九位女伎，一字排开，构图新奇。

白质赤章，或连钱，或绀碧，或四足，或两首，或仅如称衡而首大数倍，谓之饭揪头，云此种最毒。其一最大者如殿楹，长数尺，呼之为蛇王。各随小大以筠篮贮之，日啖以肉，每呼之，使之旋转升降，皆能如意……"[1]

不过，最热闹的时候还是在节庆期间，这时人们倾城出动，在街市上开心取乐，通宵达旦地畅饮，到处寻找好玩的去处，故露天的娱乐活动亦最是繁多。每逢"明堂郊祀年分，丽正门宣赦

[1]《癸辛杂识·后集·故都戏事》。

第六章 消闲时光

时",百戏踢弄便会在全城各处表演起来。此处还有"角抵"之戏。"角抵者,相扑之异名也,又谓之'争交'。且朝廷大朝会、圣节、御宴第九盏,例用左右军相扑,非市井之徒,名曰'内等子',隶御前忠佐军头引见司所管,元于殿步诸军选膂力者充应名额,即虎贲郎将耳。每遇拜郊、明堂大礼、四孟车驾亲飨,驾前有顶帽,鬓发蓬松,握拳左右行者是也。遇圣节御宴大朝会,用左右军相扑,即此内等子承应。但内等子设额一百二十名,内有管押人员十将各二名,上中等各五对,下等八对,剑棒手五对,余皆额里额外,准备只应……瓦市相扑者,乃路岐人聚集一等伴侣,以图摽手之资。先以女贴数对打套子,令人观睹,然后以膂力者争交。若论护国寺南高峰露台争交,须择诸道州郡膂力高强、天下无对者,方可夺其赏。如头赏者,旗帐、银杯、彩缎、锦袄、官会、马匹而已。"[1]

大多数在瓦舍或街头一展才能的艺人,也会到富人家的宅第去进行表演,有时碰上节日或御宴,他们还会到宫廷中去献艺。即使表演者在上述场合不尽相同,但至少表演的节目是相同的,——尽管或许在后两种场合的演技更加娴熟,并且为了适应那些观众的相对挑剔雅致的趣味而更加精巧。当然,上流社会的人士也经常到瓦舍勾栏的庶民百姓中来尝试下层人民的快乐。我们从当时人的记载中得悉,具有一技之长的人会被富贵人家长期雇用来讲古论今、吟诗和曲、围棋抚琴、投壶打马、撇竹写兰、唱词白话、打令商谜等等。这些被称作"闲人"的食客成为了富贵人家的一个组成部分。[2]

只有最出类拔萃的艺人才能获准为皇帝表演。《武林旧事》所开的清单列举了55种不同的表演门类,并且记载了554位曾在宋末的宫中进行演出的艺人的姓名。我们只须从中略举几个表演项目来看看艺人们的专业化到了何种程度:"说诨话""吟叫""学乡谈""唱赚""小唱""弹唱因缘""唱京词""唱耍令""唱拨不断""放风筝""蹴球""射弩儿"……有些表演项目的确切含义我们如今已很难解释清楚了。

尽管有上述种种娱乐,并不能完全满足城市居民的需求。人

---

[1] 《梦粱录》卷二十《角抵》。
[2] 参阅《梦粱录》卷十九《闲人》。

第六章 消闲时光

宋代蹴鞠纹铜镜
我国古时称球为"鞠","蹴鞠"即踢球。

们在空闲时还会从事各种各样的户内游戏。这类游戏非常丰富多彩,为的是适应各种年龄及各个阶层的要求。有时在玩某些游戏时甚至还有男女之别。因此,秋千是专供年轻上层女性消遣之用的。而有时用铜钱来作筹码的赌钱游戏,则特别为下层百姓所钟爱,——尽管当局对此明令禁止。孩子们也当有他们的游戏,只可惜我们对此一无所知。

而在另一方面,有些游戏则为社会上上下下共同喜爱,比如"双陆"之戏。这种棋类活动大约是在公元 3 世纪传入中国的,它由 24 个棋子组成,靠掷骰子来下。"打双陆"在宋代甚为风行。根据一位 12 世纪的作者的说法,"富人们的赌注是他们的奴仆和马匹……穷人们则谁输了谁付下一轮的酒账"。中国宋代所使用的骰子和我们西方人使用的一样,但其中的四点(相当于西方人的么点)却被漆成了红色。正因如此,有一种规则和扑克牌相似的游戏便被称为"翻红"(turning up the red)。此外,我们还应提及骨牌、麻将,以及有东西南北四张王牌的纸牌,后者大约是于唐代在中国出现的。最后,在上流社会的传统游戏中,还有象棋和投壶,这两种游戏早在公元前即已出现,长期以来被用于进行占卜和神判。中国的象棋和国际象棋有关系,尽管在规则上有很大出入。投壶则需要很高的技巧,竞赛者需要让飞镖穿过一层鼓皮而进入很细的瓶颈。

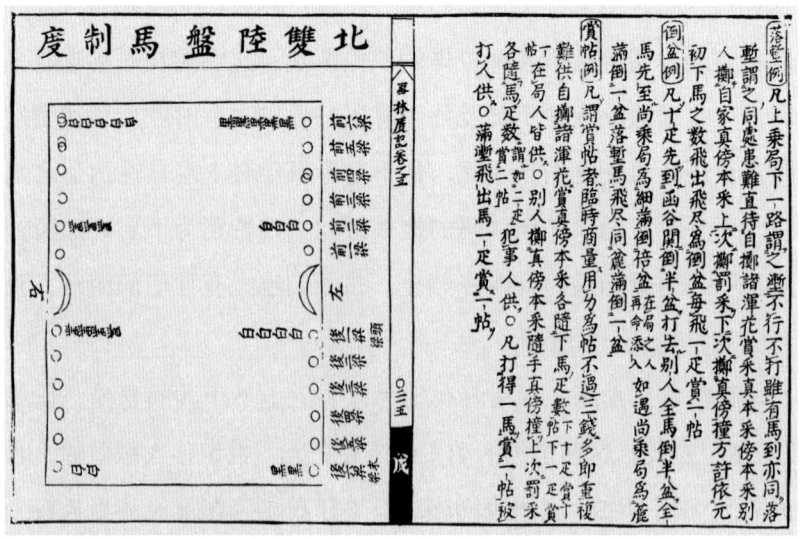

《事林广记》载"双陆"图

3. 艺术和文学

在有宋一代的各种文艺表现手法中，不论它们是诗词、话本、小说、类书还是歌曲、器乐或绘画，均可见出当时社会变迁和技术进步的影响。作为人类精神的一种普遍表现方式，艺术是为了审美家而存在于它独自的领域，而审美家则很可能会忽略上述那种琐碎的物质性问题，或者仅只是附带提及它，并未予以认真考虑。然而，在一项有关日常生活的研究中，我们却势必要把在时代、历史瞬间、当时的人际关系和地理环境等方面所获得的精确性看成是不可或缺的，这既是出于方法上的考虑，又是为了得到理解诸种事实的前提。准此，我们究竟有无可能指出社会变迁和技术进步对于艺术的影响呢？造成主题和风格变化的，是多种因素的一个复合整体。同时，也正是这个复合整体使得宋代的艺术和文学转向了它的特定追求目标。过去那种在书、画、诗、赋等方面无一不通的士大夫，越来越被专业化人员所取代。再加上从 10 世纪开始的印刷术的传播，以及售书行业的发达，话本、杂剧、傀儡戏和流行曲谱的增多，文学社团的形成，古董和艺术品买卖的增长，——所有这一切新生事物都不能不影响到中国人的文学和艺术趣味。

在这些因素中，影响最深远的显然是印刷术的出现。完全可以说，印刷术在中国出现得恰逢其时，因为当时正在扩张的社会阶层刚巧在试图通过学习而改进自己，或者说得更简单一点儿，是企求通过阅读来获得自己在聆听传奇和诗歌时曾经体验过的快乐。事实上,正是由于商人阶层的崛起和下层城市人口的急剧增长,印刷术才会应着他们的新要求而如此广泛地应用开来。正是社会变迁赋予了此项发明以正当的用途,否则的话,它就会被轻轻地忽略掉。我们就此所找到的证据是,事实上印刷术的最早应用范围是极其有限的。在8世纪以前,木刻板是被用来在纸上印出咒符、护身符和宗教小册子的,而最重要的是,它是被用来印制专供分发的佛像的;大量的此类可以被重复印制的佛像均掌握在佛教徒手中,以期产生惊人的宗教效果。

印刷的技术发轫于佛、道两教的寺庙中,然后才在9世纪和10世纪由世俗阶层在两个人口最稠密的地区即长江下游和四川西部进一步发展起来,在这些地区的百姓那里流传着历书、星象书和初级的字典。然而,到了公元932—953年之间,根据官府的命令,人们用木板印制了一版儒家的经书,而在此之前它只是被刻在石头上。在960—971年间出现了一部佛教经典,这是一部集大成的著作,内容包括经典原文、注释以及有关教规的著述。在10世纪中叶,人们曾尝试使用黏土、锡和木头来制造印刷用的活字。但是,由于书面文字数目巨大(中文的常用字在7000字以上,不像拼音文字只需相当有限的印刷符号),也由于劳动力的便宜以及人们宁要精美的书法而不要印刷品的偏好,遂使活字印刷术的发明非但没有促进、反而延误了印刷术的推广。

正是由于有了宋版书,当时的绝大部分著作以及到宋代尚有

第六章 消闲时光

流传的许多更早时期的著作才得以保存至今。这些印刷于宋代的文本向我们提供了令人惊奇的材料，证明极度的学习热情恰是12世纪和13世纪中国人的特点。在中国历史上，这个时期所占据的重要性决不下于文艺复兴时期之于西方历史。印刷术的发展并非可以验证这种比较的唯一证据。事实上，在西方和中国的上述发展阶段均出现了复古思潮，而这种复古思潮却又伴随着普遍的革新意识，无论在艺术、文学还是思想领域均如此。唐代的学者满足于解释汉代经学对于儒家经典的注疏，而宋代的学者却要对儒家经典进行再次释读和重新注疏。新的注释者是由新的哲学来

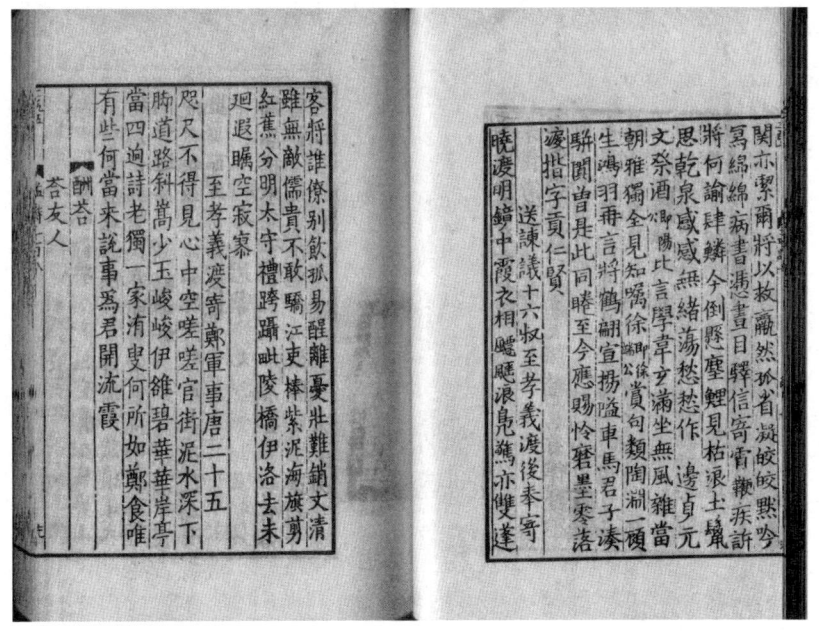

宋刻本书影《孟东野诗集》

支持的，古代哲人的思想被基于"性"（万物和人类的本性）和"理"（万物的内在秩序）来加以阐发。

考古学的发现激起了艺术专门家和艺术爱好者的浓厚兴趣。在徽宗统治时期（1101—1125），一些古代的青铜器和玉器在河南安阳附近出土了，它们被断代为发端于公元前两个千年纪之末叶，与1899年在同一地区发现的青铜器和甲骨文属于同一个时代。由此，论题十分广泛的目录、类书和文集出现了，它们中有论述怪石、玉器、古钱、墨块、竹子、梅树、荔枝、柑橘、香菇、各种花卉、鱼蟹的专文，有关于绘画和书法的论文，也有地理学方面的著作（其中一些还涉及域外的地理），以及历史学方面的著作。

恰逢此时，第一部非官方的中国通史问世了。而有些士大夫为了消磨时光，则去编纂一些初等自然科学方面的小册子，或者干脆去搜集治病的偏方。我们在其中可以读到诸如此类的笔记："夏月热汤入井成冰""蜈蚣畏油""薄荷去鱼腥""枳实煮鱼则骨软，或用凤仙花子""油手以盐洗之，可代肥皂用""脚跟生厚皮者，用有布纹面瓦片磨之""食蒜令口中不臭，用生姜子同食，或呷醋一口，或食芝麻尤妙""漆器不可置藿菜，虽坚漆亦坏"。[1]收藏、编目、博学或列举奇闻轶事乃是整个那一时期的特征。

在哲学思辨方面的倾向有好几种。而其中主流的倾向则是在

---

[1] 苏东坡：《物类相感志》。

宇宙论方面的崭新兴趣，这原本是被古代儒家和中国人本主义创始者本人所轻视的课题。孔子认为，对于圣哲的反思而言，人是唯一适宜的题目。宋代的宇宙论思想是被在一些玄奥的图表中表达和综述的，那些图表解释了世界的起源和发展。这些宇宙论哲学的目的在于用一种纯粹中国式的关于整个宇宙的解释，来取代佛教的理论。

在12世纪期间，出现了一位大哲学家，他对此后中国思想的发展产生了深远的影响。这位哲学家便是朱熹（1130—1200），他是一种实在论哲学的创始人，该哲学将实体和本质收纳进一个总结性概念，此概念又与形式相对，或者依照这位哲学家所使用的中文表达方式，此概念是与赋予了每个单个生命以特性的"气"相对。不过，形式和实体并非互相反对而是相互补充。宇宙仍被设想为一个整体，它由变易不息和相反相成的原理所构成。中国思想拒斥任何形式的二元论，它认为如果宇宙的平衡还要保持下去的话，相反的东西就必须合作。在伦理学领域，朱熹思想的特点则在于强调教化和努力。其他哲学家的观点与朱熹对立，他们的思想体系建立在某种基本的直觉之上，而这使得他们与释家的禅宗或古代道家很相似。对于他们来说，世界和心灵合而为一。可大多数人却由于愚昧而对此种同一性了无所知；他们的愚昧并非纯然出于智力上的差别，自私和算计更使之蔽而不明。只有真正能"超然物外的"个人，才能获得直觉式的理解，看到存在于宇宙和宇宙间生灵之中的深刻的和谐。

西园雅集图（南宋·马远）

美国纳尔逊艾特金斯艺术博物馆藏

此画描绘苏轼、苏辙、李公麟、米芾等名流在驸马王诜家的西园聚会情景。士大夫们流连歌舞，啸傲湖山，以忘却现实之痛。

第六章 消闲时光

与宇宙观之扩展同时存在的，还有经由新形式之运用和新倾向之崭露而产生的文学繁荣景象。创造崭新文学潮流的，不再仅仅是上流社会的士大夫，还包括"资产阶级"和普通百姓。此一时期的文学，大量运用了既来自下层百姓也来自上层阶级的口语，这部分是由于口头文学传统所致，但即使是笔头创作，也更注重听的效果而非读的效果。说书者、职业剧作家和表演木偶戏与皮影戏的艺人们创作了为数甚多的作品，其中包括传奇故事、佛教传说、短篇公案以及有关三国时期或五代十国时期的历史传闻。

宋代说书人所用的话本，有的至今仍有留传。其中之一讲到了北宋的末代皇帝宋徽宗的悲惨结局，即他如何被俘虏到金国并客死在那里。另一篇话本则为一部著名明代小说的先驱，讲到了7世纪时唐三藏的印度之行，其随行者为一只神通广大的猴子。这些故事均被以白话叙述（或许还有轻音乐伴奏）。不过，在似乎更宜于用诗歌来表达的场合，例如在描写一位美女或一处胜景时，或者在情节发展到了紧要关头时，话本中也会穿插一些用韵文写成的段落，这些段落在说书时是要唱出来的。

收集奇闻轶事的爱好早在唐代就十分风行，而到了宋代就更加明显。印刷术使得这类著作流传甚广，它们是由一系列的简短故事组成，这些故事均极尽荒唐怪诞之能事，却个个都有其亲眼目击的证人。人名、地名、日期等等，均被准确地提供。请看此种文学形式的若干例子：

临江军阁皂山下张氏者，以财雄乡里。绍兴十四年，家仆晨兴启户，有人长丈余，通身黑色，径入坐厅上。诘之不应，曳之不动。急报主人，及呼众仆至。击之以杖，铿然有声，刺之以矛，不能入，刃皆拳曲如钩，沃之以汤，了不沾湿，顽然自如，亦无怒态。江西乡居多寇窃，人家往往蓄大鼓，遇有缓急，击以集众，至是鼓不鸣。张氏念不可与力竞，乃叩头祈哀，又不顾……复出坐。及暮将明烛，火亦不然。一家惴惧，登山上玉笥观，设黄箓九幽醮，命道士奏章于天，七日始不见。张氏自此衰替，今为篓人。[1]

预言性的梦境亦是这类轶闻的经常性主题：

张维，字正伦、燕山三河人。家君初出使至太原，维以阳曲主簿馆伴。尝言宣和乙巳岁，同邑有村民，颇知书，年六十余，一夕警魇而觉战栗不自持，谓其妻曰：吾命止此矣。妻惊诘其故。曰：适梦行田间，见道上有七胡骑，内一白衣人，乘白马，怒色谓我曰，汝前身在唐为蔡州卒。虽元济叛，我以王民治堑，为汝所杀，我衔恨久矣。今方得见，虽累世，犹当以命偿我。

---

[1] 洪迈：《夷坚志·阁皂大鬼》。

乃引弓箭射中吾心。因颠仆而寤。吾必不免。明日当远窜以避此患。妻云：夜梦何足信，汝妄思所致耳。老父益恐，未旦而起，其家甚贫，止令小孙携被欲往六十里外一亲知家避之。行草径三十余里方出官道，又二里许遇数人与同行。忽有骑驰至，连叱众令住，行者皆止。老者回视，正见七骑内一白衣人，骑白马，宛如梦中所睹。因大骇，绝道亟走，骑厉声呵止之，不听。白衣大怒曰：此以交加人。遂鞭马逐之至其前，引弓射中心，应弦而毙。七人者，皆女真也。[1]

笃信鬼神有时会导致悲剧性的错误，但有时亦会引起喜剧性的误会。请看下例：

吕安老尚书，小时入蔡州学，同舍生七八人，黄昏潜出游，中夕乃还，忽骤雨倾注而无雨具，是时学制崇严，又未尝谒告，不敢外宿，旋与酒家假单布衾，以竹揭其四角，负之而趋，将及学墙，东望巡逻者持火炬传呼而来，大恐，相距二十余步，未敢前。逻卒忽反走，不复回顾，于是得逾墙而入，终昔惴惴以为必彰露，且获谴屏斥矣。明日兵官申府云：昨二更后大雨正作，

---

[1]《夷坚志·三河村人》。

出巡至某处，忽异物从北来，其上四平如席，模糊不可辨，其下谡谡如人行，约有脚二三十只，渐近学墙乃不见。郡守以下莫能测为何物，邦人口相传，皆以为巨怪，请于官。每坊各建禳灾道场三昼夜，绘其状祠而磔之。然则前史所谓席帽行筹之妖，殆此类也。[1]

这类传闻集中大多是神魔鬼怪的故事。不过，也有一些故事中的主人公更贴近现实，如：

绍兴二十年七月，福州甘棠港有舟从东南漂来，载三男子一妇人，沉檀香数千斤。某一男子本福州人也，家于南台，向入海失舟，偶值一木，浮行得至大岛上，素喜吹笛，常置腰间，岛人引见其主，主夙好音乐，见笛大喜，留而饮食之，与屋以居，后又妻以女，在彼十三年，言语不相通，莫知何国，而岛中人似知为中国人者，忽具舟约而行，经两月乃得达此岸。甘棠寨巡检以为透露海舶，遣人获至闽县。县宰丘铎文昭招予往视之，其舟刳巨木所为，更无缝罅，独开一窍出入，内有小仓，阔三尺许，云女所居也。二男子皆其兄，以布蔽形，一带束发，跣足，与之酒，则跪坐以手据地如拜者，一饮而尽。女子齿如白

---

[1]《夷坚志·长乐海寇及蔡州禳灾》。

雪，眉目亦疏秀，但色差黑耳。[1]

诗歌，作为砥砺和讽喻的手段，作为虽具暗示性但却有效应的表达方式，乃是中国人日常生活的一部分。它虽说是一门属于士大夫的特殊艺术，却在社会的许多阶层中受到了极大的推崇。在公元9世纪，即使此时印刷术还未推广，一些当时最负盛名的诗人的作品抄本便已在市场上流传，并且可被用来支付酒账或茶账。在杭州以及邻近的城市绍兴，人们把这类诗歌刻在石头上，以便进行石版印刷。在宋朝，旧有的诗歌形式仍被开发着：五言或七言的格律诗以及长篇铺叙的诗体既被用来抒发感情，又被用来显露学识。但与此同时，半是大众化半有学究气的歌谣也日益普及，这鼓励了一种新的诗歌形式的发展。

中国的诗人并未受到过度炫耀辩才的诱惑。中文从本质上来说是简洁明了的，它不是靠逻辑关联而是靠彼此并列来表达意思。因此，虽说西方的语言比中文更适于解释和论辩，却根本不适于翻译像中文诗这样具有简洁和暗示性质的诗歌。不过，无论如何，由于这里必须举一些例子，我在此权且译出几首12世纪和13世纪的中文诗，它们或许可以帮助读者了解那个时代的诗情。

范成大（1126—1193）以《雪中闻墙外鬻鱼菜者求售之声甚苦有感》为题赋诗二首：

---

[1]《夷坚志·无缝船》。

饭箩驱出敢偷闲？雪胫冰须惯忍寒。
岂是不能扃户坐，忍寒犹可忍饥难。

啼号升斗抵千金，冻雀饥鸦共一音。
劳汝以生令至此，悠悠大块亦何心？

有些诗作是讽刺社会的，如因直言不讳而遭迫害的刘克庄（1187—1269），便写下了《苦寒行》：

十月边头风色恶，官军身上衣裘薄。
押衣敕使来不来？夜长甲冷睡难着。
长安城中多热官，朱门日高未启关。
重重帏箔施屏山，中酒不知屏外寒。

蛮族的入侵在一些诗人心中唤起了民族情绪。因此，12世纪和13世纪的中国文学中经常可以看到具有爱国主义热情的诗歌。如林升（12世纪末）的《题临安邸》：

山外青山楼外楼，西湖歌舞几时休？
暖风熏得游人醉，直把杭州作汴州。

再如戴复古的《江阴浮远堂》：

> 横冈下瞰大江流，浮远堂前万里愁。
> 最苦无山遮望眼，淮南极目尽神州。

在蒙古人入侵之后，诗人谢翱（1249—1295）写下了《过杭州故宫》：

> 禾黍何人为守阍？落花台殿黯销魂。
> 朝元阁下归来燕，不见前头鹦鹉言！

与这些专供阅读而创作的、总是用文学语言写成的格律诗不同，那些为曲谱而填写的词运用了大量的俚语。尽管这些被用来歌唱的词终有宋一代流传甚广，但它们并不简易。它们是由不规则的韵律构成的，一般呈抒情性和描述性，并且通常是为和画境相同的东西所点染。下面将要引证的一首便是这样。它们在格调上是印象派的，试图把握住特定瞬间的确切感受，并且传达作者对似水流年的感受以及伤春的情怀。下面这首词描写了雨后黄昏的风光。词作者像画家一般分化了，他的一部分走进了他所描述的自然空间之中：

> 雨晴气爽，伫立江楼望处：澄明远水生光，重叠暮山耸翠。遥认断桥幽径，隐隐渔村，向晚孤烟起。残阳里，脉脉朱栏静倚。黯然情绪，未饮先如醉，愁无际！

第六章 消闲时光

暮云过了,秋光老尽,故人千里,竟日空凝睇![1]

诗和画之间,并无确定的界限。在一幅画上,经常会题写一首诗,诗中对绘画的主题有所提示,并且以文字的形式对同一观念有所表达。反过来,大多数作家也都会熟练地使用毛笔,可以用具有审美价值的书法来书写他们的诗作,而这种书法又能够使内行看出作者在韵致、想象力、秩序和均衡方面达到了多高的造诣。就其驾驭线条的能力和敏锐的感受力而言,一位诗人已经是半个画家了。正因此,中国的绘画史和中国的文学史不可能截然分开。在有宋一代,它们是齐头并进的。

一些新出现的事情,比如室内装修业的出现,艺术爱好者和艺术收藏家的人数剧增,新的职业画家、书法家阶层的兴起,古董和艺术品交易的发展等等,均不可能不产生某些影响。事实上,上述发展在宋代引起了一场根本性的变迁,无论在有关艺术的概念方面还是在创作艺术品的条件方面均如此。从早期到宋代和宋以后的艺术史不管在表面上显示了多大的连续性,我们都可以确信,这种表面的连续性只是一种幻象。不仅通过调查研究可以发现新的技术和新的风格均已在宋代艺术中留下印迹,而且——最为重要的是——人们的艺术感受性和观察事物的方式也发生了急剧的变化。用不着任何证据,人们也可以作此类的

---

[1] 柳永:《诉衷情近》。

预期。

我们不可避免地要稍稍回顾一下过去。根据一种古老的观念——这种观念到12世纪和13世纪只有遗迹或记忆残留下来——绘画乃是巫术的近亲，它要求最巨细无遗的写实主义，以便尽可能地使事物被画得栩栩如生。画家很近似于巫师：他可以通过准确地描绘其形象而再造生灵与万物，并可以通过赋予笔下形象以生气而使之获得独自的存在。画家的山水画为那些向往这些风光的人们提供了进行一番出神漫游的机缘和手段。画家的作为创造性艺术家的个性被冲淡了，这位观察者已经分化了，他的一部分自我已经化隐进广大自然景色的维度之中，而这种自然又正是他的另一部自我心往神追的目标。画家已被眼前景物深深感染，并在它那里达到了无我之境。他或是驻足于山间的小径上，从那里看到绵延的群峰、深深的山谷和神仙的住所在他面前展开；要不就登上了风雪交加的桥头，并从附近的河岸那里听到猿声长啼……照这个样子，中国的山水画就并不是从一个固定的视点来欣赏的。它是一片人们的目光可在其中漫游的视野，观察者可以从不同的和不断变化的视点来欣赏它。人们的眼光是从上看到下（在宋代的画轴中，人们有时是从左看到右），而每一幅山水画的景色又都是多重的。中国画创造出了一个超自然的世界，在那里万事万物无不纯洁神圣，但与此同时，它也希望描绘出此岸世界的有秩序图景：山岳代表着君主与臣民之位；地和天、暗和明、阴和阳等等，均被安排成相互对立、相互置换和相互补充的布局。艺术家所创造的东西乃是咒符的一种,掌握了它便可赐福与人。

此外,绘画和书法(它们所运用的是同样的技法和工具)也是具有某种宗教性质的修行训练,经由这种神圣的行为可以获得长寿。顺便提一句,这也就像演奏古琴时所需要的精妙和极度困难的技巧一样,那中间每个最小的细节都有其深层的象征意义。上述艺术要求绝对掌握身体的所需动作,切实把身体当作一个整体来加以控制,并且把艺术家的人格和他所处理的对象全然糅合为一(这里尤指画家,就像他们直至宋代还在画竹、马、兰花等不同题材时所做的那样)。不过,那些整个掌握了其艺术的有灵气的艺术家,则必须在一种恍惚和迷狂的状态下进行创作,而此种状态又可能是由酒精、舞蹈或音乐刺激出来的。在中国,这是创作艺术的普遍特点,诗人和画家概莫能外。

无巧不巧,在获得灵感和在艺术技巧上驾轻就熟这两方面的密切关联,又被宋代最伟大的画家再次发现。他们的艺术具有集大成的性质,要求全体社会成员都来共享。而在真正艺术性绘画的狭小圈子中,还保留着对其宗教含义的遥远记忆。不过,那个时代所发生的事件,却绝非对此种有关绘画性质的传统观念毫无影响。

在宋代艺术所受到的诸多影响中,最重要的当然要数由开封的官方画院所培育的绘画风格,该画院是由宋徽宗创设的,他同时也是中国最大的艺术品收藏家。他的藏品的大部分很可能被转移到了杭州,而为徽宗皇帝所钟爱的绘画风格也于12—13世纪期间在南宋的国都受到了同样的推崇。这种受到珍爱的绘画风格乃是写实工笔画,常画些花、鸟、家畜和野兽。

支配着文学界的新精神也可以在绘画艺术中被察觉到,在学院派绘画中尤其如此。日常生活的最卑俗和最普通的环境变成了绘画的主题,青草、菜蔬、普通的昆虫如蟋蟀和蚱蜢、日常生活的场景(士大夫玩双陆、乐师弹琴、街景、儿童嬉戏等等)、马车、桥梁、城墙、民宅和宫殿无不可以入画。对于这种风俗画来说,绘画技巧比灵感更被看重,而装饰效果也比诗意更加重要。此种画风在12世纪和13世纪引起了广泛的兴趣。即使在学院派的圈子之外,它也比任何其他绘画风格都更流行。它在书香世家的艺术品收藏中被发现的频率,跟在暴富商人家庭中被发现的频率一样高,后者不仅用流行的绘画和装裱成轴的书法作品来装饰自己的住所,还用它们来装饰店铺。特别擅长绘制兰花的画家成了富家大室的一个成员。不待言,虽说在当时如此狂热的流行中出现了真正的世俗画杰作,但大量了无生气和毫无价值的绘画也被生产出来,以满足富有收藏家们对之的热望和暴发户们良好的自我感觉。

但无论如何,富人中间如此普遍的收藏热情,无疑会带来某些有益的效果,——我们应记住任何东西均可能被收藏,不仅仅是绘画和书法,还有奇石、玉器、古瓶和断代为公元以前的石碑等等。这种收藏的热情使得在许多有文化的艺术爱好者中

第六章 消闲时光

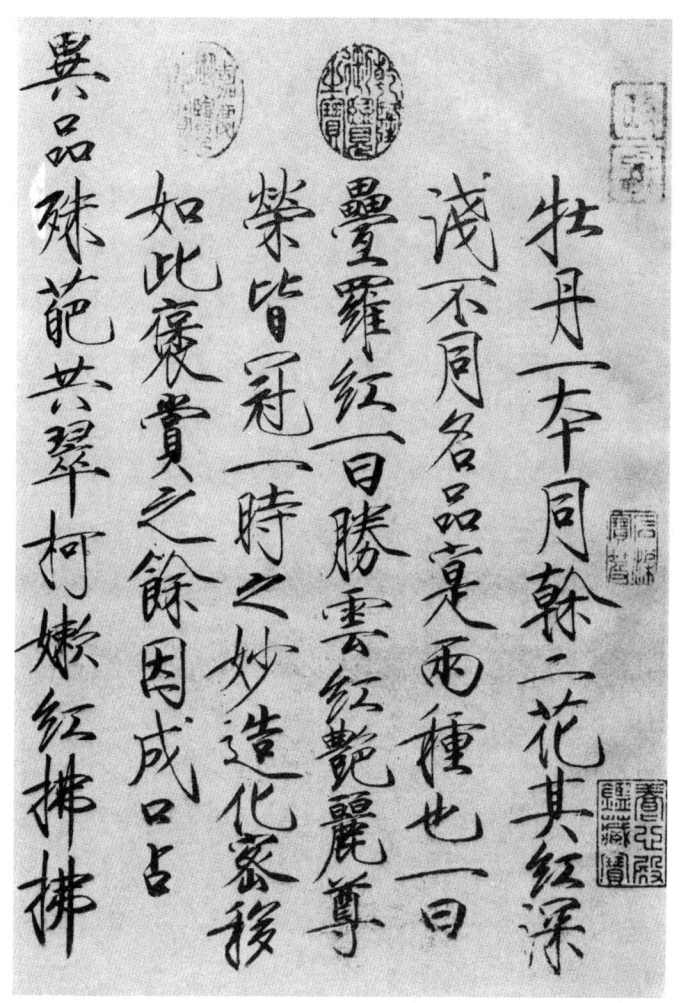

宋徽宗赵佶书牡丹诗

听琴图(赵佶)

立轴 绢本设色
147.2cm × 51.3cm
北京故宫博物院藏

间发展出了批评的意识。有些人可以判定出假托名家的毫无价值的赝品，并且借助于技法而辨认出古代大师的作品及各个流派的作品。尽管抄袭名家之风流传很广，但是下述观念却也开始出现——每位伟大的艺术家都有他独特的个性。

这个时期的艺术趣味要求有关花卉、动物和山水（后者更多）的绘画作品必须捕捉和唤起特定瞬间的感受，并且努力去传达当时环境甚至气温的特点。正是借助其传达上述事物的精确性，一幅优秀的作品才会被准确地辨认出来。有位作者记述了如下的轶事："欧阳公尝得一古画牡丹丛，其下有一猫。永叔未知其精妙，丞相正肃吴公与欧公姻家，一见曰：'此正午牡丹也。何以明之？其花披哆而色燥，此日中时花也。猫眼黑睛如线，此正午猫眼也。'此亦善求古人之意也。"[1]

这种供装饰用的风俗画也引起了对它的反驳。那些既无灵感又无生气的写实主义作品免不了要受到某些感觉更精妙的纯艺术圈子的谴责，而在这些圈子中又会发展出一种全然新颖的艺术风格来。在这些新风格中，简化和省略掉所有非基本因素的笔法被推到了极点。寥寥数笔便足以描绘出一大片风景，其远方消隐在迷蒙的雾中。对于这一时期的感觉最精确的画家来说，最要紧的便是通过类乎神秘的直觉理解来把握住事物的灵魂，以便赋予笔下的山水以精神深度。山水画的世俗化代表着与此伴生的由画家在哲学上的先入

---

[1] 沈括：《梦溪笔谈》。

之见所赋予的思想上的丰富化——这种哲学见解与当时的思想家所持的看法相同。宋代的山水画大师已不再把以作为仙家住所而著称的场景选为他们绘画的主题，而简捷地选择了普通的大自然。这种新艺术风格可以被部分地解释为对艺术的商业化形式的反驳，其证据是：少数有灵感的画家精英对于任何可被视为粗俗的东西均表示了极度的反感。

第七章

·

总结性描绘

第七章　总结性描绘

生活方式与隶属于它的思想观念有着微妙而不可分割的关系。毫无疑问，当我们研究人类历史的时候，正是这一点使得我们对日常生活的细节发生了兴趣。人们的习惯和风俗为我们揭示了人类一般经验的一种特殊形式，某种确定的个性类型正是由此产生的。必须承认，要想感觉到这种经验形式和个性生成还是比较容易的，但要用语言来表达它就相对困难了。不过，既然我们已经写到了尾声，也许我们尚能够试图描绘出13世纪的典型中国人的个性轮廓，或者至少可以描绘出上层城市居民的个性轮廓，因为那是我们所知最多的一种类型。由于他们个性的某些特点在前面只是一笔带过地提及，所以眼下是将其充实起来的时候了。

有一点是清楚的：我们在进行这项研究的过程中，经过对一些传闻轶事和细枝末节的积累而大略看到的人物类型，乃是城市生活的特定产物，因为他们居住在中国东南的大都市中心。不过，只把他们简单地界定为城市居民是不够的。传统对他们之行为的影响跟时代和环境一样大，有时还会更大，因为传统通常被视作理所当然的东西。因此，当我们考虑13世纪中国大城市里的典型居民时，便有可能去不仅辨明为他们所独有的某些个性特征，而且认清在任何时候都为中国人所共有的某些似乎是永久性的倾向。

早在公元前3世纪便已确立并且一直在中国延续下来的国家政治结构,恐怕与那些最明显地显示出中国人特征的种种观念和态度不无关联。在中华帝国占统治地位的秩序乃是一种道德的秩序,专制国家可将这种秩序一步步地强推到最小的社会单位——独立的家庭。在一个人的私人生活和他的公共生活之间,以及在他对家庭的责任和他对国家的责任之间,并无任何确定的界限,这种现象乃基于中国政治的观念——道德和政治是一回事。无论在何种场合,只要人们对道德的意见是一致的(如孝敬父母、尊重长辈等等),只要个人是无保留地加入到其群体之中去的,则强制便不复必要;结果,对于地区、村落、家庭等单位来说,一定程度的自主又可以被容许。

的确,帝国的幅员广大使得这种相对自由成为必要。我们可以说,中国成功地发现了一种手段,能以最少的直接干预去统治最大数量的人民。此中最关键之点在于:应当在最小社会群体的水平上维持统治秩序。这种政治结构的原始形式看来是受到了中国人之天、人观念的影响。根据这种观念,宇宙秩序乃是自发适应之总体复合的最终产物。任何事物都是实例和影响的问题,而非法则的问题。自然并无法则,因为它本身是靠不断传递的影响而活动的。当观察到人们中间的气质差别时,上述观念便提供了解释。如庄绰在《鸡肋编》中便写道:"西北多土,故其人重厚朴鲁。荆扬多水,其人亦明慧文巧,而患在轻浅。"在天人之间占统治地位的和谐是确实存在的。它由多重的对应关系所组成,并且

第七章　总结性描绘

在生理学观念、宇宙论、艺术、技术和占卜术中得到显现，同时也在调整社会关系及道德行为的种种规范中得到显现。因此，人们并不会体验到任何类型的内在冲突。他们绝非处于兽性和神性之间。只有人类的问题才会牵涉到他们；形而上学的忧烦和焦虑对于中国式的精神来说乃是再陌生不过的东西。

人性需要受教育，而某种训练亦属必要，这种观念无疑被普遍接受。然而，人们更经常强调的，却是有益于天性和有益于一个人对其环境之自然适应的一面。任何人都具有致良知的能力，以便容纳即使在动物那里也能发现的萌芽状态的善良天性。据《梦粱录》卷十八载："钱塘县界地名'狗葬'，桥名'良犬'。故老相传云：昔人被火燎几毙，犬入水以濡其主，得苏省。后犬死，里人葬之，立此名旌其义耳。"只有坏的榜样和极度贫困才会改变人们的善良天性。而如果一个人衣食无忧，又被鼓励向善，他便会遵从道德行事。

宽容忍让和相信人类天性，均来自对于社会生活之价值的坚定信念，并成为中国人最突出的道德特点。不过，这些道德特点却与下述观念有关——作为一个系统的宇宙是如此平衡，以至于任何有关进步的理念均已被排除。宇宙是由平衡构成的，而不是由冲突构成的，因此，中华帝国对于人类行为的看法就和西方不一样。无论何时，只要人性不再被传统所感染，只要它成为原始的和独立的，它就会被感到是一种分裂瓦解的力量。

不过，与对于秩序、平衡和正面价值的钟爱以及对于社会生活之有益的信念恰成对照的，还有种种具有无政府性质和神秘性质的倾向。中国人气质的另一面是抑郁、疯癫和病态的。虽然我们对此所知甚少，但那却是他们的另一面，与其明显的社会性、对人性的信任以及对生活的欣赏恰成反衬。确实存在某种走向个性毁灭的病态欲望，这是许多事实都证明了的。在某些宗教团体中——我们就此所掌握的信息不超过寥寥数条偶得的参考材料——人们所实行的黑巫术似乎满足着恐怖的虐待狂口味。另一些教派则受到了抑郁症以及破坏性宗教狂热的刺激。肉体之苦修被推到了极致，推到了自残和自杀的程度。传统的催眠术和下神术被普遍施行着。营养不良和压抑性欲，以及旨在成仙的饮食和养生戒律，导致了暂时性的由高血压引起的眩晕状态，或者导致了永久性的神经系统失衡，从而引起了危机性的神秘热忱。中国是一个充满了理想家、圣贤和预言家的国度。不过，使人性破灭的技术却在那里大行实道，其范围远比通常认定的广泛得多。在下层阶级中，这些技术经常被用于满足某些宗教需要；而在士大夫那里，它们则被用来激发艺术灵感。对于真正把握了其艺术的书法家或诗人来说，一种恍惚的迷狂状态是必不可少的。宗教神秘主义和审美直觉，乃是中国非理性主义的两种形式。

城市生活对上述倾向有所修正。13世纪的上层城市居民是神经过敏的，而且由于他们对时尚极度敏感并且喜欢炫耀和自我戏剧化，看上去他们甚至毋宁说是柔弱颓废的。不断地寻欢作乐、过度地酗酒以及纵欲无度，耗光了他们的精力，并加强了其天性中较软弱的一面。他们经常以言辞或姿态来代替行动，由此看出了其自夸和不协调。我们且来看周密记载的一个故事："蹇材望，蜀人，为湖州卒。北兵之将至也，蹇毅然自誓必死，乃作大锡牌，镌其上曰：'大宋忠臣蹇材望。'且以银二笏凿窍，并书其上曰：'有人获吾尸者，望为埋葬，仍见祀，题云——大宋忠臣蹇材望。此银所以为埋瘗之费也。'日系牌与银于腰间，只伺北军临城，则自投水中，且遍祝乡人及常所往来者。人皆怜之。丙子正月旦日，北军入城，蹇已莫知所之，人皆谓之溺死。既而北装乘骑而归，则知先一日出城迎拜矣，遂得本州同知。乡曲人皆能言之。"[1]

13世纪的中国人似乎比其先人更善感更浪漫。从他们的文艺作品中可以发现，他们似乎充满了对人生的愁绪，并且被深深的绝望所折磨。时光的流逝、失意、羞辱和离愁是其诗作的常见主题；而他们又不像唐代的中国人那样，能够在行动中发现抵挡这种深沉忧愁的平衡力。

在另一方面，13世纪的中国人也显示了某种好奇心和扩大了的视野，这又是在前几个世纪中看不到的。他们自由自在的生活方式会使其唐代祖先感到惊异。由于其谦恭有礼，富于幽默感，以及其社交生活的趣味和交谈的艺术，他们成了中华文明所曾经产生出的最精巧和最有教养的人格类型。从他们的日常生活历史

---

[1]《癸辛杂识·续集上·蹇材望》。

中，我们得到的一般印象是：他们能自然而然地自我约束，而且其生活中充满了欢乐与魅力。他们对事物的细枝末节亦有极为敏锐的感受。我们且看看庄绰的一段记载："浙人以鸭为名，大讳。北人但知鸭作羹，虽甚热亦无气。后至南方，乃知鸭若只一雄，则虽合而无卵，须则二三始有子。其以为讳者，盖为是耳，不在于无气也。"[1]

13世纪的中国人似乎比唐代的中国人在行为举止上更自由随意，而较少矜持拘谨。他们的礼貌并非做作出来的，并非仅仅由正式的礼法和规定好的行为方式所构成。恰恰相反，我们可以在其相互交换礼物和服务的行为中发现，他们全部的社会生活都充满了人性的温暖与同情。马可·波罗写道："他们也款待为做生意而来的外邦人，对其充满了极大热诚，并以最动人的方式接待他们，为他们的业务提供各种各样的建议和帮助。"

他们喜欢开玩笑。有一种很特别的中国式幽默，是玩双关俏皮话和文字游戏。正是在宋代才首次出现了这类幽默的大量例证。它们在戏弄的同时却无恶意，有时是拿邻近地区的人们来寻开心。这是因为，所有的中国人都对自己的家乡怀有热烈的感情，与此同时又对邻近省份的习俗进行取笑。开封的城里人笑话河北和山东农民的笨拙和方言。川西成都平原的人们则笑话川东山区的居民。[2]绍兴位于浙江入海口的南岸，尽管那里有大量

---

[1]《鸡肋编》。
[2] 参阅钱易：《南部新书》。

湖泊与河流，尽管那里的地势是山区，却缺乏鱼和柴。"故谚云：'有山无木，有水无鱼，有人无义。'里俗颇以为讳，言及无鱼，则怒而欲争矣。"[1]

我们所描绘的中国人的形象看上去是如此的人性，连同其全部矛盾和放纵一起，都是如此的贴近我们，如此的似曾相识，以至于我们简直被引得要忘掉一切把他们与我们区分开的东西了；后者包括他们的天人观念，他们的希冀，他们的思想轨迹，他们特殊的感受性——总而言之，是所有属于他们本有文明的、被包容在他们自身之中的东西。

---

[1]《鸡肋编》。

译后絮语

刘东

一

人这种生灵,实是妙不可言,所以大家对人性体会和揣摩得愈久,便愈会感到,它的特征总是难以说清道尽。正因此,无论古往今来的哲人们怎样想以"种加属差"的逻辑规则去框套它,都终难逃脱以偏概全之弊。比如,在看完这本书的校样之后,我便突发奇想:若是仿照先哲的路数,再把人说成是一种"努力记忆,追索和验证自身历程的存在",大约也不至于比将其说成是"创造劳动工具的动物"之类的定义肤浅到哪里去。诸君只要略加试想,便会省得此论大致不差:天底下的所有变异发展,原都

译后絮语

是"事如春梦了无痕"的,这对于任何动物(包括高级的灵长类动物)来说均概莫能外,故蛮可以称作一切存在的普遍劫运(此之谓"种"的群性);然而,在这些林林总总的被造之中,究竟又只有人这种动物,才会这样不怕伤透了脑筋,想要努力记住和说破这场春梦,悟出自己到底何从何去,这难道不正是人的独具癖好(此之谓"属"的差异)么?

这道理看起来太过简单明了,好像都没有必要煞有介事地讲出来,除非是在耍弄文字游戏。不过,仔细想来却又会发现,由此所生发的问题却远非如此简单明了,以至于我们根本无心再来幽什么默。实际上,正由于人类从本质上说乃是一种"记忆动物",才化育出了人文学科这种教人"白头搔更短"的知识领域,才推绎出了无数令人文学者们百思不得其解的艰涩课题。因而,我们完全可以跟着再下一个定义,又把人文学者再说成是人这种特殊"记忆动物"所分化出的专有"记忆器官"。记得潘诺夫斯基在其有名的论文——《作为一门人文主义学科的艺术史》中就曾作过这样的对比:一方面,尽管狗也可以用叫声表示来了客人,但它却不会用一种特殊的叫声来表达这样一个意念——当主人外出时曾有客人造访,所以,只有人才能使用符号记录下自己的实际经验过程;另一方面,尽管同属人类的自然科学家也需要研究前人的记录,但他却只会用自己的自然体系去吸干涌现出这些符号的时间长河,而决不会觉得这种记录本身有什么独立含义和永恒价值,所以,又只有人文学者才会透过这些符号去留心人类的一般文明轨迹。正因此,潘诺夫斯基才会一言蔽之曰:"人文主义者,从根本上说,就是历史学家。"[1]

不消说,潘诺夫斯基所讲的历史学乃是广义的,而若从当下的学科分类而言,则绝不致意味着大学里的文科只应设置历史系。这是因为,我们自不难推想:即便只从省察和增进人类记忆之真确度的目的出发,专事记忆的历史学也会自然而然地递进为历史哲学式的反思;更何况,在这种记忆之维中,还更会跃升出人类对于自身历程、地位和命运的形而上玄想。然则,正因此我们又会顺势联想到:一位真正够资格的人文学者,就不仅要和普通人一样去顺从自己的记忆本能,一味去满足自家的求知兴趣,还更需要开动脑筋去想透下述问题:此类记忆究竟有否理由成为人类不可或缺的本质特点之一?其实,这个问题也正是门外汉们经常气势汹汹地诘难历史学家的——过去的那些陈芝麻旧谷子,那些断烂朝报,到底"干卿底事",值得你们去皓首穷经?不过我们先不忙去嘲笑外行,只怕即便是那些选择终身以钻故纸堆为业的人们,也未见得全都敢理直气壮地应对它。倘非如此,马克·布洛赫就不会正襟危坐地去写一整本书来回答其爱子的幼稚问题了——"告诉我,爸爸,历史有什么用?"照这位法国史学巨擘看来,这个童言无忌的问题确乎击中了要害,直指历史学能否成立的正当理由。故此,为了替自己对历史知识的强烈癖好辩护,他就不能不对人们那种短浅的功利心

---

[1] 潘诺夫斯基:《视觉艺术的含义》,辽宁人民出版社,1987年,第6—7页。

译后絮语

表示反抗了:"事实上,一种根深蒂固的禀性使人们几乎本能地要求历史指导我们的行动,因此,一旦历史在这方面显得无能为力之时,人们就会感到愤慨!……"[1]

我当然并非专治史学的方家,所以也就没有感到那种要替历史学辩护的冲动。不过,从另一层更积极的意思来说,也正由于我并非这方面的专门家,故而总是对史学家的满肚子学问充满艳羡和崇敬,所以就不单不觉得历史学有进行此类辩护的必要,反倒只觉得那些无缘识得历史的人们委实可怜。记得我还在哲学所攻博士的时候,就曾妄发过议论,以为至少在目前的状况下文科大学生们只有选修历史才能学到点真东西;而且出乎意料的是,所里的老先生竟对我的偏激之词大表赞同。我想,我们所以会不约而同地持有这种看法,当然绝不是出于对哲学这门学科的妄自菲薄(尽管我觉得目前那种足以把孩子们越教越蠢的哲学系本科教学亟待改进);恰恰相反,大家倒是渴望能够为自家的哲学思考奠定一个坚实的基础。也就是说,既然同属于人文学科,哲学与历史学所关注的对象就同是人类的生存状况,所以,设若哪位同人竟致于像王充所说的那样"不览古今"而"论事不实",那么他终究就难以更进一步地去解什么惑悟什么道。庄子所谓"井蛙不可以语于海者,拘于虚也;夏虫不可以语于冰者,笃于时也;曲士不可以语于道者,束于教也"(《庄子·秋水》),恰是再

---

[1] 马克·布洛赫:《历史学家的技艺》,上海社会科学院出版社,1992年,第12页。

鲜明不过地讲出了此中的真谛。由是我想，有幸去专心治史的学者们，才真的是有福了，他们凭靠辛勤而沉稳的埋头阅读，不仅有机缘现实地降生于此刻此地，还更有机会在想象中潜泳于彼时彼空，了解到人类在远为广大的区间之内的生存状况，从而也就最大限度地延长了自家的寿数和阅历。所以，对于那些"不知晦朔""不知春秋"者的逼问，历史学家就根本没有必要感到半点儿惶惑，正如彭祖亦不必向朝菌蟪蛄者流解释"便做了人瑞又有何用"一样。君不见："用处"必乎与人自身相对待，而"功利"亦必有小大之辨；所以谁若果想对得住自己，则终应省得"小知不及大知，小年不及大年"（《庄子·逍遥游》）的道理。

记住了历史的人，自不免常要去怀古，这也正是凡夫俗子们往往要嘲弄历史学家的话头，比如说考古家连找太太都是越老越好之类。但实际上，恰恰是这种足以跨越肉身有限性的知识背景和时间意识，才使得史家能不囿于俗常的寸光之目，从望远镜中把人类的来龙去脉看个究竟。而且，既然他曾在其他文明环境中漫游过，就不再会像芸芸众生那般把眼前约定俗成的规则当作什么不可更改的天经地义，就有可能看穿当代生活的弊端；故而正是在史家思接千载的博大襟怀中，自会有一种批判的精神在。记得汤因比就曾这样表达过他对现代文明的忧虑，因为他说过——要是容许他自由投胎的话，则其最愿意过活的时空区间，当是在公元1世纪的中国新疆北部。我至今尚未弄清他这样讲的确切缘由，因为我尚没有福分去像他那样去识得好几十个文明，然后再

译后絮语

去"诸害相权取其轻也"。不过,凑巧的是,设若让我也来回答上述问题,则我的选择却跟这位西方史学大师相去得并不很远,因为我最愿意去活一次的地方,无疑是在10世纪的中国汴京。对于天水一朝的文物之盛,我是那样的心往神追,因而苍天倘能独厚于我,让我每日都以宋瓷沏一盏香茗(杯中绝无化学污染),再开读一卷宋版书(其中绝少印刷垃圾),则此生复有何求?更何况,在那个产生了苏轼的时代,言路曾是何等的宽松自在,故果某能生逢其时,即便无力去自逞坡仙之才,亦应有缘与他那一班文友兴会斗酒了。嗟乎哉!那样的场面,纵是"一笑相逢那易得",却总该是"数诗狂语不须删"的罢?

当然,这永远只是个弃我而去的梦境罢了,充其量只能在惊醒之余心怀悲凉地说说而已。

二

然则话说回来,尽管寻常人们总爱笑话"痴人说梦",但他们哪里知晓:其实真会"说梦"的,却不单要有很高的天分和灵气,还更要有极深的学养和定力呢!我在这里讲的绝对是发自肺腑的甘苦之言,因为倘非亲身尝试过,并使自己豪迈的学术抱负大受挫折,我还真领教不出做历史学研究的难处。事实上,随着文明进程的展开,人类不仅获得了越来越丰富的历史经验,还更为了追记这种经验而发明了日益精到的"记忆术"。而果欲掌握这种"记忆术",则绝非简单地开出"借鉴年鉴学派"或"追求哲学与史学之合"之类的大支票便能一蹴而就;相反,那需要不断积攒历史残迹的"碎布头",然后再借助于"受控想象"来进行谨慎的织补。只可惜,面对着案头一部勾来抹去而迟迟不敢杀青的草稿(它希望通过对于宋代之社会总貌的案例分析来确立一种中国研究的崭新范式),我却只有油然兴叹道:相对于自己过去所受的训练而言,倘要论争中国文化的价值核心究竟何在,或许尚可放胆雄辩一气,但若要层层剥笋地将其下贯到整个文明系统的各个环节,使之织成一张埃利亚斯意义上的网络结构,还原出马克·布洛赫所讲的那种有血有肉的"总体史",则实感左支右绌!正因为这样,我才想到要按捺一下自己心粗气浮的性子,先从最强调跨学科研究的"新史学"的故乡——法国,译介进来谢和耐先生这本详细描述南宋时期之中国"小传统"的著作。

另外,译介这本书还有助于纠正下述肤浅的偏见,即人们(包括一些历史学的从业者)往往误以为作史家的便不需太多的思想,哪怕是一味地"学而不思",亦足可"安身立命"。但实际上,大家只要把那些汗牛充栋的史学著作翻拣一通就不难发现:纵是在得以心游万仞之后,究竟能否循着年鉴学派所谓"问题史学"的家数,选出真正值得追记的殷鉴式主题来做,那还是很需要一点见识的。大家至今还不住地称道王国维的"选点准确",正说明他何等地具备作为大史家的器局和洞见。同样,我刚刚看到谢和耐先生这本书的封面,就顿觉眼前一亮,领悟出它的作者到底不愧是唯一能够凭一己之学力来完成大部头中国通史的西方汉学家，对中国的文明进程确有敏锐而透辟的历史感。所以，尽管同是在努力追忆，但此中仍能显出手笔大小，——关键在于你能否记住那些最值得记住的要点。

单是其令人叫绝的标题便很能说明问题了：《蒙元入侵前夜的中国日常生活》这个书名，虽只以寥寥数个单词，却已把直至两宋才臻于化境的中国日常生活艺术的舞台摆到了草原游牧民族不断进犯的黑暗布景之下，从而在读者心目中构成了一种巨大的悬念和反讽。众所周知，宋代的重文轻武，或者说它的兼为中华文明的文修之峰巅和武备之谷底，乃是最令后人尴尬两难的历史经验，因为它最足以让中国人自豪，又最足以使其蒙羞，这一点恰如谢和耐所云："对于中国人来说，看到中国完全屈从于反抗一切文化的、坚执其好战的部落传统的蛮夷民族，乃是一番五内俱焚的经历。而对于西方人来说，这些游牧民族之令人惊讶的征服也使得大家瞠目结舌。蒙古人的入侵形成了对于伟大的中华帝国的沉重打击，这个帝国在当时是全世界最富有和最先进的国家。在蒙古人入侵的前夜，中华文明的许多方面都处于它的辉煌顶峰，而由于此次入侵，它却在其历史中经受着彻底的毁坏。"（本书第4页）恰因乎此，后世的史学家，为着重现华夏文明的荣光而又避免其再度失落，便不能不一再地检讨赵宋王朝的沉痛教训。人们就这段历史的细部问题撰写了大量论文，比如设问倘无太祖之矫枉过正的"强干弱枝"当会如何；倘无真宗之姑息迁就的澶渊之盟当会如何；倘无荆公之变法失败所招致的积弱难振、党争不已及士风低迷当会如何；倘无徽宗之放纵无度而惹起的花石纲之乱当会如何；倘无高宗因苟于偏安而坐视权臣以"莫须有"的理由去自毁长城又当如何……毫无疑问，任何一桩历史大错的铸成，都是若干小错累积的结果，正因如此，在历史学的个案研究中，人们就总会倾向于为过去的某项具体失误而追悔。然而，问题的关键却在于，假如只盯住细枝末节，而将整个文明的衰落归罪到畸出于该文明自有规范之外的若干偶然变因之上（如某些似乎并非不可避免的国策制定、人事安排甚至领袖气质等），便很难从短时段中拔脚出来，高瞻到真正具有内在必然性的历史规律。故相形之下，当谢和耐把临安的日常生活置于马背文明的恒久压力之下时，尽管他限于该书的论题而并未对游牧民族的铁蹄正面着墨，但其眼界却究竟开阔得多了。循着这条思路，人们必然会想到，假如一个社会共同体偏在边衅频仍的危急存亡之秋，居然还有心思去空前精巧化其生活艺术，使人"直把杭州作汴州"，恐怕其失落就有点必然性了。其实，当蒙古草原卷来的尘埃刚刚落定，马可·波罗便在其游记中替中国人进行检省了："……这片土地上的人民，决非勇武的斗士。他们贪恋女色，除此之外别无兴趣。皇帝本人更是甚上加甚，除赈济穷人之外，他满脑子都是女人。他的国土上并无战马，人民也从不习武，从不服任何形式的兵役。而这些蛮子的领地原本是很强固的，所有的城池都围着很深的护城河，河宽在强弩的射程之外。因此，设若

译后絮语

此处的人们为赳赳武夫,这个国家原是不会沦陷的。但偏巧他们不善征战,才落得国破家亡。"正因此,我们就不单有理由说,宋王朝的覆灭乃是出于"自杀"而非"他杀"(借汤因比的一个妙喻),还应进一步去想:是否刚好由于这个审美文化恰在当时登上了辉煌的顶端,才注定要演出同样刺目的陨落?

由此我们就有可能逼出中华文明的病根了。马克斯·韦伯曾经认为,中国人对生活所持的态度,相对更接近于拉丁民族中的最称贪图逸乐的法兰西。而如果有谁像我这样曾在所谓"东南妩媚,雌了男儿"的杭州亲身生活过,或者他业已读罢了谢和耐这本描述南宋行在之日常生活的著作,便更会对韦伯的这个判定印象深刻。令人扼腕的强烈反差是:一方面,《鹤林玉露》中曾有这样的记载,恰因柳永歌咏"钱塘自古繁华"的《望海潮》流传甚广,才使"金主亮闻歌,欣然有慕于'三秋桂子,十里荷花',遂起投鞭渡江之志",但另一方面,又正如谢和耐所分析的,尽管"对于那些手执权柄、其爱国心又强到足以使他们意识到这些危险的人来说,这确实是一个不安宁的时期。然而显而易见的是,直至兵临城下之前,杭州城内的生活仍是一如既往的悠哉闲哉。如所周知,中国人很有一套处世的哲学。"(本书第6页)假如我们进一步追问——这套处世哲学的底蕴到底是什么?它究竟何以致使那些古代社会的花花公子在如此严重的挑战面前忘却了应战?则无法不把心情向上回溯,将其归咎于早在轴心时代便已定型的中国文化的内在基因:作为一种以追求"无压抑境界"为其终极指归的审美文化,它必然要最大限度地释放席勒意义上的"游戏冲动",从而在康德所谓"主观之合目的性"的心态中体验自由感;只可惜,这种审美愉悦毕竟只是得自主观世界中的和谐幻觉,而外部世界的冲突和危机则必须被自觉地排除掉,所以无论玩心、玩文、玩世还是玩物都可能丧志,都有可能因"心外无物"而玩得"梦里不知身是客"。正因此,如果我们考虑到,中华文明的各个因子(无论是其大文化还是小文化)都是"造极于赵宋"的,则文明的"瓜熟"和"蒂落"在历史上同时出现就并非不可理解了。正所谓——"成也审美败也审美":倘无前人在审美境界中的苦心孤诣,他们就创造不出至今尚令人如此陶醉的伟大古代文化;但也正因为他们在审美快感中的"一晌贪欢",却又使这种文化无可避免走向了失落!

也许正因为这样,两宋的繁华才在后人心目中更像酣睡方醒的南柯一梦。众所周知,张择端的《清明上河图》所以素为世所珍爱,恰是因其喧闹的画面曾为无数追忆北宋之盛世景象的人们圆了梦。同样,那些借文字来描述宋代日常生活的历史记述(不妨说是立体的《清明上河图》),也总是以一个"梦"字来点题的。其中,铺叙汴京者首推孟元老的《东京梦华录》,详陈临安者则首推吴自牧的《梦粱录》,——前者序曰:"古人有梦游华胥之国,其乐无涯者,仆今追念,回首怅然,岂非华胥之梦觉哉?目之曰《梦华录》";而后者亦序曰:"矧时异事殊,城池苑囿之富,风俗人物之盛,焉保其常如畴昔哉!缅怀往事,殆犹梦也,名曰《梦粱录》。"当然,我们绝不可以因为往事散尽,便武断说书中描摹的梦境并不足以给后人带来美感;而且,或许恰因其如梦如烟,朦胧缥缈间才更增添了一层惹人追思和向往的情致。然而,有了上面那一番检省,我们却总可以醒悟到:孟元老、吴自牧之流的忆旧之作,"实不过是在"梦中说梦"罢了,——他们毕竟还没有看破古代文明成就的先天脆弱,毕竟还只是在徒自梦游着"太虚幻境"。所以相形之下,终究还是生于文明末端的曹雪芹悟性更高,因为他的《石头记》向我们表明,作者业已从千年之梦中大觉大醒。正如余英时在"红楼梦的两个世界"中所总结的:"红楼梦这部小说主要是描写一个理想世界的兴起、发展及其最后的幻灭。但这个理想世界自始就和现实世界是分不开的;大观园的干净本来就建筑在会芳园的肮脏基础之上。并且在大观园的整个发展和破败的过程之中,它也无时不在承受着园中一切肮脏力量的冲击。干净既从肮脏中来,最后又无可奈何地要回到肮脏去。在我看来,这是红楼梦的悲剧的中心意义,也是曹雪芹所见到的人世间的最大的悲剧!"[1]呜乎——谁道"都云作者痴"呢:整个华夏审美文化的历程,不正像雪芹笔下的红楼一梦么?

而最可怕的还在于,倘非处在某个文明已是流水落花之际,人们便总是很难像曹雪芹那样蘸着血泪去为它写一个清醒的跋尾。我辈焉知后之视今,不若今之视古呢?所以我尽管在此撰文

---

[1] 余英时:《中国思想传统的现代诠释》,江苏人民出版社,1989年,第356页。

指出《梦华录》《梦粱录》的作者是在"梦中说梦",却讲不清后人是否会觉得自己的写作本身也是"梦中说梦"。由此我不禁记起在香港的酒店顶楼上体验到一番别样滋味:当朋友们兴高采烈地引着我去看楼下那一片圣诞灯火时,我却陡然间联想起徽宗时代汴京的上元灯节,不觉平添了无限惆怅。按说,若比起一千年前"烛龙衔耀,黼藻太平春"的盛景,香港的霓虹灯当然已是有过之无不及了;从这个意义上讲,现代文明似乎达到了更高的成就。可是,这一片比东京的鳌山更辉煌的灯火,却又正是人类无情耗费有限资源的最好象征,所以谁又能断言——如今这种更加迎和放纵人类物欲的现代文明病得比古代文明轻?极而言之,只怕后人竟连像我们这样检省前人失误的机会都没有了,因为今人很可能正在把整个的生存环境糟蹋一空,落了个白茫茫大地更干净!那么,人类的历史究竟是在上升还是在衰落?活在现代的人们究竟是在醒中说梦还是在梦中说醒?自己此身究竟是蝴蝶还是庄生?……在一片恍惚迷惘之中,我无法不这样兴叹——梦来梦去,仍只有哲学家庄子才会说出最深刻最难解的梦!

那么,到底"今宵梦醒何处"呢?我却不得而知,竟至于连是否还能留下"杨柳岸晓风残月",也觉得"不可说不可说"了。

附记:谢和耐先生不仅慨然允许我翻译他的这本著作,还为我手头的原文复印件补齐了缺页,谨此向他表示由衷的谢忱。